신론新論

신론新論

1판 1쇄 인쇄   2016년 12월 10일
1판 1쇄 발행   2016년 12월 20일
—
저   자 I 아이자와 야스시會澤安
역   자 I 김종학
발행인 I 이방원
—
발행처 I 세창출판사
　　　신고번호·제300-1990-63호 I 주소·서울 서대문구 경기대로 88 냉천빌딩 4층
　　　전화·02-723-8660 I 팩스·02-720-4579
　　　http://www.sechangpub.co.kr I e-mail: edit@sechangpub.co.kr
—
ISBN 978-89-8411-653-5 93910
—
·이 책은 한국연구재단의 지원으로 세창출판사가 출판, 유통합니다.
·잘못된 책은 구입하신 서점에서 바꾸어 드립니다.
·책값은 뒤표지에 있습니다.
—
이 도서의 국립중앙도서관 출판시도서목록CIP은 e-CIP홈페이지http://www.nl.go.kr/ecip와 국가자료공동
목록시스템http://www.nl.go.kr/kolisnet에서 이용하실 수 있습니다. CIP제어번호: CIP2016028997
—
이 번역서는 2014년 정부(교육부)의 재원으로 한국연구재단의 지원을 받아 수행된 연구임.
(NRF-2014S1A5A7037965)
This work was supported by the National Research Foundation of Korea Grant funded by the Korean
Government (NRF-2014S1A5A7037965)

신론新論

The Translation and Annotation of
"The New Theses of 1825"

아이자와 야스시會澤安 저

김종학 역

세창출판사

차 례

신론 · 7

신론 상 新論上

신론 하 新論下

신
론

　공손히 생각건대 신주神州는[01] 태양이 뜨고 원기元氣가 시작되는 곳으로, 태양의 자손이[02] 대대로 신극宸極을[03] 다스리시어 예로부터 바뀌지 않았습니다. 본래 대지大地의 원수元首요 만국의 강기綱紀이시니, 우내宇內에 밝게 임하시어 먼 데나 가까운 데나 황화皇化가 고루 미치는 것이 참으로 마땅합니다. 그런데 지금 서양 오랑캐는 발이나 정강이처럼 천한 존재로서 사해四海를 분주히 돌아다니면서 여러 나라를 유린하며, 제 분

01　신주(神州): 신성한 고을.『史記』「孟子荀卿列傳」에서 전국시대 제(齊)나라 사람 추연(鄒衍)이 중국을 적현신주(赤縣神州)라고 부른 데서 유래했다. 본래는 중국의 별칭으로 사용된 말이지만, 일본 또한 자국을 높여서 신주(神州)라고 불렀다. 이 밖에 본문에서 중국(中國)이니 신국(神國)이니 하는 말도 모두 일본을 가리킨다.
02　태양의 자손(天日之祠): 일본어로는 아마쓰히쓰기(あまつひつぎ)라고 한다. 일본신화의 최고신 아마테라스 오미카미(天照大神)의 혈통을 이어받은 천황가를 가리킨다.
03　신극(宸極): 북극성. 제위(帝位)를 비유한다.

수를 알지 못하고[04] 감히 상국上國을 능멸하니 어찌 그리도 교만한 것입니까?【땅이 하늘 가운데 있었을 때는 혼연하게 시작과 끝이 없었으므로 당연히 방향이 없었습니다. 하지만 모든 물건은 자연의 형체를 갖추어 존재합니다. 신주는 그 머리에 있습니다. 그러므로 영토는 대단히 광대하진 않지만 그 만방萬方에 군림하는 것은 일찍이 단 한 번도 역성혁위易姓革位하지 않았던 것입니다. 서양제번西洋諸蕃은[05] 그 다리에 해당합니다. 그러므로 선박을 몰아서 아무리 멀어도 이르지 않는 곳이 없는 것입니다. 바다 한 가운데 있는 땅에 이르러 서양 오랑캐가 아메리카 주亞墨利可洲라고 명명한 곳은 그 등입니다. 그러므로 그 사람들은 어리석어서 이렇다 할 일을 하지 못하는 것입니다. 이것이 모두 자연의 형체입니다.】그 이치상 마땅히 스스로 굴러 떨어져서 패망해야 할 것입니다. 하지만 천지의 기운에는 성쇠가 없을 수 없으니 사람이 많으면 하늘의 정해진 뜻을 이기는 것 또한 그 부득이한 형세입니다.[06] 참으로 호걸이 떨치고 일어나 천공天工을[07] 돕지 않는다면, 천지 또한 장차 비린내 나는 오랑캐에게 무망誣罔을[08] 당해서 망연罔然해진[09] 뒤에야 그칠 것입니다.

---

04 제 분수를 알지 못하고: 원문은 '眇視跛履'이다. 애꾸가 제대로 보려고 하고 절름발이가 먼 길을 걸으려고 한다는 뜻으로 기량이 부족한 사람이 분수에 넘는 일을 하다가 화를 자초하는 것을 비유하는 말이다.

05 제번(諸蕃): 변경의 소수민족.

06 사람이 많으면…형세입니다: 『史記』「伍子胥列傳」의 "사람이 많으면 간혹 하늘을 이기기도 하지만, 하늘의 뜻이 정해지면 또한 사람을 능히 이긴다.(人衆者勝天 天定亦能破人)"라는 구절을 인용했다.

07 천공(天工): 하늘이 할 일이라는 뜻으로, 『書經』「皐陶謨」에 "모든 관리들이 일을 폐하지 말게 하소서. 하늘의 일을 사람들이 대신하는 것입니다.(無曠庶官 天工人其代之)"라는 구절이 있다.

08 무망(誣罔): 기만과 비방.

이제 천하를 위해 그 대계大計를 논하면 천하 사람들은 깜짝 놀라 모두 서로 돌아보며 괴이하게 여길 것입니다. 이는 진부한 설과 고루한 식견에 빠져 있기 때문입니다. 병법에 이르길, "적이 쳐들어오지 않을 것을 믿지 말고 내가 대적할 방법이 있음을 믿으며, 적이 공격해오지 않을 것을 믿지 말고 내게 적이 공격할 수 없는 대비가 있음을 믿으라."라고 했습니다.[10] 그렇다면 가령 나의 통치와 교화가 백성에게 무젖어서 풍속이 순박하고 상하가 의義를 지키며, 백성이 부유하고 병사가 넉넉하며 비록 강대한 적이라도 응전에 실책이 없으면 괜찮거니와, 만약 그렇지 않다면 스스로 여유를 부리며 안일한 자가 될 것이니 어찌 믿을 수 있겠습니까? 그런데도 비평하는 자들은 모두 저들은 오랑캐며 상선이며 어선이므로 큰 화를 깊이 걱정할 것이 아니라고 합니다. 이는 적들이 오지 않을 것과 공격해오지 않을 것을 믿는 것이니, 믿는 바가 저들에게 달려 있고 나에게 있지 않습니다. 그들에게 내가 대적할 방법과 적이 나를 공격할 수 없게 만드는 대비책을 물어보면 망연茫然히 알지 못하니, 아아! 천지가 무망誣罔을 면하는 것을 보고자 할진대, 장차 언제나 기약할 수 있겠습니까?

신은 이 때문에 강개비분慷慨悲憤을 억누르지 못하여 국가가 마땅히 믿어야 할 것을 감히 아뢰옵니다. 첫 번째는 국체國體이니, 신성神聖이 충효로 나라를 세우신 것으로부터 무武를 숭상하고 백성의 목숨을 중히

09 망연(罔然): 낙담하거나 당황해서 어찌할 바를 모르는 모양.
10 적들이…믿으라: 원문은 '無恃其不來 恃吾有以待之 無恃其不攻 恃吾有所不可攻也'이다. 흔히 '손자병법'으로 알려진 『孫武子』 「九變」에 나오는 말이다.

여기신 설을 논할 것입니다. 두 번째는 형세形勢이니, 사해만국四海萬國
의 대세를 논할 것입니다. 세 번째는 노정虜情이니,[11] 융적戎狄이 야심을
품고 우리를 넘보는 실정을 논할 것입니다. 네 번째는 수어守禦이니,[12] 부
국강병의 요무要務를 논할 것입니다. 다섯 번째는 장계長計이니,[13] 화민
성속化民成俗의[14] 원도遠圖를 논할 것입니다. 이 다섯 편의 논論은 모두 하
늘의 뜻이 정해져서 다시 사람을 이기기를 기원하는 것이니, 신이 스스
로 천지를 위해 목숨을 바치기로 맹서한 것이 대략 이와 같습니다.

---

[11] 노정(虜情): 오랑캐의 실정(實情).
[12] 수어(守禦): 방수(防守), 방어(防禦).
[13] 장계(長計): 먼 미래를 내다보고 세우는 계책.
[14] 화민성속(化民成俗):『禮記』「樂記」에 나오는 말로, 백성을 교화해서 아름다운 풍속을 이
      룬다는 뜻이다.

新 論
會澤安(正志斎)

謹按神州者太陽之所出 元氣之所始 天日之嗣 世御宸極
終古不易 固大地之元首 而萬國之綱紀也 誠宜照臨宇內皇
化所曁無有遠邇矣 而今西荒蠻夷 以脛足之賤 奔走四海
蹂諸國 眇視跛履 敢欲凌駕上國 何其驕也【地之在天中
渾然無端 宜如無方隅也 然凡物莫不有自然之形體而存焉
而神州居其首 故幅員不甚廣大 而其所以君臨萬方者 未嘗
一易姓革位也 西洋諸蕃者 當其股脛 故奔舶走舸 莫遠而
不至也 而至海中之地西夷名曰亞墨利加洲者 則其背後 故
其民愚戇而不能有所爲 是皆自然之形體也】是其理宜自
隕越以取傾覆焉 然天地之氣不能無盛衰 而人衆則勝天者
亦其勢之所不得已也 苟自非有豪傑奮起以亮天功 則天地
亦將爲胡羯腥膻所誣罔然後已矣

今爲天下論其大計 天下之人愕然相顧 莫不驚怪 溺舊聞
而狃故見也 兵法曰 無恃其不來 恃吾有以待之 無恃其不
攻 恃吾有所不可攻也 然則使吾治化洽浹 風俗淳美 上下

守義 民富兵足 雖強寇大敵 應之無遺算 則可也 若猶未 則
其爲自遑自逸者 果何所恃也 而論者皆謂彼蠻夷也商舶也
漁船也 非爲深患大禍者焉 是其所恃者不來也不攻也 所恃
在彼而不在我 如問吾所以恃之者與所不可攻者 則茫乎莫
之能知也 嗟夫 欲見天地之免於誣罔 將何時而期之乎

　臣是以慷慨悲憤 不能自己 敢陳國家所宜恃者 一曰國體
以論神聖以忠孝建國 而遂及其尚武重民命之説 二曰形勢
以論四海萬國之大勢 三曰虜情 以論戎狄覘覦之情實 四曰
守禦 以論富國強兵之要務 五曰長計 以論化民成俗之遠圖
是五論者 皆所以祈天之定而復勝人也 臣之自誓而以身殉
天地者 大略如此矣

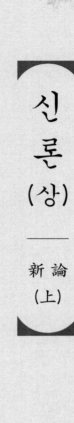

신
론
(상)

新 論

(上)

국
체
(상)

(國體 上)

　제왕이 사해四海를 보전해서 오래도록 평안하고 길이 잘 다스려져 천
하가 동요하지 않도록 하는 데 의지하는 방법은, 만민을 권위로 복종시
켜서 일세를 장악하는 것이 아닙니다. 억조億兆가[15] 한 마음이 되어 모
두 그 윗사람을 어버이처럼 섬겨 차마 이반하지 못하는 진실한 마음이
야말로 참으로 믿을 만한 것입니다. 천지가 나뉘어져 처음 인민이 생긴
뒤로 천윤天胤이[16] 사해에 군림하고 일성一姓이 역력歷歷해서[17] 일찍이 단
1명도 감히 천위天位를 넘보지 않고 오늘날까지 이른 것이 어찌 우연이

15　억조(億兆): 억조창생(億兆蒼生), 만백성.
16　천윤(天胤): 천조(天祖)의 혈통을 이은 후손.
17　역력(歷歷): 뚜렷이 드러남.

겠습니까? 무릇 군신지의君臣之義는 천지의 대의大義요, 부자지친父子之親은 천하의 지은至恩입니다. 의義 중에 위대한 것과 은恩 중에 지극한 것을 천지간에 나란히 세워서, 점차 스며들게 하고 조금씩 쌓아서 인심에 널리 퍼져 오래도록 변치 않도록 하는 것, 이것이 제왕이 천지에 질서를 부여하고[18] 억조를 관리하는[19] 큰 자본입니다.

옛날에 천조天祖께서[20] 처음 넓은 터전을 세우시니, 그 지위는 천위天位요, 덕은 천덕天德이었습니다. 그것으로 천업天業을 경륜하시니 대소사를 막론하고 무엇 하나 하늘의 것이 아님이 없었습니다. 덕을 옥에 비유하고, 밝음을 거울에 비유하고, 위엄을 검에 비유하여 하늘의 어짊을 체행하고, 하늘의 밝음을 본받고, 하늘의 위엄을 떨쳐서 만방萬邦에 밝게 임하셨습니다. 천하를 황손皇孫에게 전하실 때는 친히 삼종신기三種新器를[21] 주어 천위天位의 징표로 삼고 천덕天德을 표상해서, 천공天工을

---

[18] 천지에 질서를 부여하고: 원문은 '經緯天地'이다. 경(經)과 위(緯)는 직물의 날줄과 씨줄로서 경위(經緯)는 날줄과 씨줄이 교착해서 문양을 이룬다는 뜻을 갖는다. 『左傳』昭公二十年條에 "예는 상하의 기강이요, 천지의 경위(經緯)이다.(禮 上下之紀 天地之經緯也)"라는 구절이 보인다.

[19] 억조를 관리하는: 원문은 '綱紀億兆'이다. 『詩經』 「大雅·棫樸」에 "부지런한 우리 왕이여, 사방을 다스리시도다.(勉勉我王 綱紀四方)"라는 구절이 있다. 또한 『荀子』 「勸學」에는 "예라는 것은 법의 대체(大體)이자 유(類)의 대요(大要)이다. 그러므로 배움은 예에 이르러 끝나는 것이다.(禮者 法之大分 類之綱紀也 故學至乎禮而止矣)"라는 구절이 있다. '經緯'나 '綱紀'나 모두 '禮'의 의미를 함축한다는 것에 유의할 필요가 있다.

[20] 천조(天祖): 아마테라스오미카미(天照大神)를 가리킨다. 일본신화의 태양신이자 황실의 조상신으로 일본을 건국했다고 한다. 참고로 본문의 태조(太祖)는 진무천황(神武天皇), 중종(中宗)은 덴치천황(天智天皇), 동조궁(東照宮)은 도쿠가와 이에야스(德川家康)을 가리킨다.

[21] 삼종신기(三種新器): 아마테라스오미카미로부터 하사받아 대대로 천황가에 전승된다고 하는 세 가지의 보물로, 구사나기노쓰루기(草薙劍), 야타노카가미(八咫鏡), 야사카니노마가타마(八尺瓊曲玉)를 말한다.

대리하고 천직天職을 다스리게 했습니다. 그런 뒤에 이를 천만세千萬世에 전하니 천윤天胤의 존귀함이 지엄해서 감히 범할 수 없고, 군신의 분수가 정해져서 대의大義가 밝아졌습니다. 천조께서 신기神器를 전하실 때 특별히 보경寶鏡을[22] 잡고 축원하시길, "이 거울을 볼 때는 나를 보듯이 하라."라고 하셨으니 만세萬世가 봉사奉祀해서 천조지신天祖之神으로 여겼습니다. 성자신손聖子神孫이 그 보경寶鏡을 받들고 그 안에 비치는 자기의 모습을 보니, 보이는 것은 바로 천조天祖의 유체遺體라, 마치 천조를 뵙듯이 그것을 보았습니다. 이에 관천盥薦하는[23] 동안에 신과 인간의 감응을 그치게 할 수 없었으니, 그 추원신효追遠申孝와[24] 경신수덕敬身修德을 또한 어떻게 멈출 수 있겠습니까? 부자지친이 돈독해지고 지은至恩이 융성했습니다. 천조께선 이 두 가지로 사람의 기강을 세우신 뒤에 만세에 가르침을 드리우셨습니다. 군신과 부자는 천륜天倫 중에서도 가장 위대한 것입니다. 그런데 지은至恩이 안에서 융성하고 대의大義가 밖에서 밝혀지자 충효가 서서 천인天人의 대도大道가 환하게 드러났습니다. 충으로 존귀한 분을 귀하게 모시고 효로 피붙이를 사랑하니, 억조가 한 마음이 되고 상하가 서로 친애할 수 있었던 데는 참으로 이유가 있었던 것입니다. 저 "지극한 가르침이 말하지 않는 가운데 있어서 백성이

22　보경(寶鏡): 야타노카가미(八咫鏡).

23　관천(盥薦): 제사를 드리기 위해 손을 깨끗이 씻은 후 공물을 바치기 전까지의 시간. 즉, 제사에서 가장 엄숙히 할 때를 가리킨다.

24　추원신효(追遠申孝): 추원(追遠)은 돌아가신 부모나 조상을 추모하며 그 제사를 정성껏 지낸다는 뜻으로,『論語』「學而」에 "어버이 상을 당했을 때 신중히 행하고 먼 조상들을 정성껏 제사 지내면 백성의 덕성이 한결 돈후해질 것이다.(愼終追遠 民德歸厚矣)"라는 구절이 있다. 신효(申孝)는 효도와 같은 말이다.

날마다 쓰면서도 알지 못한다."라는 것은, 과연 그 이유가 무엇이겠습니까? 천조께선 하늘에서 아래의 땅에 밝게 임하시고, 천손은 아래서 성경誠敬을 다해 천조의 은혜에 보답합니다. 제사와 정치가 하나가 되어 그 다스리는 천직天職과 대리하는 천공天工이 어느 하나 천조를 섬기는 것이 아님이 없었으니, 천조를 높이는 것과 백성에게 임하는 것이 이미 하늘과 하나가 되었습니다. 그러므로 하늘과 더불어 유구함은 또한 그 마땅한 형세인 것입니다. 그러므로 열성列聖께서 대효大孝를 펴실 때 산릉山陵의 등급을 정해서 질서 있게 제사를 지내고 사전祀典을[25] 존숭하셨던 것입니다. 그 성경誠敬을 다하는 방법은 예제禮制에 대체로 갖춰져 있는데, 그 보본존조報本尊祖의[26] 뜻은 다이조大嘗에[27] 이르러 극진합니다.

상嘗이라는 것은 햇곡식을 처음 맛보고 천신天神께 올리는 것입니다. 【옛날에 그것만 따로 지칭할 때는 천조天祖라고 하고, 여러 신들을 함께 부를 때는 천신天神이라고 했습니다.】천조께선 가곡嘉穀의 종자를 얻으시고는 창생蒼生을 생활할 수 있게 할 것으로 여겨서 어전御田에 파종하셨습니다.[28] 또 입으로 고치를 머금으심에 처음 양잠법養蠶法이 생겼습니다

25　사전(祀典): 제사에 관한 의례와 전적(典籍).
26　보본존조(報本尊祖): 돌아가신 선조에게 보은하고 조상을 존숭함.
27　다이조(大嘗): 다이조사이(大嘗祭). 천황이 즉위한 후 처음 거행하는 니나메사이(新嘗祭)를 말한다. 니나메사이란 일본의 고대로부터 내려오는 제의(祭儀)로서 그 해의 벼의 수확을 축하하고 이듬해의 풍작을 기원하는 일종의 수확제(收穫祭)이다. 천황은 그 해의 햇곡식을 천신(天神: 하늘의 신)과 지기(地祇: 땅의 신)에게 바치고 그 은혜에 감사하면서 자신도 직접 그것을 먹는다.
28　천조께선…파종하셨습니다: 일본신화에 따르면, 아마테라스오미카미(天照大神)는 쓰쿠요미노미코토(月夜見尊)에게 아시하라노나카쓰쿠니(葦原中国)에 있는 우케모치노카미(保食神)를 보고 오라는 명을 내렸다. 우케모치노카미는 뭍을 향해선 입으로 밥을 토하고, 바다를 향해선 물고기를 토하고, 산을 향해선 짐승을 토한 후 그것으로 쓰쿠요미노

다. 이것이 만민의 의식衣食의 근원이 되었습니다. 천하를 황손에게 전하실 땐 유니와齋庭의[29] 벼이삭을 특별히 주셨으니, 백성의 목숨을 중시하고 가곡嘉穀을 귀하게 여기신 것을 또한 알 수 있습니다. 그러므로 다이조사이를 지낼 때는 햇곡식을 익혀서 성대하게 올리고,[30] 【다이조사이를 지내는 해엔 미리 유키悠紀·스키主基의[31] 고쿠군國郡을[32] 복정卜定하고,[33] 이나노미稻實 및 네기노우라베禰宜卜部를 파견해서 논에서 벼이삭

미코토에게 대접하려고 했다. 토한 것을 먹게 하는 것은 더럽다고 생각한 쓰쿠요미노미코토는 우케모치노카미를 베어 죽였다. 아마테라스오미카미가 다시 아메노쿠마히토(天熊人)를 보내자, 우케모치노카미의 시신의 머리에서는 소와 말, 뺨에서는 조(粟), 눈썹에서는 누에, 눈에서는 기장(稷), 배에서는 벼, 음부에서는 보리·대두(大豆)·소두(小豆)가 생겨났다. 이를 받은 아마테라스오미카미는 기뻐하면서 백성이 생활하는 데 필요한 음식이라고 여겨서 파종했다고 한다. 가곡(嘉穀)은 벼를 말한다.

29 유니와(齋庭): 신에게 봉헌할 쌀을 재배하기 위해 정결하게 관리한 제전(祭田).

30 성대하게 올리고: 원문은 '은천(殷薦)'으로, 성대하게 제사를 올린다는 뜻이다. 『周易』豫卦의 象辭에, "우레가 땅에서 나와 분발함이 예(豫)이니, 선왕이 이를 보고서 음악을 지어 덕(德)을 높여서, 성대하게 상제께 제사를 올리고 조고(祖考)를 배향했다.(象曰 雷出地奮 豫 先王以 作樂崇德 殷薦之上帝 以配祖考)"라는 구절에서 인용했다.

31 유키(悠紀)·스키(主基): 다이조사이(大嘗祭)를 거행할 때 신에게 헌상할 햇곡식과 술 등을 헌상할 고쿠군(國郡)을 가리킨다. 다이조사이를 지낼 때는 다이조큐(大嘗宮)이라고 하여 5일에 걸쳐 임시로 제장(祭場)을 세운다. 그 동쪽의 건물을 유키인(悠紀院), 서쪽을 스키인(主基院)이라고 하는데, 각각 유키고쿠(悠紀國)와 스키고쿠(主基國)의 재전(齋田)의 햇곡식을 봉헌한다. 본문에서 언급된 것처럼 원래는 유키와 스키의 고쿠군을 복정(卜定)하는 것이 원칙이었으나, 헤이안(平安) 중기 이후로 유키는 오미노쿠니(近江國)가 전담하고, 스키는 단파노쿠니(丹波國)와 비츄노쿠니(備中國)가 교대로 시행했으며, 군(郡)만 복정(卜定)으로 결정했다. 1909년에 「구황실전범(舊皇室典範)」에서 천황의 즉위례 등을 규정한 '등극령(登極令)'에 따라, 유키는 교토(京都) 동쪽과 남쪽, 스키는 서쪽과 북쪽의 재전(齋田) 중에서 칙정(勅定)하는 것으로 정해졌다.

32 고쿠군(國郡): 고쿠(國)와 군(郡). 대보율령(大宝律令, 701)에 따르면, 일본전국의 행정단위를 60개의 구니(國)로 나누고, 고쿠를 다시 군(郡)으로, 군을 다시 리(里)로 구분해서 3단계로 구성했다. 주민 50호(戶)가 1리(里)가 되고, 2~20리를 1군(郡)으로 했다. 고쿠에는 수도에서 고쿠시(國司)를 파견하고, 군은 지방의 호족을 군지(郡司)에 임명하고, 리(里)는 그 유력자를 골라서 리초(里長)로 삼아서 다스리게 했다.

을 뽑아 공어(供御)의[34] 밥을 짓고, 그 나머지로 흑백의 술을 빚게 합니다. 그 밥은 제사에 즈음해서 찧어서 짓습니다. 천황은 친히 상전(甞殿)에 나가서 자성(粢盛)을[35] 올립니다. 이는 모두 그 효경(孝敬)을 극진히 해서 그 질(質)을 보존하고 그 본(本)을 잊지 않기 위한 것입니다.】그 폐백은 니기타에(繒服)와 아라타에(荒服)이니,[36] 【후토다마(太玉)가 천조(天祖)를 섬길 때 아메노히와시(天日鷲)가 그 부하가 되어 목면을 만들었는데, 진무제(神武帝)[37] 또한 그 후손들을 모두 아와(阿波)로 보내서 곡마(穀麻)를 심게 했으며,[38] 다이조를 지낼 때마다 아와(阿派)의 인베(齋部)가 삼베옷을 바칩니다. 선조의 직분을 모두 그 후손들에게 받들어 행하게 하는 것은 옛 직분을 잃지 않는 것입니다.】 대체로 이는 모두 근본에 보답하는 것입니다. 고케(御禊)는[39] 청결을 다하는 것이요, 천황이 맨발로 걸으면서 경필(警蹕)하지[40] 않

---

33 복정(卜定): 점을 쳐서 결정함.
34 공어(供御): 천황의 음식. 수라.
35 자성(粢盛): 제사에 쓰기 위해 제기(祭器)에 담은 곡물.
36 니기타에(繒服)와 아라타에(荒服): 결이 고운 직물과 거친 직물.
37 진무제(神武帝): 『日本書紀』·『古事記』에 등장하는 신화 속의 인물로 초대 천황으로 알려져 있다. 아마테라스 오미카미(天照大神)가 지배하는 천상계(다카마노하라, 高天原)에서 강림한 신 니니기의 증손으로, 동쪽에 비옥한 땅이 있음을 알고 휴가(日向, 현재 미야자키현 지역)에서 동정(東征)을 시작, 야마토(大和, 현재 나라현 지역)를 평정하고 기원전 660년에 즉위했다.(재위: 기원전 660~기원전 585) 오늘날 일본의 건국기념일인 2월 11일은 진무천황이 즉위한 것으로 알려진 날짜에서 유래하고 있다.
38 후토다마(太玉)가…심게 했으며: 후토다마(太玉)는 인베우지(齋部氏)의 조신(祖神)이고, 아메노히와시(天日鷲)는 그 부하로 아와(阿波)의 인베우지(忌部氏)의 조신(祖神)이다. 진무천황(神武天皇) 당시 아메노히와시의 후손을 아와노쿠니(阿波國)에 보내서 곡마(穀麻)의 종자를 심게 했다고 한다. 곡마는 저마(楮麻)와 같다.
39 고케(御禊): 천황이 즉위한 후 다이조사이(大嘗祭)를 지내기 전월에 교토 동부에 있는 가모가와(賀茂川)라는 강에 가서 죄와 부정을 씻기 위해 몸을 씻는 의식.
40 경필(警蹕): 원래 황제가 나갈 때는 경(警)을 하고 들어올 때는 필(蹕)을 한다고 하여, 그

는 것은 지극한 공경입니다. 히카게노카즈라日蔭鬘와[41] 기누노미조帛御衣는[42] 지경무문至敬無文입니다.[43] 천조天祖께서 제위를 전하시던 날에 아메노코야네天兒玉에게 제명帝命을 출납하고, 아메노후토다마天太玉에게 온갖 일을 거행하게 하셨습니다. 고야네天兒玉의 후손이 나카토미우지中臣氏가 되고, 후토다마太玉의 후손이 인베우지齋部氏가 되었습니다. 그러므로 제삿날에 나카토미中臣는 천신天神의 요코토壽詞를 낭독하고[44] 인베齋部는 신새神璽의[45] 거울과 검을 바쳐서, 수많은 세대가 지나도 반드시 처음의 의식을 반복하였으니 마치 천조에게 새로 명을 받는 것과 같았습니다. 【천조께서는 고야네兒屋·후토다마太玉 등 5부部의 신들에게[46] 황손을 모시게 하고, 히모로기神籬를[47] 세워서 황손을 호위하게 하기를 마치 천상에서의 의식과 똑같이 하셨습니다. 진무제神武帝도 천하를 평정하고 히모로기神籬를 세워서 고야네兒屋의 후손 다네코種子와 후토다마

거동 시에 일반 백성의 통행을 금지하는 일을 뜻하는데, 여기선 신전의 문을 열 때 신관이 '오오'하며 소리를 내는 것을 말한다.

[41] 히카게노카즈라(日蔭鬘): 관(冠)의 양쪽에 청실과 백실을 꼬아서 늘어뜨린 것.

[42] 기누노미조(帛御衣): 흰색 비단으로 만든 겉옷(袍).

[43] 지경무문(至敬無文): 지극히 공경하는 마음을 표현할 때는 화려한 문양이 필요하지 않다는 뜻으로, 『禮記』「禮器」에 "소박한 예를 귀하게 여기는 경우가 있으니, 지극히 공경하는 곳에는 문식하지 않는다.(有以素爲貴者 至敬無文)"라고 한 구절을 인용했다.

[44] 제일(祭日)에…낭독하고: 요코토(壽詞)는 신하가 천황에게 올리는 축사를 말한다. 다이조사이(大嘗祭)의 세라에(節會)에 나카토미우지가 천황에게 축사를 봉정한다. 세라에(節會)는 궁정의 축일에 천황이 여러 신하들을 모아 놓고 연향과 함께 행하는 공식행사를 뜻한다.

[45] 신새(神璽): 신종삼기(神種三器).

[46] 5부(部)의 신: 천손(天孫)이 강림할 때 그를 시종했다고 하는 다섯 신.

[47] 히모로기(神籬): 신도(神道)에서 신사(神社)나 가미다나(神棚: 집안에 신을 모셔 놓은 감실) 이외의 장소에서 제사를 지내기 위해 임시로 상록수를 심거나 울타리를 친 것을 말한다.

太玉의 후손 아메노토미天富에게 검과 거울을 받들고 폐백을 진설하게 했는데, 이러한 의식은 대대로 이어졌습니다. 스진제崇神帝는 가사누이笠縫에서 천조께 제사를 올릴 때, 과거에 이시코리도메石凝姥가[48] 천조를 섬겨 거울을 만들고 마히토쓰目一箇가[49] 가네쓰쿠리作金者가[50] 되었으므로, 인베齋部에게 명해서 두 우지氏의 후손을 데리고 검과 거울을 모조模造해서 전내殿內에 봉안하게 했으니, 천조일踐祚日에[51] 인베齋部가 받드는 물건들이 그것입니다. 그 옛 물건들을 길이 보존해서 감히 잃지 않음이 이와 같습니다.】그 밖에 모든 도구들도 인베齋部가 관장하지 않는 것이 없고, 일을 담당하는 자들도 모두 그 직분을 대대로 계승해서 잃지 않았습니다. 기민하게 일을 처리하는 모습이 천조께서 제위를 전하신 날과 조금도 차이가 없었기 때문에 군신君臣이 모두 그 시초를 잊지 못한 것입니다. 【후토다마太玉는 히와시日鷲·다오키호이手置帆負·히코사치彦狹知·구시아카루타마櫛明玉·마히토쓰目一箇 등을 지도해서 천조天祖를 섬겼으며, 아메노토미天富 또한 여러 우지氏의 후손들을 모두 거느리고 거울 및 창·방패 등의 물건을 만들었습니다. 다이조를 지내는 날에 히와시日鷲·다오키호이手置帆負 등의 후손들이 여러 물건을 공봉供奉하는 것은 옛날 선세先世가 하던 것과 똑같고, 도모伴가 부싯돌로 불을 붙이고 아쓰미安曇가 불을 불고 구라모치車持가 관개管蓋를 잡는 것처럼 쇄세한

---

48 이시코리도메(石凝姥): 아마테라스오미노카미(天照大神)가 아마노이하야(天石窟)에 숨어버렸을 때 거울을 만든 신으로, 가가미쓰쿠리베(鏡作部)의 조신(祖神)이다.
49 마히토쓰(目一箇): 일본신화의 제철(製鐵)·단야(鍛冶)의 신.
50 가네쓰쿠리(作金者): 금속 세공을 담당하는 공인(工人).
51 천조일(踐祚日): 즉위일.

일들 또한 모두 그 직분을 대대로 물려받은 것입니다.】

천조天祖의 유체遺體로서 천조의 일을 계승하여 숙연肅然하고 애연優然하게[52] 태초의 의용儀容을[53] 오늘날에 재현한다면, 군신君臣은 이를 보고 감동해서 양양洋洋하게[54] 마치 천조天祖의 좌우에 있는 듯이 여길 것입니다. 여러 신하들은 천손天孫을 마치 천조를 뵙듯이 바라볼 것이니, 그 자연스럽게 발하는 감정을 어떻게 막을 수 있겠습니까? 여러 신하들로 말하자면, 또한 모두가 신명神明의 후손으로 그 선대에 천조와 천손을 섬기고 백성에게 공덕을 쌓아서 사전祀典의 반열에 들었으며, 적장자와 일족을 모아서 그 제사를 주관한 사람들입니다.【옛날엔 고가명족古家名族으로서 구니노미야쓰코國造와[55] 아가타누시縣主가[56] 된 자들은 각각 일족을 거느리고 그 선조에게 제사를 지냈습니다. 예컨대 오나무치大己貴의[57] 후손이 미와노키미三輪君가 되었는데 대대로 오나무치에게 제사를 올리고, 오모이카네思兼의 후손이 치치부노쿠니노미야쓰코秩父國

---

52 숙연(肅然)하고 애연(優然)하게: 숙연(肅然)은 공경하고 엄숙히 하는 모양이고 애연(優然)은 물체가 어렴풋이 보이는 모양이다. 『禮記』「祭義」에 "제삿날에 사당에 들어가서 애연(優然)하게 그 신위에 계시는 것을 반드시 보는 듯하며, 돌아서 문을 나설 때 숙연(肅然)하게 그 거동소리를 반드시 듣는 듯하며(祭之日 入室 優然必有見乎其位 周還出戶 肅然必有聞乎其容聲)"라는 구절이 있다.

53 의용(儀容): 의례(儀禮), 용모(容貌).

54 양양(洋洋): 성대한 모양.

55 구니노미야쓰코(國造): 고대 일본의 지방관으로 군사권과 행정권을 장악했으나, 다이카개신(大化改新) 이후엔 제사만 주관하는 세습 명예직이 되었다. 다이카개신은 646년부터 650년까지 천황을 중심으로 하는 중앙집권적 정치체제를 구축하기 위해 중국의 율령제를 모방해서 추진한 정치개혁이다.

56 아가타누시(縣主): 다이카개신 이전 아가타(縣)의 통치자로서 나중엔 가바네(姓)의 한 가지가 되었다.

57 오나무치(大己貴): 오쿠니누시노미코토(大國主命)의 별칭.

造가 되었는데 대대로 오모이카네에게 제사를 올리는 것과 같은 부류입니다. 대체로 구족舊族들은 모두 이와 같습니다. 덴치제天智帝에[58] 이르러 우지노카미氏上를[59] 정했으니, 바로 『대보령大寶令』의[60] 이른바 우지노소우氏宗라는 것으로, 이 또한 옛 풍속을 인습해서 윤식潤飾한 것입니다. 후세에 향리鄕里에서 제사지내는 신을 우지가미氏神라고[61] 부르고 그 지방민을 우지코氏子라고 하는 것도 아마 그 유속遺俗일 것입니다.】들어와선 그 조상을 추효追孝하고[62] 나가선 대제大祭를 바치되 또한 각자가 그 조상들의 유체遺體들로서 조상들의 일을 행합니다. 【오미臣·무라지連·도모노미야쓰코伴造는 각각 자신에게 속한 여러 우지氏를 통솔해서 모두 옛 직분을 잃지 않으니, 앞에서 거론한 인베齋部가 여러 인베들을 이끌고 제사를 모시는 것 같은 부류입니다. 그 여러 구니國의 인베라는 것은 바로 히와시日鷲의 후손이 아와노쿠니粟國의 인베가 된 것 같은 부류인데, 또한 제삿날에 그 옛 직분을 계승해서 거행하지 않는 것

---

58 덴치제(天智帝): 제38대 천황(재위: 668~672).
59 우지노카미(氏上): 고대 우지(氏)의 수장으로, 우지가미(氏神)의 제사를 주관하고 종족을 통솔해서 조정에 출사했다. 그 정치적 지위나 직무는 세습되었다. 다이카개신 이후 사적지배권 및 세습지위를 상실했다.
60 『대보령(大寶令)』: 701년에 중국 당나라의 율령체제를 본떠서 만든 일본 최초의 율령으로, 율(律) 6권과 령(令) 11권 등 총17권으로 이루어졌다.
61 우지가미(氏神): 같은 지역(촌락)에 거주하는 사람들이 공동으로 제사를 지내는 신. 본문에서 설명하는 것처럼, 나가토미우지(中臣氏)가 아메노코야네노미코토(天児屋命)의 제사를 지내고, 인베우지(忌部氏)가 아메노후토다마노미코토(天太玉命)의 제사를 지내는 것처럼 일족이 조상신을 제사지내는 경우가 대부분이었으나, 중세 이후로는 우지가미의 주변에 거주하면서 그 제사의례에 참여하고 그 신을 신앙하는 집단을 우지코(氏子)라고 했다.
62 추효(追孝): 돌아가신 부모나 조상의 영전에 공양을 게을리하지 않고 효도를 다하는 것.

이 없습니다.】측연惻然하고 송연悚然하게[63] 그 조상과 아비가 황조皇朝와 천신天神을 공경히 모셨던 것을 생각하니, 어찌 차마 선조를 잊고 군주를 배신할 수 있겠습니까? 이에 효경孝敬의 마음을 아비가 아들에게 전하고 아들이 손자에게 전해서, 계지술사繼志述事하여[64] 비록 수백 세가 지나도 하루와 같았습니다. 효도하는 마음으로 군주에게 충성을 바치고[65] 충성하는 마음으로 그 선조의 뜻을 받드니, 충과 효가 한 가지 근원에서 나와서 교훈으로 풍속을 바로잡아[66] 말하지 않아도 백성이 저절로 교화되었습니다. 제사로 정치를 하고 정치로 교教를 세웠으니, 교教와 정치가 일찍이 둘로 나뉜 적이 없었습니다. 그러므로 백성은 오직 천조天祖를 공경하고 천윤天胤을 받들 줄만을 알아서, 그 향하는 바가 일정하여 이물異物을 보지 않았던 것입니다. 이 때문에 민지民志가 귀일歸一하고 천인天人이 상합相合했습니다. 이것이 제왕이 사해四海를 보전하는데 의지하는 방법이요, 조종祖宗이 나라를 세우고 기업基業을 개창한 방법의 대체大體입니다.

---

63 측연(惻然)하고 송연(悚然)하게: 측연은 측은히 여기는 모양이고, 송연은 황송해 하거나 엄숙하게 공경하는 모양이다.

64 계지술사(繼志述事): 조상의 뜻을 계승해서 그 사업을 발전시켜 나가는 것.『中庸』제19장에 "무릇 효라는 것은 선인의 뜻을 잘 계승하고 그 사업을 잘 발전시키는 것이다.(夫孝者 善繼人之志 善述人之事者也)"라고 하였다.

65 효도하는…바치고: 원문은 '孝以移忠於君'이다.『孝經』「廣揚名」에 "군자는 부모를 효도로 모신다. 그러므로 군주에게 충성을 바칠 수 있는 것이다.(君子之事親孝 故忠可移於君)"라고 한 구절에서 인용한 말로, 부모에게 효도하는 마음을 옮겨서 군주에게 충성을 바친다는 뜻이다.

66 교훈으로…바로잡아: 원문은 '教訓正俗'이다.『禮記』「曲禮(上)」에 "교육하고 훈계해서 풍속을 바로잡는 일도 예가 아니면 완전해지지 않는다.(教訓正俗 非禮不備)"라고 한 구절에서 인용했다.

만물은 하늘에서 근원하고 인간의 근본은 조상에게 있으니, 아비와 할아비에게서 몸을 물려받고 하늘과 땅에서 기氣를 품부稟賦 받습니다. 그러므로 말이 천지귀신天地鬼神에 이르면 어리석은 사람도 두려운 마음을 품지 않을 수 없는 것입니다. 그러니 정교금령政敎禁令이 오직 하늘을 받들고 조상에게 보은하는 뜻에서 나온다면, 민심이 어찌 하나가 되지 않을 수 있겠습니까? 인간이란 천지의 마음입니다.[67] 마음이 전일하면 기氣가 굳세어집니다. 그러므로 억조가 한 마음이 되면 천지의 마음이 전일해져서 그 기가 굳세어지는 것입니다. 그 기가 굳세어지면 인간이 받는 원기元氣가 온전해집니다. 천하의 인간들이 태어나면서부터 모두 온전한 기를 품부稟賦받으면 나라의 풍기風氣가 그에 힘입어 도타워지니, 이를 일러 천인지합天人之合이라고 합니다. 그러므로 백성이 옛날을 잊지 않아서, 그 풍속이 순후하여 능히 보본반시報本反始해서[68] 오래도록 변치 않을 수 있는 것입니다. 【『주역周易』에 이르길, "관괘觀卦에 '손만 씻고 제수를 아직 올리지 않았을 때처럼 하면 백성이 믿음과 정성으로 우러러 공경하리라.'라고 한 것은 천하의 인민이 보고 교화된다는 뜻이다. 하늘의 신도神道를 관찰함에 사시四時가 어긋나지 않으니 성인이 신도神道로 교敎를 세움에 천하가 복종한다."라고 하고,[69] 또 "바람이 땅 위

---

67 인간이란 천지의 마음입니다: 『禮記』「禮運」.
68 보본반시(報本反始): 보본(報本)은 조상의 은혜에 제사로 보답한다는 뜻이고, 반시(反始)는 근본을 돌이켜 잊지 않는 것이다. (『禮記』「郊特牲」)
69 관괘(觀卦)에…복종한다: 『周易』 觀卦 彖辭에 "관괘(觀卦)에 '손만 씻고 제수를 아직 올리지 않았을 때처럼 하면 백성이 믿음과 정성으로 우러러 공경하리라.'라고 한 것은, 천하의 인민이 보고서 교화되는 것이다. 하늘의 신도(神道)를 관찰함에 사시가 어긋나지 않으니 성인이 신도(神道)로 교(敎)를 세움에 천하가 복종한다. (觀 盥而不薦 有孚顒若 下觀而

로 부는 것이 관괘觀卦의 상象이다. 선왕은 이 괘卦를 보고서 사방을 순시하며 백성의 풍속을 관찰해서 교敎를 세웠다."라고[70] 했습니다. 관觀이란 것은 위에서는 아래를 관찰하고 아래서는 위를 우러러보아서 위아래가 서로 바라보는 것입니다. 「학기學記」에 이르길, "학자들끼리 서로 장점을 보고 배워서 선해지는 것을 마摩라고 한다."라고 했습니다. 그런데 바람에는 명령命令의 상象이 있으니 그것이 땅 위로 불 때 만물을 잘 굴복시키고 일정한 방향이 없이 오가며, 아무리 응결되어 있어도 흩뜨리지 못하는 것이 없고 아무리 치밀해도 들어가지 못하는 것이 없습니다. 또 교학敎學의 상象이 있으니, 그 교화하는 도道가 바로 하늘의 신도神道입니다. 천도天道는 음양불측陰陽不測해서[71] 만물을 낳음에 차별이 없습니다. 그러므로 사시四時에 어긋남이 없는 것입니다. 차별이 없는 것이 믿음과 정성[孚]이요, 어긋남이 없는 것 또한 믿음과 정성입니다. 믿음과 정성으로 공경히 우러러보는 상象이 되니, 만물을 덮어주고 실어주며[72] 냇물처럼 흐르고 교화를 도탑게 해서,[73] 위에서 명령을 내릴 때 아

化也 觀天之神道 而四時不忒 聖人以神道設敎而天下服矣)"라고 한 구절을 인용했다.

70 바람이…세웠다:『周易』觀卦 象辭에 "바람이 땅 위로 부는 것이 관괘(觀卦)의 상(象)이니, 선왕이 이를 보고서 사방을 순시하며 백성의 풍속을 관찰해서 교(敎)를 세웠다.(風行地上 觀 先王以 省方觀民設敎)"라고 한 구절을 인용했다. 관괘(觀卦, ䷓)의 괘상(卦象)은 상괘(上卦)가 손괘(巽卦, ☴)로서 바람을 의미하고, 하괘(下卦)가 지괘(地卦, ☷)로서 땅을 뜻한다. 따라서 관괘는 바람이 땅 위로 부는 모양을 형상화한 것이므로 이와 같이 쓴 것이다.

71 음양불측(陰陽不測):『周易』「繫辭(上)」에 "음양을 헤아릴 수 없는 것을 신이라고 한다.(陰陽不測之謂神)"라는 구절이 있다.

72 만물을…실어줘서: 원문은 '복주지재(覆幬持載)'이다. 복주(覆幬)는 하늘이 만물을 덮어주는 것이고, 지재(持載)는 땅이 만물을 실어주는 은혜를 말한다. 『中庸』 제30장에 "비유하자면 하늘과 땅이 모든 만물을 실어주고 덮어주는 것과 같다.(辟如天地之無不持載 無不覆幬)"라는 구절이 있다.

래서 순종하는 것이 하늘의 신도神道입니다. 이것은 아랫사람이 우러러 보고 스스로 교화되는 것입니다. 하늘과 땅 사이에 귀신보다 참된 것[誠]은 없습니다. 그런데 인간과 귀신이 서로 감응하는 것은 손을 씻고 나서 아직 제수를 올리기 전에 최고조에 달하니, 천하의 참됨이 이보다 더할 순 없습니다. 그러므로 『중용中庸』에서 성誠을 논할 때도 먼저 귀신의 덕德을 말하고 나서 순舜임금과 무왕武王·주공周公의 효孝를 언급하되 '종묘에서 향사를 받고 자손이 오랫동안 보호받았다.'라고[74] 하고, 마침내 선조의 사당을 잘 지킬 것으로부터 교郊·사社·체禘·상嘗제사까지 이른 뒤에야 비로소 "나라를 다스리기가 마치 손바닥 위에 놓고 보는 것처럼 쉽다."라고[75] 한 것입니다. 『효경孝經』의 첫 장에서 「대아大雅」의 조상을 추념하는 시를 인용하고,[76] 그 성인의 효를 논할 때도 주공周公의 교郊·사社 및 명당明堂의 제사를 위대하게 여겼으니[77] 그 뜻을 여기서도 볼

---

73 냇물처럼…도탑게 해서: 『中庸』 제30장에 "작은 덕은 냇물처럼 끊임없이 흐르고 큰 덕은 교화를 도탑게 하니, 이것이 천지가 위대한 이유이다.(小德川流 大德敦化 此天地之所以爲大也)"라는 구절이 있다.

74 종묘에서…보호받았다: 『中庸』 제17장에 "순(舜) 임금은 위대한 효자이셨다. 덕은 성인이시고, 존귀함은 천자이시고, 부유하기로는 사해 안을 다 소유하시어, 오래도록 종묘의 향사를 받으시고 자손이 오래도록 보호를 받게 되었던 것이다.(舜其大孝也與 德爲聖人 尊爲天子 富有四海之內 宗廟饗之 子孫保之)"라고 한 구절을 인용했다.

75 나라를…쉽다: 『中庸』 제19장에 "교·사의 예법과 체·상의 뜻에 밝으면 나라를 다스리는 것은 마치 손바닥 위에 놓고 보는 것처럼 쉬울 것이다.(明乎郊社之禮 禘嘗之義 治國其如示諸掌乎)"라는 구절이 있다.

76 「大雅」의 조상을 추념하는 시: 『詩經』 「大雅·文王」의 "네 조상을 생각하지 않느냐. 그 덕을 닦을지어다.(無念爾祖聿脩厥德)"라는 구절을 인용했다.

77 주공(周公)의…위대하게 여겼으니: 『孝經』 「聖治」에 "옛날에 주공은 후직에게 교(郊) 제사를 지내서 하늘에 배향하시고, 문왕을 명당(明堂)에서 종사하여 상제와 함께 제사를 지냈다. 그러므로 온 사해의 신민이 각자 그 직분에 따라서 함께 와서 제사를 지낸 것이다.(昔者周公郊祀后稷以配天 宗祀文王於明堂以配上帝 是以四海之內各以其職來祭)"라는 구절

수 있습니다. 음陰과 양陽이 결합해서 만물을 낳음에 정精한 것이 인간
이 됩니다. 그 몸은 곧 조상의 유체遺體요, 그 기는 곧 천지의 정기精氣이
니, 같은 몸과 기氣이기 때문에 서로 감응합니다. 그러므로 귀신의 덕이
남김없이 만물을 낳아서 양양洋洋하게[78] 마치 곁에 있는 것처럼 느껴지
는 것이니,[79] 인간과 귀신의 지성至誠이 서로 감응하는 것은 참으로 자연
自然의 부절符節입니다. 성인은 이 원리에 따라서 교教를 세우고, 교郊·
사社·상嘗·체禘로 제왕을 섬기고 선조의 제사를 지내서 보본반시報本反
始의 뜻을 남김없이 다했습니다. 문왕의 제사를 지낼 때는 '대월재천對
越在天'을[80] 노래하고 조회할 때는 '문왕척강 재제좌우文王陟降 在帝左右'를[81]
노래해서, 이것으로 만방萬邦을 교화하고 인도하자 백성이 외경하고 존

이 있다.

[78] 양양(洋洋): 성대하게 많은 모양, 또는 끝없이 넓은 모양

[79] 귀신의 덕(德)은…것이니:『中庸』제16장에 "귀신의 덕이 참으로 성대할진저! 보아도 나
타나지 않고 들어도 들리지 않으며 만물을 남아서 남기는 바가 없다.(鬼神之爲德 其盛矣
乎 視之而弗見 聽之而弗聞 體物而不可遺)"라는 구절을 인용했다. 그 주석에, 정자(程子)는
귀신의 의미에 관해 "천지의 공용이자 조화의 흔적(鬼神天地之功用 而造化之迹也)"이라고
하고, 장자(張子)는 "음·양 두 기(氣)의 양능(良能)(鬼神者 二氣之良能也)"이라고 했다. 또
한 주자(朱子)는 "두 가지 기(氣)로 말하면 귀(鬼)라는 것은 음의 영(靈)이고 신(神)이라는
것은 양의 영(靈)이다. 한 가지 기(氣)로 말하면 다가와서 펴지는 것이 신(神)이요, 반대
로 돌아가는 것이 귀(鬼)이니, 그 실체는 일물(一物)일 뿐이다.(以二氣言 則鬼者陰之靈也 神
者陽之靈也 以一氣言 則至而伸者爲神 反而歸者爲鬼 其實一物而已)"라고 했다. 또한 여기서 덕
(德)이란, 성정(性情)·공효(功效)의 의미이다.

[80] 대월재천(對越在天):『詩經』「周頌·淸廟」에 "많고 많은 선비들이 문왕의 덕을 굳게 잡고
서 하늘에 계신 분을 대하고 사당에 모신 신주를 분주하게 받드네.(濟濟多士 秉文之德 對
越在天 駿奔走在廟)"라고 한 구절을 인용했다.

[81] 문왕척강 재제좌우(文王陟降 在帝左右):『詩經』「大雅·文王」에 "돌아가신 문왕이 하늘과
땅 사이를 오르내리며 항상 상제 곁에 계신다네.(文王陟降 在帝左右)"라고 한 구절을 인
용했다.

봉尊奉해서 왕자王者를 마치 하늘처럼 보았습니다. 왕자의 덕이 억조에게 미치자 억조가 한마음으로 그를 높이 받들었으니, 이 또한 그 지성至誠이 자연스럽게 서로 감응한 것이었습니다. 그 뒤를 이은 왕들이 보본반시報本反始한 방법이 이와 같았습니다. 그 효경孝敬의 마음이 상하에 두루 미치자 아랫사람들은 이를 보고 스스로 교화되었습니다. 나가서는 그 윗사람을 섬기고 들어와서는 그 조상을 섬겨서, 측연惻然하고 송연悚然하게 애경愛敬의 마음이 안에서 발하는 것을 스스로 멈출 수 없었습니다. 그러므로 증자曾子는 "어버이의 상을 신중히 치르고 먼 조상의 제사를 정성껏 지내면 백성의 덕성이 도타워질 것이다."라고[82] 한 것이니, 이 또한 신도神道로 교教를 세우는 효과를 말한 것입니다.

요·순이 백성을 통솔할 때는 반드시 하늘에 근본을 두고 제사를 정성껏 올렸습니다. 그러므로 요의 정치는 천체의 운행을 관측하고 책력을 만들어서 백성에게 농사철을 알려주는 것에서부터 시작하고,[83] 천하를 물려줄 때는 모두 역수曆數를[84] 언급했던 것입니다. 큰 계책을 아뢸 때는 "하늘의 일을 사람이 대신하는 것입니다."라고[85] 하고, 계啓를 정벌할 때는 "저들이 오행五行을 능멸하고 삼정三正을 태만히 해서 폐기했기

---

82 어버이의…것이다: 『論語』「學而」.
83 요(堯)의 정치는…시작하였고: 『書經』「堯典」에 "이에 희씨(羲氏)와 화씨(和氏)에게 명하여 하늘의 뜻을 공경히 따르고, 일월성신의 운행을 관측하고 책력을 만들어서 백성에게 농사철을 알려주게 하였다.(乃命羲和 欽若昊天 曆象日月星辰 敬授人時)"라고 하였다.
84 역수(曆數): 제왕이 계승하는 차례라는 뜻인데, 세시(歲時) 및 절기(節氣)의 순서와 같다는 믿음이 전제된다. 『書經』「堯曰」에 "요(堯)임금이 말씀하셨다. '아! 너 순(舜)아, 하늘의 역수가 네 몸에 있도다.'(堯曰 咨 爾舜 天之歷數在爾躬)"라는 구절이 있다.
85 하늘의 일을…것입니다: 『書經』「皋陶謨」에 "모든 관직을 비워두지 마소서. 하늘의 일을 사람이 대신하는 것입니다.(無曠庶官 天工人其代之)"라는 구절이 있다.

때문에 천벌을 대신 행하는 것이다."라고[86] 했습니다. 탕왕湯王이 걸왕桀王을 방벌放伐할 때는 "나는 상제上帝가 두려워서 감히 바로잡지 않을 수 없다."라고[87] 하고, 반경盤庚이 도읍을 옮길 때는 "나는 하늘로부터 너희의 명命을 맞이해서 이어나갈 것이다."라고[88] 했습니다. 은殷나라 사람이 주왕紂王에게 간언할 때는 "하늘이 아래의 백성을 굽어 살피신다.[天監下民]"라고[89] 하고, 또 "하늘이 나를 버리셨다."라고[90] 했습니다. 무왕武王이 주왕紂王을 방벌할 때는 "하늘은 우리 백성을 통해 보고 들으신다."라고[91] 하고, "스스로 하늘로부터 버림받았다."라고[92] 하고, "하늘의 벌을 공손히 행할 것이다."라고[93] 했습니다. 기자箕子가 홍범洪範을 진언陳言할 때는 "하늘은 묵묵히 아래 백성을 안정시켜 놓는다."라고[94] 하고, 주공周

---

86 저들이…것이다:『書經』「甘誓」에 "유호씨가 오행을 능멸하고 삼정을 태만히 해서 폐기해서 하늘이 그 명을 끊으셨으니, 이제 나는 하늘의 벌을 공손히 행할 것이다.(有扈氏威侮五行 怠棄三正 天用勦絶其命 今予惟恭行天之罰)"라는 구절이 있다. 삼정(三正)은 각각 주(周)·은(殷)·하(夏)의 정월인 자월(子月, 11월)·축월(丑月, 12월)·인월(寅月, 1월)이다.

87 나는…바로잡지 않을 수 없다:『書經』「湯誓」에 "나는 너희의 중론을 들었지만 하(夏)나라에 죄가 있으니, 나는 상제가 두려워서 감히 바로잡지 않을 수 없다.(予惟聞汝衆言 夏氏有罪 予畏上帝 不敢不正)"라는 구절이 있다.

88 나는…이어나갈 것이다:『書經』「盤庚(中)」에 "나는 하늘로부터 너희의 명을 맞이해서 이어나갈 것이다.(予迓續乃命於天)"라는 구절이 있다.

89 하늘이…굽어 살피신다:『書經』「高宗肜日」.

90 하늘이…버리셨다:『書經』「西伯戡黎」.

91 하늘은…들으신다:『書經』「泰誓(中)」에 "하늘은 우리 백성의 눈을 통해 내려다보시고, 우리 백성의 귀를 통해 들으신다.(天視自我民視 天聽自我民聽)"라는 구절이 있다.

92 스스로…버림받았다:『書經』「泰誓」.

93 하늘의 벌을…것이다:『書經』「牧誓」에 "이제 나 발(發)은 공손히 하늘의 벌을 행하려 한다. 오늘의 싸움에서는 6, 7보를 넘지 말고 멈춰서 대오를 정돈해야 할 것이니, 장사(將士)들은 힘쓸지어다.(今予發 惟恭行天之罰 今日之事 不愆于六步七步 乃止齊焉 夫子勖哉)"라는 구절이 있다.

94 하늘은…놓는다:『書經』「洪範」에 "하늘은 묵묵히 백성을 안정시켜서 그 생활을 돕고 화

公은 스스로 기도하길 "하늘에 대해 원자元子를 보호할 책임이 있다."라고[95] 했습니다. 성왕成王의 대고大誥엔 "내가 하는 일은 하늘이 시키신 것이다."라고[96] 하고, 강숙康叔을 봉할 때는 "천명을 안정시키라."라고[97] 하고, "천현天顯을 두려워한다."라고[98] 했습니다. 신읍新邑을 경영할 때는 "하늘의 뜻을 계고稽考한다."라고[99] 하고, 또 "하늘의 기명基命과 정명定命에 미치다."라고[100] 했습니다. 많은 선비들에게 고할 때는 "천명을 어기지 말라."라고[101] 하고, 성왕成王을 경계警戒할 때는 "천명을 경외하라."라고[102] 하고, 소공召公에게 고할 때는 "하늘은 참된 사람을 돕는다."라고[103]

합하게 한다.(惟天陰騭下民 相協厥居)"라는 구절이 있다.

95 하늘에…책임이 있다:『書經』「金縢」에 따르면, 무왕(武王)이 큰 병에 걸리자 아우 주공(周公)이 선왕에게 다음과 같이 기도했다고 한다. "당신의 원손(元孫) 아무개가 사나운 병에 걸렸습니다. 당신 세 왕은 하늘에 대해 원자(元子)를 보호할 책임이 있으니 제가 대신 병에 걸리게 해 주십시오.(惟爾元孫某 遘厲虐疾 若爾三王 有丕子之責于天 以旦代某之身)"

96 내가…시키신 것이다:『書經』「大誥」.

97 천명을 안정시키라:『書經』「大誥」.

98 천현(天顯)을 두려워한다:『書經』「大誥」. 천현(天顯)은 하늘이 밝게 드러내는 도(道)라는 뜻이다.

99 하늘의 뜻을 계고(稽考)한다:『書經』「召誥」. 계고(稽考)는 지난 일을 상세히 조사한다는 뜻이다.

100 하늘의…미치다:『書經』「洛誥」에 "왕이 마치 감히 하늘의 기명(基命)과 정명(定命)을 미처 알지 못하는 듯하시기에 제가 태보(太保)를 이어서 크게 동토(東土)를 살펴보니 백성의 명군(明君)을 만들 터전이었습니다.(王 如弗敢及天基命定命 予乃胤保 大相東土 其基作民明辟)"라는 구절을 인용했다.

101 천명을 어기지 말라:『書經』「多士」.

102 천명을 경외하라:『書經』「無逸」에 "아! 제가 들으니, 옛날 은나라 왕 중종은 엄숙하고 공손하고 공경하고 두려워해서 천명에 따라 스스로 몸을 다스리고, 백성을 다스림에 또한 공경하고 두려워하여 감히 게으르거나 안일하지 않으셨습니다.(嗚呼 我聞 曰昔在殷王中宗 嚴恭寅畏 天命自度)"라는 구절에서 인용했다.

103 하늘은…돕는다:『書經』「康誥」에 "천명은 두려워할 만한 것이다. 하지만 사람이 참되면

하고, "천명은 보존하기가 쉽지 않다."라고[104] 하고, 많은 방국邦國에 고할 때는 "천명을 도모하라."라고[105] 했습니다. 정치제도를 세울 때는 "준걸들을 구해서 상제를 높였다."라고[106] 하고, 고명顧命할[107] 때는 "명을 망가뜨리지 말라."라고[108] 하고, 형벌을 제정할 때는 "천목天牧이 되었다."라고[109] 하고, 진후晉侯에게 명할 때는 "상제가 명命을 모았다."라고[110] 했습니다. 『상서尙書』의 각 편篇마다 모두 하늘을 받드는 것이 이와 같습니다.

순 임금이 제위를 물려받을 때는 상제에게 유類제사, 육종六宗에게 인禋제사, 산천에 망望제사, 그리고 여러 신에게 두루 제사를 지냈으며,[111] 순수巡狩할[112] 때는 시柴제사와 망望제사를 지냈으며,[113] 돌아와서는

하늘이 돕는다.(天畏棐忱)"라고 한 구절에서 인용했다.

[104] 천명은…쉽지 않다: 『書經』「君奭」.

[105] 천명을 도모하라: 『書經』「多方」.

[106] 준걸들을…높였다: 『書經』「立政」.

[107] 고명(顧命): 왕이 임종할 때의 유훈(遺訓).

[108] 명을 망가뜨리지 말라: 『書經』「康王之誥」에 "육군(六軍)을 크게 펼쳐서 우리의 높은 할아버지들의 얻기 힘든 명(命)을 망가뜨리지 마십시오.(張皇六師 無壞我高祖寡命)"라고 한 구절에서 인용했다.

[109] 천목(天牧)이 되었다: 천목(天牧)은 하늘을 위해 목민관(牧民官)이 된 자를 말한다. 『書經』「呂刑」에 "아! 사방에서 정치를 관장하며 전옥(典獄)을 담당하는 자들아! 너희가 하늘을 위해 목민관(牧民官)이 되지 않았는가?(嗟 四方司政典獄 非爾惟作天牧)"라고 한 구절에서 인용했다.

[110] 상제가 명을 모았다: 『書經』「文侯之命」에 "이 상제가 그 명을 문왕에게 모았다.(惟時上帝集厥命于文王)"라고 한 구절에서 인용했다.

[111] 순(舜)임금이…지냈으며: 『書經』「舜典」.

[112] 순수(巡狩): 천자가 궁을 나서서 몸소 여러 나라를 시찰하는 일. 순수(巡守)라고도 쓴다.

[113] 시(柴)제사와 …지냈으며: 시(柴)제사는 땔감을 때워서 하늘에 바치는 제사이고, 망(望)제사는 나라의 산천에 바치는 제사이다. 『書經』「舜典」에 "2월에 동쪽으로 순수를 나가서 태산에 이르러 시(柴) 제사를 올리고 산천에 망(望)제사를 차례대로 올렸다.(歲二月

예조藝祖의 사당에 소를 바쳐서 제사를 지냈습니다.[114] 큰 계책을 진언할 때는 "선조의 영혼이 오신다."라고[115] 하고, 수토水土를 다스릴 때는 구산九山에 나무를 베어 길을 내고 여旅제사를 지냈습니다.[116] 반강盤康이 도읍을 옮길 때는 "이에 내가 선왕께 큰 제사를 바칠 때 너의 조상도 와서 함께 흠향할 것이다."라고[117] 하고, 주왕紂王에게 간언할 때는 "천윤전사天胤典祀"라고 했습니다.(예전에는 '胤'까지 한 구句로 보았지만, 지금은 '祀'까지를 한 구로 봅니다.)[118] 미자微子는 "신기神祇의 희생을 훔쳤다."라고[119] 했습니다. 주왕紂王을 방벌할 때는 "제사는 쓸모없다고 말했다고 한다."라고 했으며,[120] 또 "마땅히 지내야 할 제사를 모두 내팽개쳐서 보답하지 않는다."라고[121] 했습니다. 「홍범洪範」에선 삼주팔정三疇八政의 세 번째로

東巡守 至于岱宗 柴 望秩于山川)"라는 구절이 있다.

114 돌아왔을 때는…지냈습니다: 『書經』「舜典」에 "11월 초하룻날 순수를 나가서…돌아오면 예조에 나아가 소를 써서 제사를 바쳤다.(十有一月朔巡守……歸 格於藝祖 用特)"라는 구절이 있다. 예조(藝祖)는 원래 문덕(文德)을 소유한 시조라는 뜻인데, 흔히 나라를 창건한 제왕을 가리킨다.

115 선조의 영혼이…오신다: 『書經』「益稷」에 "명구를 치고 거문고와 비파를 타며 노래하니, 조고의 영혼이 오시고 우(虞) 나라의 손님이 자리에 있으면서 여러 제후와 덕으로 사양한다.(夏擊鳴球 搏拊琴瑟 以詠 祖考來格 虞賓在位 群后德讓)"라는 구절을 인용했다. 조고(祖考)는 선조(先祖)와 같다.

116 수토(水土)를…지냈습니다: 『書經』「禹貢」. 구산(九山)은 구주(九州)의 큰 산을 말한다.

117 이에…흠향할 것이다: 『書經』「盤庚(上)」.

118 주왕(紂王)에게…봅니다: 『書經』「高宗肜日」에 "嗚呼 王司敬民 罔非天胤 典祀無豐於昵"라는 구절을 인용했다. 본래는 "아! 왕께선 백성을 공경하는 일을 맡으셨습니다. 모두가 하늘의 후손이니 아비사당에만 제사를 풍부하게 지내지 마십시오."라는 뜻인데, 본문에서처럼 '祀'까지 구두(句讀)를 뗀다면 '罔非天胤典祀'가 되어 '모든 것이 하늘의 후손의 제사'라는 뜻이 된다. 전사(典祀)는 보통의 예(禮)로 제사를 지내는 것을 말한다.

119 신기의 희생을 훔쳤다: 『書經』「微子」. 신기(神祇)는 하늘과 땅에 지내는 큰 제사이다.

120 제사는…한다: 『書經』「泰誓(中)」.

121 마땅히…보답하지 않는다: 『書經』「牧誓」.

제사를 들었습니다.[122] 스스로 기도할 때는 "귀신을 잘 섬길 수 있다."라고[123] 했습니다. 강숙康叔에게 경계할 때는 "오직 제사지낼 때만 이 술을 쓰라."라고[124] 하였고, 신읍新邑을 경영할 때는 교郊제사와 사社제사에만 소를 희생으로 썼으며,[125] 성대한 예를 거행하고 가장 큰 공을 세운 자를 기록한 다음에 문왕과 무왕에게 인禋제사를 올렸습니다.[126] 많은 선비들에게 고할 때는 "덕을 밝히고 제사를 정성껏 지내라."라고[127] 하고, 소공召公에게 고할 때는 "은殷나라 선왕이 예禮로 올라가 하늘에 배합配合하다."라고[128] 하고, 많은 방국들에 고할 때는 "제사를 공경히 생각하라."라고[129] 하고, "신과 하늘을 주장하다."라고[130] 하고, 고명顧命할 때는 사당에서 그것을 받았습니다.[131] 『상서尚書』의 각 편마다 모두 제사를 정성껏 바친 것이 이와 같습니다

---

122 「홍범(洪範)」에선…들었습니다: 『書經』 「洪範」.
123 귀신을 잘 섬길 수 있다: 『書經』 「金縢」에 따르면, 무왕(武王)이 병으로 눕자 주공(周公)이 선왕들에게 기도하기를, "저는 어질고 효성이 있으며, 재주도 많고 기예도 많아 귀신을 잘 섬길 수 있지만 당신들의 장손인 무왕은 저처럼 재주도 없고 기예도 없으니 귀신을 잘 섬기지 못합니다.(予仁若考 能多材多藝 能事鬼神 乃元孫 不若旦多材多藝 不能事鬼神)"라고 하면서 귀신을 잘 섬기는 자신을 대신 죽게 해 달라고 빌었다고 한다.
124 오직 제사지낼 때만 이 술을 쓰라: 『書經』 「酒誥」.
125 교(郊)제사와…썼으며: 『書經』 「召誥」.
126 처음으로…올렸습니다: 『書經』 「洛誥」.
127 덕을…지내라: 『書經』 「多士」.
128 은(殷)나라 선왕이…배합(配合)하다: 『書經』 「君奭」에 나오는 "洪惟圖天之命 弗永寅念于祀"라는 구절을 인용했다. 원문의 뜻은 "크게 하늘의 명을 도모한 까닭에 제사를 오랫동안 공경히 생각하지 않았다."는 것이므로, 본문에서 '寅念于祀'만 인용한 것은 일종의 단장취의(斷章取義)이다.
129 제사를…생각하라: 『書經』 「多方」.
130 신과…주장하다: 『書經』 「多方」.
131 고명(顧命)할 때는…받았습니다: 『書經』 「顧命」.

그러므로 『논어論語』의 편말篇末에서[132] 요·순·우는 천하를 주고받을 때 하늘의 역수曆數를 말하고, 탕왕이 걸왕을 방벌할 때 "인물의 간택은 상제의 뜻에 달려 있다."라고 하고, 또 주周나라는 백성의 식량과 상례喪禮 및 제례祭禮를 중시했음을 서술한 것이니, 또한 모두 하늘을 받들고 제사를 정성껏 지내야 한다는 것입니다. 그러므로 『예기禮記』에 이르길, "천하 구주九州의 백성들은 모두 그 힘을 다 바쳐서 황천皇天·상제上帝·사직社稷·침묘寢廟·산림명천山林名川의 제사에 공봉供奉해야 한다."라고[133] 한 것이니, 고대에 백성에게 귀신을 공경하고 제사를 받들게 한 것을 또한 알 수 있습니다. 대체로 신주神州와 한토漢土는 풍기風氣가 본디 동일하고 인정人情 또한 매우 유사합니다. 그러므로 교敎를 세운 뜻이 이처럼 서로 대단히 유사한 것입니다.】

고대엔 구니노미야쓰코國造와 도모노미야쓰코伴造가 대대로 조업祖業을 계승해서 그 제사를 빠뜨리지 않았고, 중엽엔 왕족과 정신廷臣이 종족을 모아서 그 작위爵位를 보전했고, 아래로 근고近古에 이르러선 무부武夫와 맹장이 그래도 소료總領를[134] 중시할 줄 알아서 가중家衆을 관할했습니다. 스스로 피붙이를 중시했으니, 그렇다면 누가 감히 천윤天胤을 공경하지 않겠습니까? 그러므로 온 세상이 모두 천위天位를 범할 수 없음을 알았던 것입니다. 순역順逆이 이미 분명해진 뒤엔 대역大逆을 범하

---

132 편말(篇末): 책의 마지막 편(篇). 여기서는 『論語』의 「堯曰」장을 뜻한다.

133 천하…공봉(供奉)해야 한다: 『禮記』 「月令」.

134 소료(總領): 일본 중세, 특히 가마쿠라(鎌倉)시대의 무가사회(武家社會)에서의 일족의 장(長). 일족의 제사를 주관하고 일족 및 서자들을 통솔하는 한편, 쇼군(將軍) 직속의 가신(家臣)인 고케닌(御家人)으로서 봉사(奉仕)했다.

는 자는 본디 세상이 함께하지 않으므로 천지에 용납될 곳이 없으니, 또한 어떻게 추잡한 무리를 규합해서 그 간악한 뜻을 펼칠 수 있었겠습니까? 그러므로 국보國步는[135] 비록 때때로 어려움을 겪었지만 천윤天胤의 존엄함은 변치 않았던 것입니다. 위로는 승여乘輿가 간혹 파천播遷했지만 신기神器를 탐낸 자는 단 1명도 없었고, 아래로는 배신陪臣들이 대대로 천하의 권위를 천단擅斷했지만 또한 감히 군주의 지위를 찬탈하지는 못했습니다. 신성神聖이 충효로 나라를 세우심에 그 유풍遺風과 여열餘烈이 아직도 사람들에게 남아 있는 것이 이와 같았습니다. 그렇다면 태양신의 후손이 천양天壤과 더불어 무궁해서 변하지 않는 데는 그 이유가 있었던 것입니다. 무릇 신성께서 나라를 세우신 것이 이처럼 굳건하고, 후세에까지 은택을 미치신 것이 이처럼 넓습니다. 그렇다면 선정善政이 시행되고 성교聲教가 미치는 바에 과연 아무 폐단이 없을 수 있겠습니까? 천하의 일에 폐단이 없을 수 없음은 본디 그 상리常理입니다. 이제 천하의 폐단을 일일이 꼽을 겨를은 없지만, 개략적으로 논하자면 큰 사단으로 2개가 있으니, 시세時勢의 변천과 사설邪說의 폐해입니다. 잘못된 것을 바로잡고 버려진 것을 다시 행하고자 할진대, 이 2개의 사단을 어찌 깊이 살피지 않을 수 있겠습니까?

시세의 변천이란 무엇입니까? 옛날에 천조께서 처음 천업天業을 개창하셨을 때, 창생蒼生을 애양愛養하사[136] 아메노무라키미天邑君를[137] 정해서

---

135 국보(國步): 나라의 운명.

136 애양(愛養): 사랑하여 기름.

137 아메노무라키미(天邑君): 농민의 장(長). 아마테라스는 아메노무라키미(天邑君)를 정해서 우케모치노카미(保食神)에게 얻은 벼의 종자를 처음 아마노사나다(天狹田)·나가타

삶을 안정시키고, 용무勇武를[138] 간택해서 아래의 땅을 경략經略하시니 백성이 천조를 높이 받들 줄 알았습니다. 하지만 천조초매天造草昧해서[139] 사방이 아직 평정되지 않아 토호土豪와 읍걸邑桀이 곳곳에 할거해서 몇 대가 지나도록 통일되지 않았습니다. 그러다가 태조 진무천황神武天皇이 천하를 평정한 뒤에 구니노미야쓰코國造를 봉건封建해서 사람과 신을 사목司牧하게 하고, 구족세가舊族世家를 모두 명위名位로 매어 두었습니다. 그러자 토지와 인민이 모두 조정에 귀속되어 천하가 크게 다스려졌습니다.【『맹자孟子』에 이르길, "제후의 보배에 3가지가 있으니 토지와 인민과 정사政事이다."라고[140] 했습니다. 『주관周官』에는[141] '천관天官은 주로 육전六典을 관장해서 방국을 통치하는 자이니 모든 정사政事를 다스리고, 지관地官은 주로 지도와 인민의 수를 관장하는 자이니 모든 토지와 인민을 다스린다. 천관과 지관은 사시四時의 관官을 통제하는데, 춘관春官과 추관秋官의 소관은 대부분 전례典禮와 정형政刑에 관계된 일이다. 하관夏官은 군대를 편제하는 자이니 인민을 쓰고, 동관冬官은 공토空土를 맡은 자이니 토지를 다스린다.'라고 했습니다. 『맹자』에서 토지와 인민을 정사政事와 나란히 언급한 것은 그 뜻이 매우 심원하니 옛날에 토지와 인민을 중시한 뜻을 또한 볼 수 있습니다.】그 뒤로 오랜 세월이 지나자 기강이 점차 해이해져서 간혹 배반하는 자들이 생겼습니다. 그러자 스진

(長田)에 심었다고 한다.(『神代記(上)』)

138 용무(勇武): 일본신화에 등장하는 다케미카즈치노카미(武甕槌神)와 후쓰누시노카미(經津主神).

139 천조초매(天造草昧): 천지가 처음 생성되어 만물이 혼돈 중에 있음.(『周易』 屯卦 彖辭)

140 제후의…정사(政事)이다:『孟子』「盡心(上)」.

141 『周官』:『周禮』의 별칭.

천황崇神天皇이 조정에 조공하지 않는 자들을 네 차례 정벌해서 정교政
敎를 크게 펴고, 호구를 조사해서 조역調役을[142] 부과하고, 구니노미야쓰
코國造를 더욱 봉해서 먼 지역까지 진무鎭撫했습니다. 부지런히 경영해
서 몇 대의 조정이 지나도록 쇠퇴하지 않자 황화皇化는 날이 갈수록 무
젖고 강토는 날이 갈수록 넓어져서, 땅은 모두 천자의 토지요 인민은 모
두 천자의 백성이라, 민지民志가 통일되어 천하가 또 크게 다스려졌습
니다. 하지만 그 뒤로 평온함에 안일해져서 묘당에 원대한 사려가 없어
지자 대신들이 권력을 농단해서 사문私門을 경영하기 시작했습니다. 당
시 역대 조정에서는 미야케官家[143] 및 미나시로票代의[144] 백성을 두었습니
다. 그런데 오미臣·무라지連·도모노미야쓰코伴造·구니노미야쓰코國造
들도 각각 사전私田을 두고 사민私民을 기르자 토지와 인민이 점차 분열
되어 각자 그 향하는 바가 다르게 되었습니다. 그러다가 중종中宗 덴치
천황天智天皇에 이르러 난적亂賊을 주륙誅戮하고, 저위儲闈에서 정치를 보
좌하며 구폐舊弊를 개혁하고 신제新制를 반포했습니다.[145] 이에 그 봉건封

---

142 조역(調役): 부세(賦稅)와 요역(徭役).
143 미야케(官家): 다이카개신(大化改新) 이전 조정의 직할령 및 직할 경작지.
144 미나시로(票代): 6, 7세기 다이카개신 이전에 야마토(大和) 조정에 복속한 지방 수장의
    영지백성의 일부를 떼어서 조정의 경제적 기반으로 설정한 것을 말한다. 천황·황후·
    황태자 등의 왕명(王命)이나 궁호(宮號)를 받아서 그 생활에 필요한 물자를 공급하는 일
    을 떠맡았다.
145 중종(中宗)···반포했습니다: 이른바 다이카개신(大化改新)에 관한 서술이다. 622년에 쇼
    토쿠태자(聖德太子)가 사망한 후 소가씨(蘇我氏)가 정권을 농단하자, 중국에 유학해서 수
    (隋)·당(唐)의 문물제도를 학습하고 돌아온 유학생들을 중심으로 소가씨를 제거하고 국
    내체제를 혁신해야 한다는 주장이 제기되었다. 645년 6월, 나카노오에 황자(中大兄皇子,
    후의 덴치천황)와 나카토미노 가마타리(中臣鎌足, 후의 후지와라노 가마타리)가 정변을 일으
    켜서 소가노 에미시(蘇我蝦夷)와 그 아들 소가노 이루카(蘇我入鹿)를 살해하고, 그 다음

建의 형세로부터 다시 일변해서, 고쿠시國司로 고쿠군國郡을 통치하게 해서 마침내 군현제郡縣制를 이루었습니다. 사유지와 사유민私有民을 없애고 모두 조정에 귀속시키니, 천하가 모두 왕토王土와 왕신王臣이 되어 또 크게 다스려졌습니다. 그런데 몇 대가 지난 뒤에 도우지藤氏가 정권을 독점하자, 공경대부公卿大夫 사이에 사치풍조가 일어나서 앞다투어 장원莊園을 설치하고 토지와 인민을 사유화했습니다. 궁마지가弓馬之家는[146] 또 권세 있는 자들에게 들러붙어서 제멋대로 군郡을 가르고 유邑를 이어서 자기 소유로 삼고, 도처에서 양민을 몰아 노예로 삼았으니, 천하의 땅이 거북등과 오이처럼 쪼개져서 할거割據의 형세가 만들어졌습니다. 그러다가 미나모토노 요리토모源賴朝가[147] 천하의 소쓰이부시總追捕使가[148] 되

날 제36대 고토쿠(孝德) 천황이 즉위했다. 이에 645년을 다이카(大化) 원년으로 선포하고 도읍을 니와(難波, 지금의 오사카)로 옮긴 후, 나카노오에 황자와 나카토미노 가마타리를 중심으로 645년부터 650년까지 추진한 정치개혁을 다이카개신이라고 한다. 그 주요 내용은 첫째, 호족의 토지·인민의 사적 소유 폐지 및 국유화, 둘째, 지방행정 조직의 확립 및 국방·교통제도의 정비, 셋째, 호적의 작성과 균전제(均田制)를 모방한 반전수수법(班田收受法)의 시행, 넷째, 부역 폐지 및 새로운 조세제도의 시행 등이었다.

　본문에서 중종(中宗)이라고 한 것은, 중흥(中興)을 이룬 영명한 군주라는 뜻으로 텐치천황의 별칭이다. 난적(亂賊)은 소가노 에미시(蘇我蝦夷)와 소가노 이루카(蘇我入鹿)이다. 저위(儲位)에서 보좌했다고 한 것은, 저위(儲位)는 세자궁으로서 황태자의 지위를 비유하는데, 텐치천황이 코토쿠(孝德, 36대, 재위: 645~654)·사이메(齊明, 37대, 재위: 655~661) 천황 두 대에 걸쳐 황태자로서 정사를 보좌한 일을 가리킨다. 신제(新制)는 다이카개신이다.

146 궁마지가(弓馬之家): 무사가문을 비유하는 말인데, 여기서는 미나모토(源)와 다이라(平) 가문을 가리킨다.

147 미나모토노 요리토모(源賴朝, 1147~1199): 일본 가마쿠라 막부(鎌倉幕府)의 초대 장군으로 이른바 무가정치(武家政治)를 창시한 인물이다.

148 소쓰이부시(總追捕使): 1185년에 구니(國)에 설치된 슈고(守護)라는 관직의 별칭이다. 미나모토노 요리토모는 정치적 경쟁관계에 있던 이복동생 요시쓰네(義經)를 체포한다는 명목으로 구니(國)에 슈고(守護)라는 체포책임자를 두고, 장원에는 지토(地頭)라는 관리인을 두었다. 그리고 슈고는 무사의 통솔 및 중대 범죄인의 체포, 관리 관할 등을, 지토

어 모든 토지와 인민을 가마쿠라鎌倉에 귀속시켰습니다. 가마쿠라와 무로마치室町의 쇼군將軍의 성격은, 비록 때에 따라 성쇠치란盛衰治亂이 같진 않지만, 대체로 토지와 인민에 대한 실질적 지배권을 갖고 걸핏하면 조정의 명을 거슬러서 공순恭順하지 않았습니다. 게다가 구성호족舊姓豪族들도 각각 토지와 인민을 차지하고 서로 쟁탈했습니다. 약육강식弱肉强食하고 난적亂賊이 잇달아 일어남에 천하가 끓는 솥처럼 어지러워 만백성은 어육魚肉의 신세를 면치 못했습니다. 백성은 각각 따르는 군주가 달랐던 까닭에 비록 용맹하게 싸워서 자기 군주를 위해 죽을 수 있더라도, 명의名義가 분명치 않으니 그 충忠은 참된 충이 아니요, 그 효孝는 참된 효가 아니어서 충효의 가르침이 날이 갈수록 소멸되었습니다. 심지어 아시카가 요시미쓰足利義滿[149] 같은 경우는 명나라에 무릎을 꿇고 칭신稱臣했습니다.[150] 안으로 왕신王臣이 되어 밖으로 칭신하는 것은 신하의 절의節義가 아니거늘 천하에 이를 괴이하게 여기는 이가 없었습니다. 또 몸소 천하의 권병權柄을 조종하면서도 다른 나라에 칭신해서, 천조天朝를 마치 번신藩臣처럼 간주하게 하여 국체國體를 크게 무너뜨렸는데도 천하에 이를 괴이하게 여기는 이가 없었으니, 명절名節이 땅에 떨어지고 군신지의君臣之義가 폐기되었습니다. 백성의 풍속은 날이 갈수록 각박

는 치안 유지, 연공(年貢)의 징세 및 납입, 장원의 관리 등을 담당할 것을 명했다. 이어서 자신은 일본국 소쓰이부시로 칭하고, 슈고와 지토의 임면권을 차지하여 일본전역에 걸친 지배권을 확립했다.

[149] 아시카가 요시미쓰(足利義滿, 1358~1408): 무로마치(室町) 막부의 제3대 쇼군(將軍, 재위: 1368~1394). 남북조(南北朝)의 내란을 통일하고 막부의 전성기를 이루었다. 명나라에 입공(入貢)하였으며, 감합무역(勘合貿易)을 개시했다.

[150] 칭신(稱臣): 남의 신하로 자처함.

해져서 보본반시報本反始의 뜻을 내팽개쳤으며, 가독家督이[151] 이로운 것만 알고 혈통을 중시할 줄은 몰라서 간혹 다른 성姓의 아이를 양자로 들이는 경우도 있었습니다. 남남이 부자가 될 수 있다면 부자 또한 남남이 될 수 있는 것입니다. 그렇다면 천륜은 바꿀 수 없음을 누가 다시 알겠습니까? 심지어는 황자皇子와 황손皇孫이 모두 치염薙染의[152] 부류가 되었습니다. 천윤天胤이 실낱처럼 위태롭게 이어지는데도 천하에 이를 괴이하게 여기는 이가 없었으니, 이륜彝倫이 이 때문에 무너지고 부자지은父子之恩이 폐기되었습니다. 【황자皇子가 치도緇徒가 되어선 안 되는 이유에 관해선, 구마자와 시게쓰구熊澤伯繼와[153] 아라이 긴미新井君美의[154] 논의가 매우 상세합니다. 하지만 비평하는 자들은 세월이 오래 지나면 과질瓜瓞이[155] 번성해서 비용을 대기 어려울 것을 근심합니다. 긴미君美가 이를 분변하여 말하길, "천지간에 따로 대산수大算數가 있어서 소식영허消息盈虛는 지력으로 알 수 있는 바가 아니다. 따라서 그 의리가 옳은지 그른지만을 논해야 한다."라고 하였고, 료스케了介는 "여러 구니國에 학교를 설립하고 황자皇子와 공경公卿의 자제들을 그 사장師長에 임명하면 천

---

151 가독(家督): 일가의 당주(堂主)로서의 지위 및 그에 부속되는 봉록(俸祿)·가산(家産).
152 치염(薙染): 승려. 두발을 깎고 검은 물을 들인 옷을 입었다는 뜻이다.
153 구마자와 시게쓰구(熊澤伯繼, 1619~1691): 에도시대 초기의 양명학자(陽明學者). 호는 반잔(蕃山), 자는 료스케(了介).
154 아라이 긴미(新井君美, 1657~1725): 에도시대 중기의 유학자. 호는 하쿠세키(白石). 제6대 쇼군 도쿠가와 이에노부(德川家宣)와 제7대 쇼군 도쿠가와 이에쓰구(德川家継)를 섬기면서 화폐를 개혁하는 등 많은 정책을 시행했다. 특히 조선통신사들과도 많은 교류가 있었으며, 그 접대 절차를 간략하게 하고, 조선과 왕복하는 국서(國書)에 쇼군의 칭호를 '日本國大君'에서 '日本國王'으로 고칠 것을 주장하기도 했다.
155 과질(瓜瓞): 자손. 큰 오이와 작은 오이가 주렁주렁 열리듯 자손이 번성함을 비유한다.

윤天胤이 무수히 많아지는 것에 대처할 수 있다."라고 했으니, 두 사람의 말이 지극히 옳습니다. 또 고제古制에 황자皇子는 친왕親王이 되고 친왕의 자손은 제왕諸王이 되었다가, 다섯 세世의 뒤에는 가바네姓를 하사해서 서신庶臣의 반열에 들게 했습니다. 그렇다면 그 비용을 대기 어려움을 어찌 근심할 필요가 있겠습니까? 그 상세한 내용은 신이 따로 논술할 것입니다.】토지와 인민을 하나로 통합하지 못하면 정교政敎를 시행할 수 없고, 그 극에 달해선 충효가 모두 폐기되어 천인天人의 대도大道가 땅에 떨어질 것입니다. 그러나 한번 어지럽고 한번 다스려지는 것은 천하의 상세常勢입니다. 그러므로 하늘이 상란喪亂을[156] 싫어하신 뒤엔 영걸英傑이 모두 일어나는 것입니다. 도요토미 씨豊臣氏는 필부匹夫로 일어나서 화란禍亂을 평정하고 관백關白으로서 천하를 호령했으며, 토지와 인민을 통일해서 제실帝室을 익대翼戴했습니다.[157] 그리고 동조궁東照宮이[158] 뒤따라 일어나서 오직 충효로 기틀을 닦아 마침내 200년 태평지업太平之業을 완성했습니다. 자손을 위해 훌륭한 국책을 남김에[159] 이를 준수해서 어기지 않았습니다. 때때로 천하의 고쿠슈國主와 조슈城主를 이끌고 경사京師에 내조來朝하니[160] 천황이 포상해서 관작을 내렸습니

---

156 상란(喪亂): 전쟁과 기아, 천재지변 등으로 사망자가 많이 발생하는 것.

157 익대(翼戴): 왕실을 받들어 보좌함.

158 동조궁(東照宮): 에도막부를 개창한 도쿠가와 이에야스(德川家康, 1543~1616)를 가리킨다. 동조궁은 그의 신호(神號)이자 그를 모시는 신사(神社)의 이름.

159 자손을…남김에: 원문은 '孫謀旣貽'이다. 『書經』 「五子之歌」에 "밝고 밝으신 우리 선조 온 나라의 임금이시라 법과 규칙을 세워서 자손에게 남기셨네.(明明我祖 萬邦之君 有典有則 貽厥子孫)"라고 한 구절에서 인용했다.

160 때때로…내조(來朝)하니: 쇼군(將軍)의 경사(京師: 京都) 내조는 이에야스(家康)·히데타다(秀忠)·이에미쓰(家光) 3대에 걸쳐서 몇 차례 행해졌는데, 특히 1634년에는 여러 다이

다. 당시 천하의 토지와 인민에 대한 통치가 한 곳으로 귀속되어, 해내海內가 구별 없이 모두 천조天朝의 인仁을 우러르고 막부幕府의 의義에 복종했으니 천하의 형세가 잘 다스려진다고 할 만했습니다. 하지만 승평昇平이[161] 오래 지속되면 권태가 생겨나는 법입니다. 천하에 영토를 가진 군주가 태어나면서부터 편안해서[162] 흉황凶荒에 대비가 없는데도 구휼할 줄 모르고, 간민奸民이 횡행하는데도 금할 줄 모르고, 융적戎狄이 변경을 노리는데도 근심할 줄 모르는 것은 토지와 인민을 버리는 것입니다. 또 천하의 사민士民이 오직 이익만 도모해서 충성을 다하고 사려를 다 기울여 국가를 위한 계책을 세우지 않고, 태만하고 방자하여 그 조상을 욕되게 하는 것은 군주와 어버이를 버리는 것입니다. 상하가 서로 버린다면 토지와 인민을 어떻게 통일할 것이며, 국체國體는 장차 무엇으로 유지하겠습니까?

영웅이 천하를 고무할 때는 백성이 움직이지 않을까 두려워하고, 용렬한 자가 한때를 호도할 때는 백성이 혹시라도 움직일까 두려워합니다. 그러므로 승평한 세상으로 분식粉飾하는 데 힘써서, 가령 오랑캐가 눈앞에서 날뛰더라도 어선과 상선이라고 하면서 상하가 서로 진상을 은폐하는 것입니다. 하지만 이는 소극적인 대처로[163] 재앙을 키울 뿐입니

묘(大名)를 포함해서 30만여 명이 내조했다고 한다.

161 승평(昇平): 태평(太平).

162 천하에…편안해서: 원문은 '天下有土之君 生則逸'이다. 『書經』「無逸」에 "이후로 즉위하는 왕들이 태어나면 편안했으니, 태어나면 편안했기 때문에 가색(稼穡)의 어려움을 알지 못하며, 소인들의 수고로움을 듣지 못해서 오직 탐락(耽樂)을 따랐습니다.(自時厥後 立王生則逸 生則逸 不知稼穡之艱難 不聞小人之勞 惟耽樂之從)"라고 한 구절에서 인용했다. 이 문맥에서 '토지를 소유한 군주(有土之君)'란 다이묘(大名)를 가리킨다.

다. 그런데도 팔짱을 높이 끼고 방관할 뿐, 사실을 호도糊塗하며 스스로 지혜롭다고 자부하면서 헤아릴 수 없는 심연으로 서로 이끌며 뛰어들고 있으니 또한 가련합니다. 참으로 조금이라도 심성과 지식이 있는 자라면 누군들 소리를 삼키며 홀로 한탄하지 않겠습니까? 이제 막부에서 과감하게 오랑캐를 보면 반드시 물리치라는 명령을 내려서 공식적으로 천하와 더불어 저들을 원수로 규정했습니다.[164] 그러자 명령을 내린 지 하루 만에 지혜로운 자와 어리석은 자를 막론하고 천하가 모두 소매를 걷어붙이고 명령을 따르고자 했으니, 천하의 인심을 마멸磨滅시킬 수 없음이 이와 같습니다. 대체로 지금 천하에 봉건의 모습이 남아 있는 것은 본디 태조가 통치하던 방법이요, 동조궁東照宮이 충효로 기틀을 세운 것은 천조天祖께서 이훈彝訓을[165] 드리우신 것입니다. 진실로 마멸할 수 없는 인심을 이용해서 규제規制를 세우고, 신성神聖께서 천하를 경륜經綸하신 뜻에 근거하여 토지를 경영하고 인민을 통제해서, 군신지의君臣之義를 바로 세우고 부자지친父子之親을 돈독히 할 수 있다면 천하를 한 몸처럼 포괄하는 것이 어찌 매우 어렵겠습니까? 지금은 바로 천재일우千載一

---

163 소극적인 대처: 원문은 '완구(玩寇)'로 외적에 대해 소극적으로 항전한다는 뜻이다.
164 이제 막부에서…규정했습니다: 이른바 이국선격퇴령을 말한다. 분세이(文政) 8년(1825) 2월에 막부에서 포고한 외국선박 추방령으로서, 연안에 접근하는 외국 선박은 이유를 불문하고 포격해서 격퇴할 것, 상륙한 외국인은 체포할 것 등을 골자로 하고 있었다. 분카(文化) 5년(1808)에 영국군함이 나가사키에 침입한 Phaeton호 사건과 분세이(文政) 7년(1824)에 미토번(水戸藩)의 영지인 오쓰(大津)에 영국인 12명이 상륙한 오쓰하마사건 (大津浜事件), 그리고 같은 해에 미토의 어민들이 연해에서 조업 중이던 유럽의 포경선원들과 수년 전부터 물물교환을 해왔던 사실이 발각된 것 등이 격퇴령을 포고한 계기가 되었다. 하지만 아편전쟁의 소식이 전해지자 서양 군사력의 강대함을 두려워한 막부는 덴포(天保) 13년(1842)에 이를 폐지했다.
165 이훈(彝訓): 평소의 가르침.

遇의 때이자, 반드시 놓쳐선 안 되는 기회입니다. 신이 마땅히 개혁해야 할 폐단을 살피고자 시세의 변천을 돌아보고 또 돌아보지 않을 수 없는 것은 이 때문입니다.

사설邪說의 폐해란 무엇입니까? 옛날에 신성神聖께서 신도神道로 교教를 세우신 뒤에 민심을 수습한 방법은 오직 한곳에서 나왔으니, 본디 성규成規가 있었습니다. 하늘을 섬기고 조상에게 제사지내는 뜻을 후세에 전하자 백성이 보본반시報本反始의 뜻을 깨달았습니다. 태조는 천신을 받들어 순종하지 않는 자를 토벌할 적에 가는 곳마다 명인明禋하였고,[166] 마침내 마쓰리노니와靈畤를[167] 세우고 황조천신皇朝天神에게 제사를 올려서 대효大孝를 폈습니다. 스진천황崇神天皇이 신기神祇를[168] 존숭하고 천조天祖를 공경히 섬기고 사전祀典을 천하에 반사頒賜하자 보본반시의 뜻이 천하에 두루 퍼졌습니다. 천하가 조정을 마치 천신처럼 우러러봐서 효孝로 군주를 섬기고, 한마음 한뜻으로 함께 그 충忠을 바치니 풍속이 이로 인해 순후해졌습니다. 오진천황應神天皇의 대에 이르러선 주나라 사람의 경적經籍을[169] 얻어서 천하에 간행했습니다. 그 책은 요·순·주공·공자의 도를 말한 것이었습니다. 그 나라는 신주神州에 인접해서 풍기風氣가 서로 유사하고, 그 교教는 천명과 인심에 근본해서 충효를 밝힘으로써 상제를 섬기고 선조에게 제사를 올리는 것이어서 천조

---

166 명인(明禋): 정결하고 정성스럽게 올리는 제향(祭享).
167 마쓰리노니와(靈畤): 제사를 지내는 장소. 신령이 머무는 곳.
168 신기(神祇): 천신(天神)과 지신(地神).
169 주(周)나라 사람의 경적(經籍): 유교(儒教)의 경서(經書). 주나라 사람[周人]은 곧 공자(孔子)를 가리킨다.

天祖의 이훈彝訓과 대동소이했습니다. 【『중용中庸』에 이르길, "교郊·사社의 제례祭禮는 상제上帝를 섬기는 것이요, 종묘의 예禮는 그 선조에게 제사를 올리는 것이다. 교郊·사社의 예법과 체禘·상嘗의 의의에 밝다면, 나라를 다스리기가 마치 손바닥 위에 놓고 보는 것처럼 쉬울 것이다."라고[170] 하였습니다. 아마도 나라를 다스리는 것이 손바닥 위에 있다는 것은 교郊·사社·체禘·상嘗을 말한 것으로, 그 예법과 의의는 "상제를 섬기고 선조에게 제사를 올린다."라고 한 것에 있으니, 또한 신성께서 교教를 세우신 뜻과 부합합니다.】 만약 능히 이를 따르되 조종祖宗의 정교政教를 더욱 밝게 빛내서 오래도록 해이해지지 않았더라면 그 공렬功烈이 이루 말할 수 없을 정도가 되었을 것입니다. 그런데 이단사설異端邪說이 잇따라 일어나서, 무격巫覡의[171] 부류가 나오고, 부도浮屠의[172] 법이 나오고, 누유속학陋儒俗學이[173] 나오고, 서황西荒의[174] 예수耶蘇의 설이 나왔습니다. 이밖에도 교화를 어지럽히고 풍속을 망친 것들을 일일이 거론할 수가 없습니다. 대체로 조종祖宗께서 사전祀典의 등급을 정해서 질서 있게 제사를 지낸 것은 천하와 함께 하늘을 섬기고 선조에게 제사를 올린 것이었습니다. 그 뜻이 천하에 두루 퍼져서 피차의 구분이 사라졌는데, 고가구족古家舊族이 간혹 가설家說을 인습해서 누습陋習을 미처 떨쳐내지 못했고, 또 궁벽한 시골에선 간혹 사사로이 음사陰祠를[175] 모셔서 복을 빌

---

170 교·사의 제례는…쉬울 것이다: 『中庸』 제19장.
171 무격(巫覡): 여자 무당과 남자 무당. 무(巫)는 여자 무당이고 격(覡)은 박수, 즉 남자 무당이다.
172 부도(浮屠): 불교. Buddha를 음역(音譯)했다.
173 누유속학(陋儒俗學): 식견이 좁은 고루한 유학자와 세속에 영합하는 학자.
174 서황(西荒): 서쪽의 먼 변경.

어 요행을 바랄 줄만 알지 하늘을 섬기고 선조에게 제사를 올리는 의의를 알지 못했습니다. 또 세상에서 누습을 고집하고 기이한 것을 좋아하는 자들이 괴망怪妄하고 우벽迂僻한 설을 제멋대로 갖다 붙여서 인간과 신이 뒤죽박죽되어 마침내 무격巫覡의 부류가 되었습니다. 후세에 이르러선 간혹 유교와 불교를 표절해서 말을 그럴 듯하게 꾸며 호구지책을 삼았으니, 신을 섬긴다고는 하지만 이미 조종祖宗이[176] 보본반시하던 뜻이 아니었습니다. 비록 충신과 효자라도 그 효경孝敬을 바칠 데가 없었으니, 민지民志가 이로 인해 분열되고 말았습니다.

불법佛法이 중국中國에[177] 유입되자 조정의 의론은 "국가에 사전祀典이 있으니 번신蕃神을[178] 숭배해선 안 된다."라고 하였습니다. 그런데 역신逆臣 우마코馬夫가[179] 몰래 이를 신봉하고 황자皇子 우마야도廐戸[180] 등과 결탁해서 사찰을 세웠습니다. 이로부터 승려가 날마다 늘어나서 다투어 그 설을 고무하자 민지民志가 흩어지고 말았습니다. 「대보령大寶令」의 제도에서 신기神祇를 태정太政보다 먼저 열거하고,[181] 승려를 겐반玄蕃에[182] 예속시켰으니 국체國體를 알았다고 할 만하지만, 아직도 제사와 정

---

175 음사(陰祠): 사신(邪神)의 제사를 지내는 사당.

176 조종(祖宗): 역대 군주.

177 중국(中國): 일본. 본문에서 '中國', '中土'라고 하는 것은 모두 일본을 가리킨다.

178 번신(蕃神): 외국에서 건너온 신(神).

179 역신(逆臣) 우마코(馬夫): 소가노 우마코(蘇我馬夫, ?~626)를 가리킨다. 『日本書紀』에 스슌천황(崇峻天皇)을 시해한 것으로 기록되어 있기 때문에 역신이라고 한 것이다.

180 황자(皇子) 우마야도(廐戸): 우마야도(廐戸)는 쇼토쿠 태자(聖德太子, 574~622)의 초명. 쇼토쿠 태자는 소가노 우마코를 오미(大臣)로 삼고 불교를 열렬히 신봉했다.

181 「대보령(大寶令)」…열거하고: 「大寶令」의 이관팔성(二官八省)의 제도에 신기관(神祇官)이 태정관(太政官)보다 먼저 기재되었다. 신기관(神祇官)은 고대 율령제 하에서 각 지방의 신사(神社)와 제사를 관장하던 기관이다.

치를 둘로 구분하는 것을 면치 못했습니다. 당시 인정과 세태가 이미 옛날의 순일純一함과 같지 않았습니다. 그런데 쇼무聖武・고켄孝謙의[183] 조정에 이르러 불사佛事가[184] 더욱 성행해서 조정의 정치와 의론이 모두 부처를 받들고, 끝내 고쿠분지國分寺를[185] 여러 도道에 두어 고쿠후國府와 나란히 세우고 그 법을 고쿠군國郡에 반포해서 불사와 정치를 하나로 만들었습니다. 윗사람이 좋아하는 것으로 정치를 하니 어떤 아랫사람이 그것을 다투어 좇지 않겠습니까? 그러므로 천하가 우르르 쏠려서 오직 번신蕃神만 공경했던 것입니다. 또 본지지설本地之說이[186] 일어나면서 찬란한 신명神明에 불명佛名을 뒤집어씌워서 하늘과 인간을 기만하고, 우리 백성이 받드는 신을 모두 호신胡神의 분지分支와 말속末屬으로 만들었습니다. 신명神明의 나라를 신독身毒의[187] 나라로 변화시키고, 중원中原의 적자赤子를[188] 몰아서 서융西戎의[189] 무리로 만들어 이미 안으로 스스로 오랑

---

182 겐반(玄蕃): 겐반료(玄蕃寮). 율령제 하에서 치부성(治部省)에 소속되어 외국사절의 숙소와 함께 불사(佛寺) 및 승려를 관장했다. 이는 당시 불교를 외래종교로 간주했음을 의미한다.

183 쇼무(聖武)・고켄(孝謙): 쇼무(聖武)는 제45대 천황(재위: 724~749), 고켄(孝謙)은 제46대 천황(재위: 749~758).

184 불사(佛事): 법회(法會) 등의 불교행사.

185 고쿠분지(國分寺): 741년에 불교를 신봉했던 쇼무천황의 발원(發願)에 따라 여러 구니(國)의 고쿠후(國府) 소재지에 세운 절로서 전국 66개소에 설치되었다. 고쿠후(國府)는 고쿠시(國司)가 정무를 보는 고쿠초(國廳)가 설치된 도시로서, 각 구니(國)의 정치・사법・군사・종교의 중심지였다.

186 본지지설(本地之說): 부처나 보살이 중생을 구제하기 위해 환생하는 것을 수적(垂迹)이라고 하고, 그 부처의 본체를 본지(本地)라고 하는데, 본지지설(本地之說)은 일본의 신들이 부처의 수적(垂迹)이라고 보는 설을 말한다. 예컨대 아마테라스 오미카미의 본지(本地)는 대일여래(大日如來)로서, 아마테라스는 그 화신(化身)이라고 하는 것 등이다.

187 신독(身毒): 고대 중국에서 인도(印度)를 부르던 말.

188 적자(赤子): 백성.

캐가 되었으니, 국체가 어디에 있겠습니까? 그러므로 고시라카와 상황後白河上皇의[190] 존엄함으로도 야마보시山法師를[191] 제압하기 어려움을 한탄하셨던 것이니, 당시의 형세를 또한 볼 수 있습니다. 또 이쓰코一向의 전념專念의 설이[192] 일어나면서 사전祀典에 든 명사名祠와 대사大社에 첨례瞻禮하는[193] 것을 불허해서 보본반시의 마음을 끊고 오직 오랑캐 신만을 받들게 했습니다. 백성은 이 때문에 서융西戎이 있는 것만 알고 중원中原이 있는 것을 알지 못하고, 승려가 있는 것만 알고 군부君父가 계신 것을 알지 못했던 것입니다. 반란이 일어나자 의義에 기대어 도적을 토벌한 이들을 법적法敵으로[194] 지목하고, 심지어 일세의 충렬지사忠烈之士들에게 활과 창을 들고 도리어 군부君父에 대적하게 했으니, 충효가 버려지고 민지民志가 흩어짐이 극에 달했다고 할 만합니다. 【「대보령大寶令」에 따르면, "승니僧尼로서 위로 현상玄象을[195] 관찰해서 재앙과 상서로운 조짐을 거짓으로 떠들고 국가의 일까지 언급해서 백성을 현혹한 자, 병서兵書를 익혀서 살인과 도적질을 한 자, 성도聖道를 얻었다고 사칭한 자는 모두 관리에게 인도해서 처벌한다. 도량道場을[196] 따로 설립해서 여러 사

---

189 서융(西戎): 고대 중국에서 서방 이민족을 부르던 말.
190 고시라카와 상황(後白河上皇): 제72대 천황 시라카와 천황(白河天皇, 재위: 1073~1087)의 잘못이다. 고시라카와 천황은 제77대 천황(재위: 1155~1158)이다. 상황(上皇)은 퇴위한 천황의 존칭이다.
191 야마보시(山法師): 히에이산(比叡山) 엔랴쿠지(延曆寺)의 승병(僧兵).
192 이쓰코(一向)의 전념(專念)의 설: 이쓰코(一向)는 정토교계(淨土敎系)의 종파인 잇코슈(一向宗)를 말한다. 정토진종(淨土眞宗)이라고도 하는데, 전수념불(專修念佛)의 설을 주장했다.
193 첨례(瞻禮): 예배(禮拜). 정토진종에서는 신에게 예배하는 것을 금했다.
194 법적(法敵): 불법(佛法)의 적.
195 현상(玄象): 천상(天象).

람을 모아 교화하고 죄와 복에 대해 함부로 설법하는데, 이를 알면서도 금지하지 않는 관리는 법률에 의거해서 처벌한다. 승니로서 길흉을 점치 거나 소도小道[197]와 무술巫術로 병을 치료한 자, 술에 취해 난동을 부리거 나 다른 사람과 싸운 자는 모두 환속시킨다. 삼보三寶의 물건을[198] 관리에 게 뇌물로 바치거나 또는 붕당朋黨을 주창해서 도중徒衆을 소란케 하거나 음악과 노름을 한 자, 화려한 비단옷을 입은 자, 승방僧房에 부녀자를 들 인 중과 이방尼房에[199] 남자를 들인 비구니, 아당붕선阿黨朋扇해서[200] 덕이 없는 자를 제멋대로 입적시켜서 속인俗人으로 하여금 집집마다 교화하 게 만든 자는 모두 정해진 날짜대로 고된 사역을 시킨다. 승니는 장원·주택·재물을 사적으로 축적하거나 흥정 및 이자놀음을 할 수 없다."라 고 하였습니다. 대체로 이와 같은 종류는, 금령禁令을 두어서 몸을 지키 고 죄를 면하게 하는 방법이 대단히 많습니다. 만약 승니로 하여금 율령 을 성실히 준수하고 불가佛家의 법을 따르게 할 수 있다면 나무 아래와 돌 위에서[201] 즐겁게 생애를 마치게 하는 것 또한 가능하겠지만, 단지 그

---

196 도량(道場): 불교 용어로 불도(佛道)를 닦는 곳을 말한다. 석가불(釋迦佛)이 처음 보리수 아래에서 성도(成道)한 자리, 곧 보리도량(菩提道場)에서 연유했다고도 한다.

197 소도(小道): 주술(呪術), 주문(呪文).

198 삼보(三寶)의 물건: 불상(佛像)·번개(幡蓋) 등을 불물(佛物), 경권(經卷)·지필(紙筆) 등을 법물(法物), 의령(衣鈴)·곡채(穀菜) 등을 승물(僧物)이라고 하며, 불물·법물·승물을 합 쳐서 삼보(三寶)의 물건이라고 한다. 이 세 종류의 물건들은 승려의 소속을 나타내는 구 실을 했으므로 도용하거나 교환해서 쓰는 것을 금지했다.

199 이방(尼房): 비구니가 거처하는 방.

200 아당붕선(阿黨朋扇): 아당(阿黨)의 아(阿)는 윗사람의 비위를 맞춰서 멋대로 법을 어기는 것이며, 당(黨)은 아랫사람과 결당(結黨)해서 사리(私利)를 좇는 것이다. 붕선(朋扇) 또한 서로 결탁해서 선동한다는 뜻이다.

201 나무…위에서: 원문은 '樹下石上'이다. 나무 밑이나 돌 위 같이 한데서 잔다는 뜻으로,

들이 나라의 법을 따르지 않습니다. 그러므로 그 폐해가 이 지경에 이르는 것일 뿐입니다.】

성현聖賢이 사람에게 가르치는 것은 모두 수기치인修己治人의 방법입니다. 그런데 근세의 누유속학陋儒俗學은 대체大體에 통달하지 못하고 제멋대로 담론합니다. 경전의 뜻을 견강부회해서 새 학설을 다투고 박식을 자랑하는 자들이나, 터럭을 핥으며 화려한 문장을 다투어서 명리名利를 구하는 부류가 어지럽게 소란을 일으키는 것은 본디 말할 것도 없거니와, 어떤 자는 명의名義에 어두워서 명明·청淸을 화하華夏·중국中國이라고 불러서 국체國體를 모욕하며, 어떤 자는 시세를 좇아 명名을 어지럽히고 의義를 버려서 천조天朝를 마치 우공寓公처럼 보아[202] 위로는 열성列聖의 교화를 손상하고 아래로는 막부幕府의 의義를 해치며, 어떤 자는 지엽적인 것들만 거론하고 오직 화리貨利만을 담론하면서 경제지학經濟之學으로[203] 자칭하며, 어떤 자는 겉만 그럴듯하게 꾸며서 입으로만 성명性命을[204] 담론하니, 마치 그 말은 고묘高妙하고 행동은 돈근惇謹해 보이지만 실제로는 향원鄕原에[205] 불과해서 국가의 안위를 망각하고 시무時務에 통달하지 못합니다. 이는 모두 충忠과 효孝가 아니며, 요·순·공자의

불교에서 출가수행을 비유하는 말이다.

202 우공(寓公): 제 영지를 잃고 타국에 빌붙어 사는 귀족. 『禮記』 「郊特牲」에 "제후들은 우공을 신하로 삼지 않았다. 그러므로 옛날에 우공은 선대를 계승하지 못했던 것이다.(諸侯不臣寓公 故古者寓公不繼世)"라는 구절이 있다.

203 경제지학(經濟之學): 경세제민(經世濟民)의 학문.

204 성명(性命): 인성(人性)과 천명(天命). 곧 성리학(性理學).

205 향원(鄕原): 마을 가운데 겉모습은 근후한 공자처럼 보이지만, 실제로는 세속과 영합해서 타락한 위선자를 말한다. 『論語』 「陽貨」에 "향원은 덕을 해치는 자다.(鄕原 德之賊者也)"라고 한 공자(孔子)의 말이 보인다.

이른바 도道가 아닙니다. 그러므로 조종祖宗의 가르침은 무격巫覡으로 인해 어지러워지고, 불교로 인해 변하고, 누유속학陋儒俗學으로 인해 쇠미해진 것입니다. 좌우의 언설이 민심을 멸렬滅裂시켜서 군신지의君臣之義와 부자지친父子之親이라는 것은 막연하게 치지도외置之度外했으니, 천인天人의 대도大道가 과연 어디에 있겠습니까? 그러나 예전에 백성의 이목을 어지럽힌 것은, 그 극에 달한 것도 경내境內의 사특한 백성에 불과했습니다. 하지만 서황西荒의 오랑캐로 말하자면, 각국이 예수耶蘇의 법을 신봉해서 여러 나라를 집어삼키며, 가는 곳마다 사우祠宇를 불태우고 인민을 무망誣罔해서 그 국토를 침탈하니, 그 뜻은 다른 나라의 군주를 모두 제 신하로 삼고 다른 나라의 백성을 모두 제 노예로 만들기 전까진 만족하지 않을 것입니다. 그것이 더욱 창궐해서 여송呂宋과 과와瓜哇를[206] 멸망시킨 뒤엔 마침내 군침을 흘리며 신주神州를 엿보기 시작했습니다. 일찍부터 서쪽 변방에서 선동해서 여송呂宋·과와瓜哇에 썼던 방법을 신주神州에도 가하려고 하니, 그 사설邪說이 백성의 이목을 어지럽히는 것이 어찌 경내의 사특한 백성에 견줄 정도겠습니까? 다행히 명군明君과 현좌賢佐가[207] 그 간악함을 통찰해서 솎아내고 멸망시켜 다시 살아남은 것이 없었으니, 사특하고 완악한 무리가 중토中土에[208] 종자를 뿌리지 못한 지 이제 200년이 됩니다. 백성으로 하여금 요망한 오랑캐의 선동과 현혹을 면하게 해주었으니 그 덕택이 참으로 큽니다.

---

206 여송(呂宋)·과와(瓜哇): 필리핀의 루손(Luzon) 섬과 인도네시아 자바(Java) 섬.
207 현좌(賢佐): 군주를 현명하게 보좌하는 재상.
208 중토(中土): 일본을 가리킴.

그러나 아직 신성神聖의 대도大道가 밝지 않고 민심에 줏대가 없어서 내부의 사특한 자들이 여전합니다. 그들이 오로지 따르는 것은 무격巫覡과 부도浮屠의 법이 아니면 누유속학陋儒俗學입니다. 비유하자면 중한 병이 막 나아서 원기가 채 회복되지 않았는데 아직 선후책善後策을 마련하지 못한 것과 같습니다. 안으로 줏대가 없어서 밖으로 이물異物에 쉽게 움직이거늘, 최근에 또 한 난학자蘭學者가 나왔습니다. 그의 학문은 본디 역관譯官에서 나온 것으로, 네덜란드 글자를 읽고 그 뜻을 이해하는 데 불과할 뿐이어서 본래는 세상에 무해합니다. 그런데 이식耳食하는[209] 무리가 서양 오랑캐의 과장된 설을 잘못 듣고는 크게 칭양稱揚하고, 간혹 책을 간행해서 오랑캐의 문물[夷]로 중화문명[夏]을 변화시키려는 자까지 생겼습니다. 이 밖에도 진귀한 노리개와 기이한 약처럼 시선을 끌고 마음을 방탕하게 만드는 것들도, 그 유폐流弊가 도리어 오랑캐 풍속을 흠모하게 만드는 데 이릅니다. 훗날 교활한 오랑캐가 이를 틈타서 우민愚民을 현혹한다면 앞으로 다시 오랑캐의 풍속으로 변하는 것을 누가 막을 수 있겠습니까? 서리를 밟으면 두꺼운 얼음이 곧 언다고 했습니다.[210] 그 조짐을 키워선 안 되니, 크게 해악을 미치고 깊이 좀먹는 것들을 어찌 자세히 살펴서 미리 막지 않을 수 있겠습니까? 지금 오랑캐는 화심禍心을[211] 품고 날마다 변방을 엿보며, 안에서는 사설邪說의 폐해가 무르익고 있습니다. 온갖 사단이 이처럼 무궁합니다. 중국에서 이적

---

209 이식(耳食): 성찰할 줄 모르고 전해 들은 말을 그대로 믿음.
210 서리를…했습니다:『周易』坤卦 初六 爻辭에 "서리를 밟게 되면 두꺼운 얼음이 곧 얼게 된다.(履霜堅氷至)"라는 구절을 인용했다.
211 화심(禍心): 남을 해치려는 마음.

夷狄을 기른다면 천하가 애처롭게 울부짖으며 백성은 음붕淫朋을 맺고 사람들은 비덕比德을 가질 것이니,[212] 대국적으로 보면 그것이 과연 중국이겠습니까, 명明·청淸이겠습니까, 인도이겠습니까, 아니면 서양이겠습니까? 나라의 체통이 장차 어떻게 되겠습니까? 사지가 온전히 구비되지 않으면 사람이라고 할 수 없으니, 나라면서도 체통이 없으면 무엇으로 나라가 되겠습니까? 논자들은 부국강병이 변경을 지키는 요무要務라고 합니다. 하지만 지금 오랑캐는 민심에 줏대가 없는 것을 틈타서 은밀히 변경 백성을 유혹하여 그 마음을 이반시키려고 합니다. 민심이 한번 이반하면 싸우기도 전에 천하는 이미 오랑캐의 차지가 될 것입니다. 그렇다면 이른바 부강이라는 것 또한 이미 내 것이 아니요, 단지 적군에게 병기를 빌려주고 도둑에게 양식을 가져다주는 데 불과할 것입니다.[213] 노심초사해서 나라를 부강하게 만들었는데 하루아침에 그것을 도적에게 보태준다면 또한 애석할 것입니다. 참으로 조금이라도 사체事體를 분변하는 자라면 누군들 팔을 걷어붙이고 이를 갈면서 함께 분노하지 않겠습니까? 방금 막부에서 과감하게 천하에 명령해서, 변경 백성의 접제接濟를[214] 엄금하여 교활한 오랑캐가 제멋대로 우리 백성을 선동하고 유혹

---

212 음붕(淫朋)과 비덕(比德): 음붕(淫朋)은 사악한 자들이 모여서 당(黨)을 이룬 것이고, 비덕(比德)은 이해를 같이하는 사람들끼리 결탁해서 다른 사람을 배척하는 것을 말한다. 『書經』「洪範」에 "凡厥庶民無有淫朋 人無有比德 惟皇作極"이라고 한 구절에서 유래했다.

213 단지…불과할 것입니다: 『荀子』「大略」에 "가르칠 만한 사람이 아닌데 가르치는 것은 도적에게 양식을 가져다주고 적군에게 병기를 빌려주는 것과 같다.(非其人而教之 齎盜糧借賊兵也)"라고 한 구절에서 인용했다.

214 접제(接濟): 변방의 백성이 국법을 어기고 외국인과 접촉해서 땔감이나 식수 등을 제공하는 일.

하지 못하게 했습니다. 그러자 명령을 포고한 지 하루 만에 지혜로운 자와 어리석은 자를 막론하고 천하의 모든 이가 오랑캐의 교활한 술책이 가증스럽고 추악한 것임을 깨달았으니, 천하의 인심을 마멸할 수 없음이 이와 같습니다.

지금 시대는 비록 고대와 멀리 떨어졌지만, 우러러보는 지존至尊은 엄연히 천조天祖의 정윤正胤이요,[215] 통치를 받는 창생蒼生은 전과 다름없이 천조께서 애양愛養하신 자들의 후예입니다. 진실로 마멸할 수 없는 인심에 따라 교조敎條를 설립하고, 신성께서 천하를 담금질하신 뜻에 기초해서 하늘을 섬기고 조상의 제사를 지내서 보본반시報本反始하며, 이로 말미암아 군신지의君臣之義를 바로 세우고 부자지친父子之親을 돈독히 할 수 있다면, 만민을 풀무질해서 한마음으로 만드는 일이 어찌 매우 어렵겠습니까? 지금이 바로 천재일우千載一遇의 때요, 반드시 놓쳐선 안 되는 기회입니다. 신은 그러므로 폐단이 발생한 근원을 깊이 살피고자 사설邪說의 폐해를 거듭 돌아보지 않을 수 없는 것입니다. 무릇 영웅은 통변신화通變神化하므로[216] 큰일을 하지 못하는 때가 없고, 또 하지 못하는 일도 없습니다. 제왕이 사해四海를 보전하는 데 의지하는 것은 천인天人의 대도大道입니다. 그 문식文飾은 변해도 의의는 변치 않으니, 신성께서 천지를 경위經緯해서 억조로 하여금 모두가 그 윗사람을 친히 여겨서 차마 이반하지 못하게 만든 방법의 본의는 오늘날에라도 다시 행하지 못할

---

215 정윤(正胤): 적장자(嫡長子).
216 통변신화(通變神化): 통변(通變)은 시세에 맞게 상규(常規)에 구애받지 않고 변통한다는 뜻이고, 신화(神化)는 신묘하게 묵묵한 가운데서 변화시킨다는 뜻이다. 『周易』「繫辭(下)」에서 인용했다.

이유가 없는 것입니다. 이제 시세時勢의 변천과 사설邪說의 해악이 비록 천하가 그 폐단을 감당하기 어려울 정도가 되었더라도, 경장更張하고 작신作新하길[217] 원한다면 그 대처하는 방법이 어떠한지 돌아봐야 할 뿐입니다.

---

[217] 경장(更張)·작신(作新): 경장(更張)은 느슨해진 거문고 줄을 다시 팽팽히 매어둔다는 뜻이고, 작신(作新)은 백성을 교화하고 풍속을 개량해서 일신(一新)한다는 의미이다. 각각 『漢書』「董仲舒傳」에 "삼가 비유컨대 거문고와 비파의 음이 맞지 않을 때, 심한 것은 반드시 그 줄을 풀었다가 다시 팽팽히 묶어야 연주할 수 있는 것과 같습니다.(竊譬之琴瑟不調 甚者必解而更張之 乃可鼓也)"라고 한 구절과 『書經』「康誥」에 "너 소자야, 네가 할 일은 오직 왕의 덕을 넓히고 은나라 백성을 화합케 하고 보호하며 또한 왕을 도와서 천명을 안정시키고 백성을 새롭게 진작시키는 것이다.(汝惟小子 乃服惟弘王 應保殷民 亦惟助王 宅天命 作新民)"라고 한 구절에서 인용했다.

國體 (上)

帝王之所恃以保四海而久安長治天下不動搖者 非畏服萬民把持一世之謂 而億兆一心 皆親其上而不忍離之實 誠可恃也 夫自天地剖判 始有人民 而天胤君臨四海 一姓歷歷 未嘗有一人敢覬覦天位 以至於今日者 豈其偶然哉 夫君臣之義 天地之大義也 父子之親 天下之至恩也 義之大者 與恩之至者 並立天地之間 漸漬積累 洽浹人心 久遠而不變 此帝王所以經緯天地綱紀億兆之大資也

昔者天祖肇建鴻基 位即天位 德即天德 以經綸天業 細大之事 無一非天者 比德於玉 比明於鏡 比威於劍 體天之仁 則天之明 奮天之威 以照萬邦 迨以天下傳於皇孫 而手授三器 以爲天位之信 以象天德 而代天工治天職 然後傳之千萬世 天胤之尊 嚴乎其不可犯 君臣之分定 而大義以明矣 天祖之傳神器 特執寶鏡祝曰 視此猶視吾焉 而萬世奉祀以爲天祖之神 聖子神孫 仰寶鏡而見影於其中 所見者即天祖之遺體 而視猶視天祖 於是乎盥薦之間 神人相感 不可以已 則其追遠申孝 敬身修德 亦豈得已哉 父子之親敦 而

至恩以隆矣 天祖既以此二者而建人紀 垂訓萬世 夫君臣也
父子也 天倫之最大者 而至恩隆於內 大義明於外 忠孝立
而天人之大道昭昭乎其著矣 忠以貴貴 孝以親親 億兆之能
一心 上下之能相親 良有以也 若夫至敎之存於不言百姓日
用而不知者 此其故何也 天祖在天 照臨下土 天孫盡誠敬於
下 以報天祖 祭政維一 所治之天職 所代之天工 無一非所
以事天祖者 尊祖臨民 既與天一矣 故與天同悠久 亦其勢
之宜然也 故列聖之申大孝也 秩山陵 崇祀典 其所以盡誠敬
者 禮制大備 而其報本尊祖之義 至大嘗而極矣

　夫嘗者 始嘗新穀 而饗於天神也【古者專稱 則曰天祖
該群神 則亦曰天神】天祖得嘉穀之種 以爲可以生活蒼生
乃種之御田 又口含繭 而始有養蠶之道 是爲萬民衣食之原
及傳天下皇孫 特授之以齋庭之穗 所以重民命而貴嘉穀者
亦可見也 故大嘗之祭 烹熟新穀 以般薦之【大嘗之歲 豫
卜定悠紀主基國郡 遣稻實及稱宜卜部 臨田拔穗 以爲供御
飯 自餘爲黑白酒 其飯則臨祭舂而炊之 天皇親就嘗殿 奉
籩盛而薦之 皆所以致其孝敬 存其質而不忘其本也】其幣
則繒服荒服【太玉事於天祖 天日鷲爲之部屬而造木綿 神
武帝亦使其裔孫 俱往阿波殖穀麻 而每大嘗 阿波齋部進荒
妙服 其奉祖先職 皆以其子孫 不失舊職也】蓋皆所以報本

也 御襪所以致潔也 天皇徒跣不警蹕 敬之至也 日陰鼉帛
御衣 至敬無文也 當天祖傳位之日 使天兒屋出納帝命 天
太玉供奉百事 兒屋之後爲中臣氏 太玉之後爲齋部氏 故祭
之日 中臣奏天神之壽詞 齋部奉神璽之鏡劍 累世奕葉 必
仍當初之儀 猶新受命於天祖也【天祖使兒屋太玉等五部
神侍皇孫 建神籬 以護衛皇孫 猶天上之儀 神武帝平天下
亦建神籬 令兒屋孫種子太玉孫天富 奉鏡劍陳幣帛 而歷世
所遵奉 莫非是儀也 及崇神帝祭天祖於笠縫 以石凝姥嘗事
天祖而鑄鏡 目一箇爲作金者 故命齋部 率二氏之後 摸造
鏡劍 以奉安殿内 即踐祚日齋部所奉之物是也 其永存舊物
不敢失墜如是矣】其他供凡百之具亦莫非齋部之所掌 而
至百執事者 亦皆世其職 奕世不墜 駿奔承事 毫無異於天
祖傳祚之日 而君臣皆不得忘其初也【太玉統領日鷲手置
帆負彥狹知櫛明玉目一箇等 以奉事天祖 天富亦悉率諸氏
之後 造鏡及矛盾諸物 大嘗之日 日鷲手置帆負等之孫 供
奉諸物 一如其先世之舊 而其細如伴之燧火 安曇之吹火
車持之執菅蓋之類 亦莫非世其職也】

　夫以天祖之遺體 而膺天祖之事 肅然優然 見當初儀容於
今日 則君臣觀感 洋洋乎如在天祖之左右 而群臣之視天孫
亦猶視天祖 其情之發於自然者 豈得已哉 而群臣也者 亦

皆神明之胄 其先世事天祖天孫 有功德於民 列在祀典 而
宗子糾緝族人 以主其祭【古者故家名族 爲國造縣主等者
各統其族人而祭其先 若大己貴之後爲三輪君 而世祭大己
貴 思兼之後爲秩父國造 而世祭思兼之類 凡舊族莫不皆然
至天智帝 定氏上 即大寶令所稱氏宗者 而亦因舊俗而潤飾
之也 後世鄕里所祭之神 稱氏神 其土人稱氏子 蓋亦其遺
俗也】入以追孝其祖 出以供奉大祭 亦各以其祖先之遺體
行祖先之事【臣連伴造各領其所屬諸氏 皆不失舊職 前所
擧齋部率諸齋部供奉之類 而其諸國齋部者 即如日鷲之後
爲粟國齋部之類是也 而亦莫不奉其舊職於祭祀之日也】
惻然悚然 念乃祖乃父所以敬事皇祖天神者 豈忍忘其祖背
其君哉 於是乎孝敬之心 父以傳子 子以傳孫 繼志述事 雖
千百世猶如一日 孝以移忠於君 忠以奉其先志 忠孝出於一
敎訓正俗 不言而化 祭以爲政 政以爲敎 敎之與政 未嘗分
爲二 故民唯知敬天祖奉天胤 所鄕一定 不見異物 是以民
志一而天人合矣 此帝王所恃以保四海 而祖宗所以建國開
基之大體也

　夫萬物原於天 人本於祖 承體於父祖 稟氣於天地 故言
苟及天地鬼神 雖愚夫愚婦 不能無悚動於其心 而政敎禁
令一出於奉天報祖之義 則民心安得不一乎 人者天地之心

心專則氣壯 故億兆一心 則天地之心專 而其氣以壯 其氣
壯 則人所以稟元氣者得其全 天下之人 生而皆稟全氣 則
國之風氣賴以厚 是謂天人之合也 是以民不忘古 而其俗
淳厚 能報其本反其始 久而不變【易曰 觀 盥而不薦 有孚
顒若 下觀而化也 觀天之神道 而四時不忒 聖人以神道設
教而天下服矣 又曰 風行地上 觀 先王以 省方觀民設教 觀
者 上觀於下 下觀於上 上下交相觀也 學記云 相觀而善之
謂摩 而風有命令之象 其行地上 善撓萬物 去來無方 莫凝
而不散 莫密而不入 有教學之象 而其所以教之道 則天之
神道也 天之道 陰陽不測 而生物不貳 故四時不忒 不貳者
孚也 不忒亦孚也 爲有孚顒若之象 覆幬持載 川流敦化 命
從上入 而下順之者 天之神道 而下觀而化也 天地之間 莫
誠於鬼神 而人神相感 在盥未薦之間 最爲至 天下之誠 莫
以尚焉 故中庸論誠 亦先言鬼神之德 而及於舜與武王周公
之孝 宗廟饗之 子孫保之 遂言修祖廟 以至於郊社禘嘗 乃
曰治國如示諸掌 孝經首章 引大雅念祖之詩 而其論聖人之
孝 亦以周公郊祀及明堂之祀爲大 其意亦可見也 陰陽合而
生物 精者爲人 其體即父祖之遺 其氣即天地之精 同體一
氣 交相感應 故鬼神之德 體物不遺 洋洋如在左右 人神至
誠之相感 固自然之符也 聖人因以設教 郊社禘嘗 以事帝

祀先 而報本反始之義盡矣 祀文王則歌對越在天 朝會則歌
文王陟降在帝左右 用此以化導萬邦 而民畏敬尊奉之 視王
者猶視天 王者之德被兆民 而兆民一志 同崇奉之 亦其至
誠之自然相感者 而後嗣王所以報本反始者如此 其孝敬之
心 達於上下 下觀而化之 出則事其上 入則事其先 惻然悚
然 愛敬之心發於中 不能自己 故曾子曰 愼終追遠 民德歸
厚 亦神道設教之効也

　　蓋堯舜之帥民 必本天愼祀 故堯之政 始於曆象授時 而
其授受之間 皆以天之曆數爲言 陳謨則曰 天工人其代之
啓之征伐 則以其威侮五行怠棄三正 而行天之罰 湯之伐桀
則曰 予畏上帝 不敢不正 盤庚之遷都 則曰 迂續乃命于天
殷人諫紂 則曰 天監下民 曰天棄我 武王伐紂則曰 天視聽
自我民 曰自絶于天 曰恭行天之罰 箕子陳洪範 則曰 天陰
騭下民 周公自禱則曰 有丕子責于天 成王大誥則曰 予造
天役 封康叔則曰 宅天命 曰畏天顯 營新邑則曰 稽天 曰及
天之基命定命 告多士則曰 天命無達 戒成王則曰 寅畏天
命 告召公則曰 天棐忱 天命不易 告多方則曰 圖天之命 立
政則曰 籲俊尊上帝 顧命則曰 無壞命 作刑則曰 作天牧 命
晉侯則曰 上帝集命 尚書每篇 莫非所以奉天者如是也

　　舜受終則類禋望徧 巡狩則柴望 歸則用特於藝祖 陳謨則

曰 祖考來格 治水土則九山刊旅 盤康遷都則曰 大享于先
王 爾祖其從與享之 諫紂則曰 天胤典祀〈舊以胤爲句 今改
以祀爲句〉微子則曰 攘竊神祇之犧牲 伐紂則曰 謂祭無益
曰昏棄肆祀弗答 洪範則曰 三曰祀 自禱則曰 能事鬼神 誥
康叔則曰 祀茲酒 營新邑則用牲于郊社 稱殷禮 記功宗 禋
蒸于文武 告多士則曰 明德恤祀 告召公則曰 殷禮陟配天
告多方則曰 寅念于祀 曰典神天 顧命則受之廟 尚書篇篇
無非所以愼祀者如是也 故論語篇末 叙堯舜禹之授受 則言
天之曆數 湯伐桀則曰 簡在帝心 周之所重民食喪祭 亦皆
奉天愼祀也 故禮記曰 凡在天下九州之民者 無不咸獻其力
以共皇天上帝社稷寢廟山林名川之祀 古者所以使民敬鬼
神奉祭祀者 亦可見矣 蓋神州之與漢土 風氣素同 而人情
亦甚相類 故設敎之意 甚相似 亦如此也】

昔也 國造伴造世承祖業 而不墜其祀 中也 王族廷臣緝
合宗族 以保其爵位 下及近古 武夫猛將 猶能重總領 以管
轄家衆 夫既自重血屬 孰敢不敬天胤 故擧一世皆知天位之
不可犯 逆順既明 則大逆者固世之所不與 將無容於天地
亦惡得鳩聚醜類以逞其姦也 故雖國步之時或有艱難 而天
胤之尊自若也 上之則乘輿或播遷 而未嘗有一人敢朵頤神
器 下之則陪臣世擅天下之權 而亦不敢簒其主位 神聖以忠

孝建國 而遺風餘烈之猶在人者如此 則天日之胤 與天壤終
始而不易者 蓋有以致之而然也 夫神聖之建國也如此其固
矣 流澤也如此其遠矣 然則善政之所施 聲教之所曁 其果
無弊乎 凡天下之事 不能無弊 固其常理 今夫天下之弊 指
不遑屈 然概而論之 其大端有二曰 時勢之變也 邪說之害
也 欲矯枉舉廢 二端者得不審詳之乎

何謂時勢之變 昔者 天祖肇基天業 愛養蒼生 定天邑君
以綏撫之 選勇武以經略下土 而民知奉戴天朝矣 然天造草
昧 四方未底平 土豪邑傑 所在割據 歷數世而未相統一 太
祖神武天皇 既定天下 封建國造 俾司牧人神 舊族世家 悉
維之以名位 而土地人民悉歸於朝廷 天下大治【孟子曰 諸
侯之寶三 土地人民政事 周官 天官首掌六典治邦國者 於
政事無所不統也 地官首掌土地之圖人民之數者 土地人民
無所不統也 二官經紀四時之官 而春秋二官所掌 多典禮政
刑之事也 夏官制軍者 用人民也 冬官司空土者 治土地也
孟子以土地人民 與政事並稱者 其旨甚深 而古者重土地
人民 其意亦可見矣】及歷世既久 紀綱漸弛 或有背叛 崇
神天皇四征不庭 大敷政教 校人民課調役 益封國造 以鎮
撫遐陬 拮据經營 歷數朝不衰 皇化日洽 土疆日廣 而土皆
天子之地 人皆天子之民 民志一而天下又大治 爾後習安無

事 廟堂無遠大之慮 大臣弄權 經營私門 時歷朝所置 既有
官家及標代民 而臣連伴造國造亦各置私田畜私民 土地人
民漸分裂 各異所趨向 至中宗天智天皇既誅戮亂賊 在儲
闈輔政 革除舊弊 而布新制 因其封建之勢而一變之 以國
司統治國郡 而遂成郡縣之制 除私地私民 盡歸之朝廷 天
下無一非王土與王臣者 而天下又大治 及數世之後 藤氏專
權 公卿大夫 僭奢成風 爭置莊園 以私土地人民 弓馬家又
依附權勢 割郡連邑 以爲己有 所在驅良民以爲奴隸 天下
之地 龜分瓜裂 而割據之勢成矣 及源賴朝爲天下總追捕
使 則擧土地人民盡歸之鎌倉 鎌倉室町之爲將軍 雖時有盛
衰治亂之不同 而概皆據土地人民之權 動逆朝命 不能恭順
而舊姓豪族 亦各擁土地人民 以相爭奪 弱肉強食 亂賊接
武 天下鼎沸 萬姓靡爛 而民各異所適從 雖勇鬪力戰 能爲
其主死 而名義之不明 其忠非忠 其孝非孝 忠孝之敎 日以
消鑠 至如足利義滿 則屈膝稱臣於明 內爲王臣 而稱臣於
外 非人臣之節矣 而天下無之怪也 身操天下之權 而稱臣
於異邦 使異邦視天朝如藩臣 虧國體也甚矣 而天下無之怪
也 名節墜地 而君臣之義廢矣 民俗日趨薄惡 而遺報本反
始之義 知家督之可利 而不知血胤之可重 或養異姓子以爲
己子 他人可以爲父子 則父子可以爲他人 夫誰復知天倫之

不可易 其甚者 則雖皇子皇孫 悉爲薙染之流 使天胤不絶
如綫 而天下無之怪也 彝倫以斁 而父子之恩廢矣【皇子不
宜爲緇徒 熊澤伯繼新井君美論之極詳矣 然議者或患歲月
之久 瓜瓞蕃衍 供億難給 而君美辨之曰 天地間自有大算
數 消息盈虛 非智力之所及 當論其義之當否也 了介曰 宜
令諸國設學校 以皇子及公卿子弟爲之師長 則天胤之不億
可有以處之 二子所論極是矣 且古制皇子爲親王 親王子孫
爲諸王 五世之後 賜姓列爲庶臣 則亦何患其難供給乎 如
其詳 則臣將別有所論述焉】土地人民之不得統於一 政教
不可以施 其極忠孝俱廢 而天人之大道委地矣 然而一亂一
治 天下之常勢也 故天既厭喪亂 英傑並作 豐臣氏起匹夫
平定禍亂 以關白號令天下 統土地人民於一 以翼戴帝室
東照宮踵興 專以忠孝立基 遂成二百年太平之業 孫謀既貽
遵守不墜 以時帥天下國主城主朝于京師 天皇褒賞 授官賜
爵 當此之時也 天下之土地人民其治歸於一 海內一塗 皆
仰天朝之仁 而服幕府之義 天下之勢 可謂治矣 然昇平已
久 則倦怠隨生 天下有土之君 生則逸 凶荒無備 而莫之恤
姦民橫行 而莫之禁 戎狄伺邊 而莫之虞 棄土地人民也 天
下士民唯利是計 不肯盡忠竭慮 以謀國家 怠傲放肆 以忝
乃祖 遺君親也 上下交遺棄 土地人民 何以統一焉 而國體

其何以維持也

夫英雄之鼓舞天下 唯恐民之不動 庸人之糊塗一時 唯恐民之或動 故務粉飾昇平 使虜陸梁眼前 猶稱爲漁商 上下相蒙蔽 適足以玩寇畜禍 而高拱端睨 糊塗自智 將相率自趣不測之淵 亦可憫也 苟稍存心性智識者 誰不吞聲而竊嘆之乎 今幕府斷然明令天下 見虜必摧之 公然與天下同仇之 而令布一日 天下無智愚 莫不攘臂欲趨令 天下人心之不可磨滅如此 夫方今天下有封建之勢者 固太祖之所以制治也 東照宮以忠孝立基者 天祖之所以垂彝訓也 苟能因人心之不可磨滅者 而立之規制 原於神聖所以經綸天下之意 經土地制人民 正君臣之義 敦父子之親 範圍天下 以爲一身 豈甚難爲哉 此乃千載之一時 必不可失之機也 臣是以欲審弊之宜革者 不得不眷眷於時勢之變也

何謂邪說之害 昔者 神聖既以神道設教 所以緝收民心者 專出於一 固有成規焉 而事天祀先之意 傳之後世 民知報本反始之義矣 太祖奉天神 以討不順 所至明禋 遂立靈時 祭皇祖天神 以申大孝 崇神天皇崇重神祇 敬事天祖 班祀典天下 報本反始之義 達於天下 天下仰朝廷如天神 以孝事君 同心一志 共輸其忠 風俗以惇矣 至應神天皇朝 得周人經籍 行之天下 其書言堯舜周孔之道 其國隣神州 風氣

相類 其敎本於天命人心 明忠孝而以事帝祀先 與天祖之彝

訓大同【中庸云 郊社之禮 所以事上帝也 宗廟之禮 所以

祀乎其先也 明乎郊社之禮禘嘗之義 治國其如示諸掌乎 蓋

治國示掌者 郊社禘嘗 而其禮與義 則曰事帝祀先是也 亦

與神聖立敎之意合矣】若能因而益修明祖宗政敎 久而不

倦 則其功烈將有不可勝言者焉 而異端邪說 相踵而作 有

巫覡之流 有浮屠之法 有陋儒俗學 有西荒耶穌之說 及他

所以淆化傷俗者 不勝枚擧也 夫祖宗之秩祀典 所以與天下

共事天祀先 其義達天下 莫有彼此 而故家舊族 或因襲家

說 陋習未盡除 偏方下州 或私奉淫祠 知祈福徼幸 而不知

事天祀先之義 世之守陋好奇者 附會以怪妄迂僻之說 民神

雜糅 遂爲巫覡之流 至後世或剽竊儒佛 緣飾其言 以爲糊

口之資 則其所事神者 旣非祖宗所以報本反始之意 雖忠臣

孝子 亦或無所適而致其孝敬 民志於是乎岐焉

　佛法之入中國 朝議謂國家有祀典 不宜拜蕃神 而逆臣馬

子私奉之 與皇子厩戶等黨比 興造伽藍 自是僧徒日衆 爭

鼓其說 民志於是乎離渙矣 大寶之制 列神祇於太政之上

隸僧尼於玄蕃 可謂知國體 然猶不免於分祭政爲二者 當時

人情世態 旣非如往日之純一也 而及聖武孝謙之朝 則佛事

益盛 朝政廷議 無非所以奉佛者 遂置國分寺諸道 與國府

並立 以布其法國郡 使佛事與政一 上之所好 用以爲政 爲
之下者 孰不爭趨之 是以天下靡然 唯蕃神是敬 及本地之
說作 而赫赫神明 冒以佛名 誣天欺人 擧吾民所瞻仰者 悉
爲胡神之分支末屬 變神明之邦 以爲身毒之國 驅中原之赤
子 以爲西戎之徒屬 內旣自夷 國體安存也 故以後白河上
皇之尊 而嘆山法師之難制 時勢亦可見也 至一向專念之說
作 則雖名祠大社在祀典者 不許瞻禮之 以過絶報本反始
之心 而專奉胡神 民是以知有西戎 而不知有中原 知有僧
尼 而不知有君父 及其叛亂 則指仗義討賊者 以爲法敵 乃
至於使一時忠烈之士挽弓揮戈而反仇君父 忠孝之廢 民志
之散 可謂極矣【令云 凡僧尼上觀玄象 假說災祥 語及國
家 妖惑百姓 幷習讀兵書 殺人奸盜 及詐稱得聖道 並附官
司科罪 別立道場聚衆敎化 妄說罪福 官司知而不禁止者
依律科罪 僧尼卜相吉凶 及小道巫術療病者 飮酒醉亂 及
與人鬪打者 皆還俗 將三寶物餉遺官人 若合稱朋黨 擾亂
徒衆 作音樂博戲者 服用綾羅錦綺者 僧房停婦女 尼房停
男夫者 阿黨朋扇 浪擧無德者 使俗人歷門敎化者 皆苦使
有日數 凡僧尼不得私畜園宅財物 及興販出息 凡如是之類
其所以設禁防以使保身體免罪戾者 不一而足 如能使僧尼
謹守律令 從佛家之法 則樹下石上 樂以沒齒亦可也 但其

不奉邦憲 是以其害至此而已]

夫聖賢教人 莫非所以修己治人之道 近世陋儒俗學 不達
大體任意談說 其如牽強經義而競新衒博者 如舐毫鬪詞以
釣名要利之流 紛紛擾擾 固無足言焉 而或昧於名義 稱明
清爲華夏中國 以污辱國體 或逐時狥勢 亂名遺義 視天朝
如寓公 上傷列聖之化 下害幕府之義 或毛擧細故 唯貨利
是談 自稱爲經濟之學 或修飾邊幅 口談性命 言似高妙 行
似惇謹 其實則鄕原 忘國家安危 而不達時務 凡此皆非忠
非孝 而非堯舜孔子之所謂道者也 故祖宗之訓 亂於巫覡
變於佛 微於陋儒俗學 左右言說 滅裂民心 而君臣之義父
子之親者 則漠然置之於度外 天人之大道 果惡乎在也 然
往時所亂民聽者 其極不過爲境內奇衺之民耳 至西荒戎虜
則各國奉邪蘇之法 以吞倂諸國 所至焚燬祠宇 誣罔人民
以侵奪其國土 其志非盡臣人之君役人之民則不慊也 及其
益猖獗 既傾覆呂宋瓜哇 遂朶頤神州 嘗煽動西邊 欲以所
以加呂宋瓜哇者而加之神州 其邪說之所以亂民聽者 豈特
爲境內奇民而止哉 幸而明君賢佐洞察其姦 誅鋤夷滅 無復
焦類 邪頑之徒 不得易種中土者 二百年於此 使民免於妖
夷之煽惑 其爲德澤也大矣

然神聖之大道未明 民心未有主 而內之奇衺猶尚依然也

其所適從者 非巫覡浮屠 則陋儒俗學也 譬如劇疾新除 元
氣未復 善後之計未設者 其内無主 外易遷於異物 而近時
又有一蘭學者 其學本出譯官 不過讀阿蘭字以解其語耳 本
無害於世者 而耳食之徒 謬聽西夷誇張之說 盛稱揚之 或
至於有著書上梓 欲以夷變夏者 及他珍玩奇藥 所以奪目蕩
心者 其流弊亦至於使人反欣慕夷俗 異日使狡夷乘之以蠱
惑愚民 則其復變於狗羠羵裘之俗 孰得禁之 履霜堅氷 漸
不可長 其所以爲廣害深蠹者 可不熟察而豫爲之防哉 今夷
虜包藏禍心 日窺伺邊陲 而邪說之害稔於内 百端無窮如
此 養夷狄於中國 天下嗷嗷 民有淫朋 人有比德 擧而大觀
之 果爲中國耶 明淸耶 將身毒耶 抑西洋耶 國之爲體其何
如也 夫四體不具 不可以爲人 國而無體何以爲國也 而論
者方言富國強兵 守邊之要務 今虜乘民心之無主 陰誘邊民
暗移之心 民心一移 則未戰而天下既爲夷虜之有 所謂富強
者 既非我有 而適足以借賊兵齎盜糧耳 勞心竭慮 富強其
國 一旦擧以資寇賊 亦可惜也 苟稍辨事體者 誰不扼腕切
齒共憤之乎 今幕府斷然明令天下 嚴禁邊民接濟 不使黠虜
得肆煽惑吾民 而令布一日 天下無智愚 莫不知黠虜狡謀詭
計可惡可醜 天下人心之不可磨滅如此

　夫方今去古雖遠 而所仰之至尊 則儼然天祖之正胤也 所

治之蒼生 則依然天祖所愛養之裔孫也 苟能因人心之不可
磨滅者 而設之教條 原於神聖所以淬礪天下之意 事天祀
先 報本反始 因以正君臣之義 敦父子之親 橐籥萬民 以爲
一心 豈甚難爲哉 此乃千載之一時 必不可失之機也 臣是
以欲審弊之所由生 不得不眷眷於邪説之害也 夫英雄通變
神化 無不可爲之時 無不可爲之事 而帝王所恃以保四海者
天人之大道 其文可變 其義不可易 則神聖所以經緯天地
使億兆皆親其上而不忍離之意 雖今日亦無不可復行者焉
今時勢之變也 邪説之害也 雖天下不勝其弊 而欲更張作新
之 顧所以處之之方何如耳

국
체
(중)
(國體 中)

    천조天朝는 무武에 근본을 두고 건국되었으니, 힐융방행詰戎方行의[218] 유래가 오래되었습니다. 화살의 날카로움과 창의 사용에 관한 기록은 이미 신대神代에 보이고, 보검寶劍은[219] 삼종신기三種神器의 하나입니다. 그러므로 구와시호코치다루노쿠니細戈千足之國라고[220] 부른 것입니다. 천

---

218 힐융방행(詰戎方行): 힐융(詰戎)은 군비를 미리 정비하는 것이고, 방행(方行)은 사방을 두루 돌아다닌다는 뜻이다. 『書經』「立政」에 "능히 왕의 갑옷과 병기를 잘 정비해서 우왕(禹王)의 옛 자취에 올라 사방으로 천하를 다니시어 해외에 이르기까지 복종하지 않는 자가 없게 하소서.(克詰爾戎兵以陟禹之跡 方行天下 至於海表 罔有不服)"라고 한 구절에서 인용했다.
219 보검(寶劍): 구사나기노쓰루기(草薙劍).
220 구와시호코치다루노쿠니(細戈千足之國): 고대 일본을 부르던 별칭으로서, 구와시호코(細戈)는 정교한 무기, 치다루(千足)는 충분한 방비를 의미한다.

조天祖께서는 중주中州를 천손天孫에게 물려주시고, 오시히押日에게 구메來目의 병사를 거느리고 뒤따르게 하셨습니다.[221] 태조 또한 정전征戰할 때,[222] 구메來目를 오로지 절충折衝하는 데[223] 써서 마침내 중토中土를 평정하였고, 또 모노노베物部를[224] 두어 구메와 섞어서 궁성을 호위하고 국토를 진무鎭撫했습니다. 스진崇神 천황은 사도四道에[225] 장군을 보내서 조정에 불복하는 무리를 토평討平하고, 황자皇子 도요키노 미코토豊城命에게 도고쿠東國를[226] 다스리게 하되 백성에게 농한기에 활사냥을 해서 공물을 바치고 정역征役에[227] 종사하게 했습니다. 제도가 한번 세워지자 역대 조정이 이를 공경히 준수했습니다. 이 때문에 영토가 날마다 넓어져서 동쪽으로는 에조蝦夷를[228] 물리치고 서쪽으로는 쓰쿠시筑紫를[229] 확청廓淸했으며,[230] 마침내 삼한三韓을 평정해서 임나任那에 부府를 세워 공제控制하니[231] 치강治強의[232] 실제가 드러났습니다. 닌토쿠仁德 천황에[233] 이르러

---

221 오시히(押日)에게…하셨습니다: 오시히(押日)는 일본 고대신화의 신으로 이른바 천손강림(天孫降臨) 당시 선봉을 맡았던 아메노오시히노미코토(天忍日命)를 가리킨다. 구메(來目)의 병사는 고대 부민(部民)의 하나인 구메베(久米部)에 속한 무인으로, 초기 야마토(大和) 조정의 군대의 중핵을 이루었다.
222 태조(太祖)…정전(征戰)할 때: 진무천황(神武天皇)의 동정(東征). 주석 37) 참조.
223 절충(折衝): 침략하는 적을 무찌름. 원래는 적의 충차(衝車)를 물리친다는 뜻이다.
224 모노노베(物部): 고대 일본의 유력한 씨족 중 하나로 군사를 관장했다.
225 사도(四道): 호쿠리쿠(北陸)·도카이(東海)·시도우(西道)·단파(丹派)의 네 방면.
226 도고쿠(東國): 근대 이전 일본의 지리개념 중 일부로, 주로 간토(關東)와 도카이(東海) 지방을 가리킨다.
227 정역(征役): 조세(租稅)와 부역(賦役).
228 에조(蝦夷): 야마토(大和) 조정 이후 역대 중앙정권에서 일본열도의 동북부 지역[현재 간토(關東)·도후쿠(東北)·홋카이도(北海道)]에 거주하던 원주민을 이민족시해서 붙인 이름.
229 쓰쿠시(筑紫): 고대에 규슈(九州) 지방을 일컫던 말.
230 확청(廓淸): 더럽거나 어지러운 것을 쓸어 없애서 말쑥하게 함.
231 공제(控制): 장악하여 임의로 움직이거나 세력권에서 벗어나지 못하게 함.

해내海內가 무사해서 병혁兵革이[234] 쓰이지 않다가, 리츄履中·안코安康[235] 이후로 점차 쇠약해지기 시작해서 10여 세世가 지나선 임나任那를 잃고 삼한三韓이 조공을 바치지 않았습니다. 중종中宗이[236] 중흥中興을 이루고 황화皇化의 부진不振에 분노해서 직접 행영行營에[237] 나와 임나를 경략經 略하려고[238] 했지만 끝내 이기지 못했습니다. 하지만 당시 동쪽 지방의 경략에 종사해서 에조蝦夷를 크게 물리치고 시리베시後方羊蹄에[239] 부府를 세워서【현재 서쪽 에조蝦夷의[240] 땅에 시리베시산止里別山이 있는데, 아 마도 옛날 시리베시산後方羊蹄山일 것입니다. 전에 들으니, 이 산 속에 본 래 에조가 항상 왕래하던 길이 있었는데 100여 년 전에 에조가 반란을 일으킨 뒤로 그 통행을 금지해서 마침내 폐쇄되었다고 합니다. 그 땅이 험요險要하여 반란을 일으킨 오랑캐가 쉽게 그 지형을 이용해서 변고를 일으킬 수 있었기 때문에 그 왕래를 금했던 것이며, 옛날에 여기에 부府 를 만든 것도 험요한 지형에 의탁해서 오랑캐를 제어하려고 했던 것입 니다.】마침내 숙신肅愼을[241] 정복했습니다. 이 일은 비록 사이메齊明 천 황의[242] 치세 때였으나 대체로 중종中宗이 저궁儲宮에서[243] 영략英略을 보

232 치강(治強): 잘 다스려지고 강성함.
233 닌토쿠(仁德) 천황: 제16대 천황.
234 병혁(兵革): 병기와 갑주(甲胄).
235 리츄(履中)·안코(安康): 리츄천황은 제17대, 안코천황은 제20대 천황.
236 중종(中宗): 덴치천황(天智天皇)을 가리킨다.
237 행영(行營): 출정(出征)했을 때의 군영(軍營).
238 경략(經略): 경영하고 통치함.
239 시리베시(後方羊蹄): 요테산[羊蹄山: 홋카이도(北海島) 시리베시(後志) 남부에 있는 화산].
240 서쪽 에조(蝦夷): 현재 홋카이도(北海島) 서쪽 지역.
241 숙신(肅愼): 지금의 만주와 연해주 지역에 살던 퉁구스 계열의 수렵 민족.
242 사이메(齊明) 천황: 제37대 천황(재위: 655~661).

좌하였고, 그 위엄에 겁을 먹은 발해渤海도 사신을 보내서 공물을 바치니 치강治强의 실제가 다시 드러났습니다. 이후 100여 년 간 비록 세도世道는 점차 혼탁해졌지만, 간무桓武·사가嵯峨의[244] 대에 이르러 마침내 무쓰陸奧의 도적을 평정해서 에조蝦夷가 해외로 종적을 감췄으니, 그래도 아직 쇠약하다고 할 순 없었습니다. 외적을 물리쳐서 토우土宇를[245] 개척하는 것은 천조天祖께서 후손에게 남기신 계책이자[246] 천손天孫이 천조天祖를 계술繼述하는[247] 것입니다. 그러므로 황태신皇太神 제사의 축사祝詞에서, "신명神明께서 밝게 임하시는 범위가 하늘과 땅과 더불어 무궁하니, 좁은 것은 넓혀주시고 험한 것은 평탄하게 하시며, 멀리 있는 것은 마치 무수한 밧줄로 끌어당기는 듯 하시도다."라고 하는 것입니다. 이는 황화皇化가 날마다 사표四表에[248] 입혀지길 기원하는 것인데, 천조天朝를 건국할 때 무武를 숭상한 뜻을 또한 알 수 있습니다.

하지만 일이 시대에 따라 변혁하는 것은 천하의 상세常勢입니다. 예를 들어 병제兵制를 보면 그 변혁이 일정치 않았습니다. 고대엔 구메來目·모노노베物部의 병사를 쓰고 민병民兵으로 보충했으며, 구니노미야쓰코國造와 아가타누시縣主 또한 각각 병사를 보유해서 백성과 사직을 보호

---

243 저궁(儲宮): 태자궁(太子宮).
244 간무(桓武)·사가(嵯峨): 간무(桓武)는 제50대(재위: 781~806), 사가(嵯峨)는 제52대 천황(재위: 809~823).
245 토우(土宇): 국토(國土), 강토(疆土).
246 천조(天祖)께서…계책이자: 원문은 '天祖之所以貽孫謀'이다. 『詩經』「大雅·文王有聲」에 "그의 자손들에게 좋은 계책을 물려주고 그의 아들에게 편안함과 도움을 주려 함이니 무왕은 참으로 임금답도다.(詒厥孫謀 以燕翼子 武王烝哉)"라고 한 구절에서 인용했다.
247 계술(繼述): 계지술사(繼志述事).
248 사표(四表): 사방의 가장 멀리 있는 땅 끝. 천하.

했습니다. 국가가 처음 제도를 세웠을 땐 대략 이러했는데, 한 번 변해서 군단軍團이 되고, 두 번 변해서 모병募兵이 되었습니다. 이에 군대 일은 모두 대대로 물려받는 가업이 되어 궁마지가弓馬之家라고 불렸으니, 병사와 농민의 구분이 여기서 처음 생겼습니다. 그러다가 천하가 전국시대에 접어들면서 영웅들이 할거하여 마침내 봉건封建의 형세가 이뤄지고 병제도 그에 따라 변했습니다. 이것이 그 대략입니다. 이처럼 병제는 여러 번 달라졌지만, 그 대세로 보면 3번 변했습니다.

고대에는 병기를 신사에 보관하다가 정전征戰을 할 때는 반드시 예를 갖춰서 신기神祇에게 제사를 올렸습니다. 이는 비록 천자라도 감히 마음대로 하지 못하고 반드시 천신에게 명을 받았던 것입니다. 그러므로 민지民志가 하나가 돼서 그 힘이 분산되지 않았던 것이니, 이것이 바로 천신天神의 군대입니다. 그런데 신독법身毒法이[249] 중국에 유입되면서 민지民志가 마침내 흩어져서, 천신을 공경히 받드는 것이 전일하지 않고 하늘로부터 명을 받는 뜻이 불분명해져서 전쟁이 단지 인사人事가 되었습니다. 이것이 첫 번째 변화입니다. 미나모토노 요리토모源賴朝 이후 가마쿠라鎌倉·무로마치室町가 계속해서 천하의 병마兵馬를 관할했습니다. 이것이 두 번째 변화입니다. 예로부터 병사는 모두 토지에 밀착해 있었는데, 사해四海가 끓는 솥처럼 어지러워짐에 호걸들이 토지를 떠나 사방을 떠돌았습니다. 화란禍亂이 평정된 뒤에 천하의 병사들이 각각 도성都城에 몰려들어서 토지엔 병사가 없고, 병사는 토지를 갖지 못했습니다. 이것이 세 번째 변화입니다. 이 세 가지는 단순히 제도를 변혁한 것이

---

249 신독법(身毒法): 인도의 법, 불법(佛法).

아니요, 그 형세가 크게 변한 것입니다.

병사는 토지에 밀착해 있고, 천황은 하늘로부터 명을 받아야 천지인天地人이 하나로 합하는 법입니다. 참으로 이로 말미암아 규제規制를 세워서 훈련하고 강습하며, 평시엔 거두었다가 때때로 발동해서 천지의 위령威令을 빛내고 귀신의 공용功用을[250] 고무한다면, 그 성대한 공렬功烈을 어찌 이루 다 말하겠습니까? 그러나 대세가 일변해서 인간이 하늘을 받들지 않자 하늘과 인간 사이가 크게 멀어져서 억조의 마음을 하나로 할 방법이 없었습니다. 가마쿠라·무로마치가 병권을 통제했을 때 호족대성豪族大姓이 고쿠군國郡을 점거하였고, 말년에 이르러 동쪽이 쇠멸하고 서쪽이 흥기해서 서로 공벌하자[251] 천하의 병사들은 각각 그 추종하는 대상이 달라서 해내海內가 와해되고 병력이 더욱 분산되었습니다. 단, 그 믿을 만한 것은 병사가 그래도 아직은 토지에서 이탈하지 않은 것이었습니다. 병사가 토지에 밀착해 있는 것은 비유하면 땅 속에 물이 있는 것과 같으니,[252] 비록 궁벽한 지역도 어디든지 병사가 없는 곳이 없고, 한 뼘밖에 되지 않는 작은 땅도 수비하지 못하는 곳이 없었습니다. 그러므로 비록 조정은 쇠퇴하고 천하는 어지러워졌지만, 천하의 형세는 그래도 아직 그 강함을 잃지 않았던 것입니다. 이 때문에 호원胡元의 적선賊船을 격퇴하고[253] 조선의 국도國都를 함락할 수 있었던 것이니,[254] 해외에

---

250 공용(功用): 기능, 작용.
251 말년에…공벌하자: 전국시대(戰國時代)를 가리킨다.
252 땅 속에…같으니: 『周易』 師卦 象傳에 "땅속에 물이 있는 것이 사(師)이니, 군자가 보고서 백성을 용납하고 무리를 모은다.(地中有水師 君子以 容民畜衆)"라고 한 구절에서 인용했다.
253 호원(胡元)의…격퇴하고: 1274년과 1281년 두 차례에 걸쳐 원(元)나라 및 고려 연합함대

서 병위兵威를 떨친 것이 아직 이와 같았습니다. 그런데 도요토미 씨豊臣氏는 천하가 지나치게 강한 것을 근심해서, 토지를 가진 군주들을[255] 모두 오사카大阪에 머물게 한 다음에 혹은 토목공사에 부리고 혹은 전벌戰伐에 써서 단 하루도 제 구니國에서 힘을 기르지 못하게 했습니다. 동조궁東照宮이 일어났을 때도 본本을 강하게 하고 말末을 약하게 하는 데 힘써서,[256] 무사들에게 각각 도성에 모여 살도록 명해서 하루도 제 유邑에서 힘을 기르지 못하게 했으며, 백성에게 징과 북소리를 듣지 못하고[257] 방패와 창을 보지 못하게 했습니다. 이에 병사는 줄고 백성은 어리석어져서 천하가 처음으로 약해졌으며 일세의 호걸들은 숨을 죽이고 명을 받들었으니, 홀로 천하를 운용한 영산위략英算偉略의 효과가 신속했다고 할 만 합니다.

천하의 일은 이로운 점이 있으면 반드시 해로운 점도 있는 법입니다. 약하게 만든 것의 폐단은 반드시 부진不振으로 이어져야 합니다. 하지만 당시 약세弱勢는 있었지만 약형弱形은 없었던 것은 어째서입니까?[258] 동조궁東照宮이 기틀을 세울 때 오직 절의節義로 병사들을 갈고 닦아서, 나아가서 죽을지언정 물러서서 살려고 하지 않았으니 그 공격을 받는 자

를 격퇴한 일을 가리킨다.
254 조선의…있었던 것이니: 1592년 임진왜란 당시 경성을 함락한 것을 가리킨다.
255 토지를 가진 군주들: 다이묘(大名).
256 본(本)을…힘써서: 본(本)은 막부, 말(末)은 다이묘·무사·서민을 가리킨다. 즉, 중앙권력을 강화하고 지방 영주들의 권력을 약화시킨 정책을 의미한다.
257 징과 북소리: 군대에서 호령으로 쓰는 징과 북소리. 옛 군대에선 북을 쳐서 군대를 전진시키고 징을 쳐서 수습했다고 한다.
258 약세(弱勢)는…어째서입니까: 대세로 보면 천하가 점차 약해지고 있었지만, 그것이 아직 가시화되지는 않았다는 의미이다.

는 대중경적大衆勁敵이라도[259] 감히 그 예봉을 당하지 못했습니다. 천하가 평정된 뒤엔 휘하 장사將士가 모두 명예와 절의를 중시하고 용무勇武를 숭상했으며, 세상은 아직 전쟁을 잊지 않아서 불우의 사태에 대비할 줄 알았습니다. 그러므로 천하는 비록 약해졌지만, 무사들이 모인 통읍대도通邑大都에선 아직 그 약함이 보이지 않았던 것입니다.

천하의 고혈을 다해서 무사를 봉양하자, 그 다음엔 무사들이 모인 곳에 재화가 집중되었습니다. 재화가 집중된 곳엔 장사꾼이 몰려드는 법입니다. 장사꾼은 유행을 좇고 큰 이윤을 추구해서 온갖 진기하고 괴이한 물건을 갖추고 있습니다. 그러므로 맹장과 용사들로 하여금 전벌戰伐을 잊고 승평昇平을 즐기게 만든 것이 본래 당연하다고는 해도, 그 유폐流弊에 이르러선 분수에 넘치는 사치가 풍속을 이루며, 정욕을 자극하고 욕망을 추구해서 예의를 알지 못합니다. 그러므로 부유하게 만들기만 하고 가르치지 않으면 교음驕淫과 탕일蕩佚이[260] 이르지 않는 데가 없는 것입니다. 이 때문에 부가 넘치면 빈곤을 낳습니다. 빈곤은 약함과 불가분의 관계에 있습니다. 빈곤한 주제에 사치스러우면 생계를 염려하고, 생계를 염려하면 재화를 돌아보고, 재화를 돌아보면 이익을 보고 의義를 잊습니다. 그러므로 윗사람과 아랫사람이 서로 이익을 취해서[261] 염치가 없어지는 것입니다. 나라에 염치가 없으면 천하에 생기生氣가 없고

---

259 대중경적(大衆勁敵): 대중(大衆)은 많은 수의 군대, 경적(勁敵)은 강적(强敵)과 같다.
260 교음(驕淫)과 탕일(蕩佚): 교음(驕淫)은 교만하고 방탕한 것이며, 탕일(蕩佚) 또한 방종(放縱)의 의미이다.
261 윗사람과…취해서: 『孟子』「梁惠王(上)」에 "윗사람과 아랫사람이 서로 이익을 취하면 나라가 위태로워질 것입니다.(上下交征利 而國危矣)"라고 한 구절을 인용했다.

약형弱形이 나타납니다. 진퇴질서進退疾徐와[262] 보벌지제步伐止齊를[263] 적에 따라 달리하고, 지세를 살펴서 임기응변하는 것은 군진軍陣에 임했을 때의 활용입니다. 그런데 무부武夫가 성시城市 밖을 나가질 않고, 토론하는 것은 여자나 술과 음식, 배우의 잡극, 분재와 원에 또는 덫을 놓아서 새를 잡거나 낚시하는 일 뿐입니다. 검술을 연습하는 것은 사적인 결투에 쓰려는 데 불과하고, 활과 총을 익히는 것은 연극판의 도구를 채우는 데 지나지 않습니다. 말을 조련하는 것은 한갓 의용儀容을[264] 꾸미기 위함이요, 갑주甲胄와 창은 미관을 위한 것입니다. 의량衣糧과[265] 기계器械는 올바른 용도를 알지 못하고, 원근遠近·험이險易·광협廣狹·사생死生은[266] 무엇인지도 모릅니다. 무부는 근력을 사용하니 말을 내달려서 높이 뛰며, 험난한 것을 가볍게 여기고 눈보라를 무릅쓰며, 거친 음식과 의복으로 기갈을 참는 것이 본디 무부의 일입니다. 따라서 병가兵家에서 병졸을 뽑을 때는 향촌의 노련하고 성실하며 토목작업을 해본 기색이 있는 자를 제일로 치고, 성시城市의 빤질거리면서 모습과 행동이 약삭빠른 자를 가장 기피하는 것입니다. 무부가 시인市人과[267] 함께 자라서 풍습이 돈

---

262 진퇴질서(進退疾徐): 군대의 전진과 후퇴를 빠르고 늦게 하는 것.
263 보벌지제(步伐止齊): 보벌(步伐)은 나아가서 적을 치고 찌르는 것이며, 지제(止齊)는 행군을 멈추고 대오를 가지런히 정돈하는 것이다. 『書經』「牧誓」에, "금일의 싸움은 6보(步)와 7보를 넘지 않고 멈춰서 정제(整齊)할 것이니 장사들은 힘쓸지어다. 4벌(伐)·5벌·6벌·7벌을 넘지 말아서 멈추어 정제할 것이니, 힘쓸지어다, 장사들아!(今日之事 不愆於六步七步 乃止齊焉 夫子勖哉 不愆於四伐五伐六伐七伐 乃止齊焉 勖哉夫子)"라고 한 구절에서 인용했다.
264 의용(儀容): 예의에 맞는 용모.
265 의량(衣糧): 의복과 식량.
266 원근(遠近)·험이(險易)·광협(廣狹)·사생(死生): 『孫武子』「始計」에 나오는 말로, 전쟁에서 살펴야 할 8가지 지리(地利)이다.

후하지 않고, 화려한 것을 서로 숭상하여 향기로운 술을 마시고 신선한 생선을 먹으며, 몸은 풍만하고 손발은 연약해서 연회석상에서 두루 어울릴 순 있지만 위험에 임하여 고난을 감당할 순 없는 자는 병가兵家에서 크게 기피하는 바로서 위급할 때 쓸 수 없습니다.

이는 모두 병사를 기르는 방법이 아닙니다. 옛사람이 말한바 "기른 병사를 쓸 데가 없다."라는 것으로,[268] 약태弱態가 갖추어졌습니다. 병사에게 녹봉을 주는 것은 본디 종졸從卒을[269] 양성하려는 것인데, 교사음일驕奢淫佚로[270] 곤궁을 자초해서 양성하지 못하고, 대략 모두 항간의 한민閒民을[271] 고용해서 추종騶從을[272] 채웁니다. 일단 유사시가 되면 후한 녹을 받는 무사도 필부와 다를 바 없으니, 천하에 병사가 몇이나 되겠습니까? 백성은 이미 갑절이 넘는 세금을 내서 병사를 봉양하고 있기 때문에 다시 병사로 지정할 수 없고, 그 백성 또한 겁약하고 자기自棄해서[273] 혹시라도 분발하지 못하므로 전쟁에서 부릴 수 없습니다. 그렇다면 통읍대도通邑大都의 세신世臣과 공졸公卒을[274] 제외하면 천하에 이른바

---

267 시인(市人): 조닌(町人: 도쿠가와 시대 이래로 도시에 거주하며 큰 부를 축적한 상인 계층).

268 평소에…쓸데가 없다: 원문은 '所養非所用'으로, 『史記』「韓非傳」에 나오는 말이다.

269 종졸(從卒): 따라다니며 잡일을 하는 병졸.

270 교사음일(驕奢淫佚): 교사(驕奢)는 교만하고 사치하는 것, 음일(淫佚)은 제멋대로 방탕하다는 뜻이다.

271 한민(閒民): 일정한 직업이 없는 백성.

272 추종(騶從): 상전을 따라다니는 하인.

273 자기(自棄): 현재의 낙후된 처지에 안주해서 앞으로 나아가려고 하지 않음. 『孟子』「離婁(上)」에 "내 몸이 인에 편안히 머무르지 못하고 의를 따르지 못한다고 여기는 것을 일러 자기(自棄)라고 한다.(吾身不能居仁由義 謂之自棄也)"라는 구절이 있다.

274 세신(世臣)과 공졸(公卒): 세신(世臣)은 대대로 한 조정을 섬기는 신하이다. 공졸(公卒)은 막부나 번(藩)에 직속된 보병으로, 궁조(弓組)나 철포조(鐵砲組) 등에 편제된 아시가루(足

병사라는 것이 없으니, 궁벽한 지역은 장차 무엇으로 수비하겠습니까? 지금 병사들이 모두 도성에 모여서 날마다 검술을 연습하고 있습니다. 따라서 도성에서 보면 마치 그 수가 많고 강한 것 같지만 천하의 관점에서 보면 토지를 지키는 자가 얼마 되지 않으니, 그 적음과 약함이 극에 달했습니다.

병사는 토지를 지키는 것이요, 토지는 병사를 기르는 것입니다. 병사와 토지는 서로 떨어져선 안 되니, 떨어지면 토지는 텅 비고 병사는 적고 약해지는 것이 자연스러운 형세입니다. 그러므로 휴양하고 생식한 날이 오래되어 비록 호구는 옛날보다 배로 늘었지만, 오히려 병사는 이처럼 크게 적은 것입니다. 그 귀결은 끝내 본本과 말末이 모두 약해지는 데 이를 것이니, 또한 동조궁東照宮이 태평의 기반을 만든 방법의 본의가 아닙니다. 세상에 한갓 치강治强의 허명虛名만 있을 뿐 실제로는 쇠약하니, 포상지계包桑之誡를[275] 장차 어찌 생각하지 않을 수 있겠습니까? 지금 속세는 날마다 교음驕淫을 좇고 제후는 분수에 넘게 사치스러워서 그 마음이 반드시 모두 공순恭順하지는 않을 것입니다. 그런데도 아직 배반자가 없는 것은 사치와 나태에 젖고 빈약함에 고통받고 있기 때문입니다. 세민細民이 원망하고 탄식해서 소요가 없는 것이 아닙니다. 그런데도 아직 병기를 쓰는 지경에 이르지 않은 것은 그 지기志氣가[276] 겁약하고 주동

輕: 평소엔 잡역에 종사하다가 전시엔 병졸이 되는 최하급 무사)를 말한다.

275 포상지계(包桑之誡): 장차 국가의 환난을 우려해서 미리 대비하는 경계를 뜻한다. 포상(包桑)은 뽕나무의 무성한 뿌리다. 『周易』否卦 九五 爻辭에 "혹시나 망하지 않을까 항상 근심해야 국가가 무성한 뽕나무 뿌리에 매어 놓은 것처럼 안정되리라.(其亡其亡 繫于苞桑)"라고 한 구절에서 인용했다.

276 지기(志氣): 의지(意志)와 기개(氣槪).

자가 병사兵事를 모르기 때문입니다. 간민姦民이 민간에 횡행하고 다른 종교에 교화된 무리가 천하에 가득하니 화단禍端이[277] 싹트지 않은 것이 아닙니다. 그런데도 천하가 아직 동요하지 않는 것은 인유仁柔에 힘써서 백성을 어루만지고, 일에 고식姑息이 많아서 아직 변란을 격발하지 않았기 때문입니다.

이미 천하를 약하게 만들었으니 천하가 약해지고, 백성을 어리석게 만들었으니 백성이 어리석어졌습니다. 약하고 또 어리석으니, 천하를 동요시키고자 한들 가능하겠습니까? 그러므로 천하에 변란이 없는 것은 단 한마디로 설명할 수 있습니다. 바로 전쟁을 두려워하기 때문입니다. 역대 사전史傳에[278] 기록된 바가 단 한마디 "전쟁을 두려워한다.[畏戰]"는 것뿐이라면 어린아이라도 그것이 약한 나라임을 알 것입니다. 당당한 용무지방勇武之邦을 도리어 낭고狼顧하며[279] 전쟁을 두려워하는 풍속으로 만든다면 어찌 수치스럽지 않겠습니까? 임나任那를 잃고 발해渤海가 조공을 바치지 않은 지 이미 오래되었습니다. 에조蝦夷의 여러 섬들도 날마다 잠식당하고, 내지內地도 한줄기 물 밖은 바로 오랑캐의 소굴이 되었으니, 이른바 "선왕께서는 날마다 100리씩 나라를 넓혔으나, 지금은 날마다 100리씩 나라가 줄어든다."라고[280] 한 것이 비단

---

277 화단(禍端): 재앙의 실마리.
278 사전(史傳): 역사책.
279 낭고(狼顧): 이리처럼 겁이 많아서 항상 주변을 두리번거림.
280 선왕께서는…줄어든다:『詩經』「大雅·召旻」에 "옛날 선왕이 천명을 받았을 때는 소공(召公) 같은 분이 있어서 날마다 나라를 100리씩 넓혔는데, 지금은 날마다 나라가 100리씩 줄어들고 있으니, 아! 슬프도다!(昔先王受命 有如召公 日辟國百里 今也日蹙國百里 於乎哀哉)"라고 한 구절에서 인용했다.

주나라 사람들의 탄식만은 아닐 것입니다. 날마다 나라가 위축되는 형세에 처해서 날마다 영토를 확장하는 오랑캐를 마주하고, 전쟁을 두려워하는 풍속으로 전쟁에 숙달된 도적에 대항하니 어찌 간담이 서늘하지 않겠습니까?

논자들은 한갓 치강治強의 자취만 보고 지금 쇠약해진 형세를 망각해서, 미련하게도 분로쿠文祿·게이초慶長[281] 시절처럼 보고 있으니 어찌 그리도 미혹된 것입니까? 지금 오랑캐는 본성이 견양犬羊과 같으니 서로 장단점을 비교할 것도 없습니다. 하지만 그 풍속이 잔인해서 날마다 무기를 사용하기 때문에 형세상 그 백성을 어리석고 약하게 만드는 방법으로는 나라를 세울 수 없습니다. 그러므로 온 나라 백성을 모두 병적兵籍에 올려서 군대를 만들 수 있는 것입니다. 또 해외의 여러 오랑캐들에게서 병졸을 징발할 수 있으니 병력이 적다고 업신여길 수 없고, 각국이 전쟁해서 백성이 병사兵事에 익숙하니 약하다고 업신여길 수 없습니다. 또 요망한 교敎로 그 백성을 현혹시켜서 민심이 모두 하나가 되었으니 충분히 전쟁할 수 있고, 거함과 대포는 본디 그 장기이니 충분히 남을 위협할 수 있습니다. 이를 이용해서 매번 해상에서 웅시雄視하며 제멋대로 다른 나라를 집어삼키니 어리석다고 업신여길 수도 없습니다. 이제 저들에게 대응하고자 할진대, 어찌 한갓 스스로를 어리석고 약하게 만든 낡은 계책만 믿고서 편안히 누워 베개를 높이 한 채 변통하지 않을 수 있겠습니까? 백성을 어리석게 만들고 군대를 약하게 만든 것이 비록

---

[281] 분로쿠(文祿)·게이초(慶長): 임진왜란. 분로쿠(文祿)와 게이초(慶長)는 일본의 연호로 서력으로는 각각 1593년부터 1596년, 1596년부터 1615년에 해당한다.

통치의 기책奇策이기는 했지만, 이로운 점이 있으면 폐단 또한 따르는 법이니 이를 바로잡지 않을 수 없습니다. 이제 막부의 의론이 오랑캐를 물리치기로 결정됐으니, 다시 적은 것을 많게 하고 약한 것을 강하게 만드는 것은 불가피한 형세입니다.

절의節義로 병사들을 갈고 닦아서 반드시 동조궁東照宮 시절의 참뜻을 본받는 것이 본本을 강하게 하는 방법이요, 방군邦君은 구니國에서 힘을 기르고 사대부士大夫는 유邑에서 힘을 기를 수 있게 해서, 병사는 토지를 갖고 토지엔 병사가 있게 하는 것이 말末을 강하게 하는 방법입니다.[282] 본말이 모두 강해져서 병갑兵甲이 많아진 뒤에 천하의 백성이 용맹하고 예법을 알아서[283] 의기義氣가 해내海內에 흘러넘치며, 해내의 모든 힘을 기울여서 응징의 군대를 일으켜 추잡한 오랑캐가 자취를 감추고 감히 변경에 접근하지 못하게 해야 거의 국체國體를 더럽히지 않을 것입니다. 혹자는 말하길, "말末을 강하게 하면 아마도 꼬리가 커지는 근심이 생길 것이다."라고[284] 합니다. 그러나 신은 생각건대 영웅이 천하를 운용할 때는 때를 살펴서 느슨하게도 하고 팽팽하게도 하는[285] 법입니다. 비

---

282 절의로…방법입니다: 본(本)은 막부(幕府), 방군(邦君)은 다이묘(大名), 사대부는 막부와 제번(諸藩)의 신하인 가로(家老)나 구미가시라(組頭) 등을 가리킨다.

283 천하의…알아서: 원문은 '天下之民 有勇知方'으로 '知方'은 예법을 안다는 뜻이다. 『論語』「先進」에 자로(子路)가 공자(孔子)에게 "백성으로 하여금 용맹하고 또 예법을 알게 할 수 있습니다.(可使有勇 且知方也)"라고 한 구절에서 인용했다.

284 꼬리가 커지는 근심: 휘하 부하의 세력이 커져서 지휘를 따르지 않음을 비유한다. 『左傳』昭公11年條에 "나무 가지가 굵으면 반드시 부러지고, 꼬리가 커지면 흔들지 못한다.(末大必折 尾大不掉)라고 한 구절에서 인용했다.

285 느슨하게도…하는: 『禮記』「雜記(下)」에 "팽팽하게 조이기만 하고 느슨하게 풀지 않는 것은 문왕·무왕이 하지 못했던 바요, 풀기만 하고 조이지 않는 것은 문왕·무왕이 하지 않았던 바다. 한번 느슨하게 풀고 한번 팽팽하게 조이는 것이 문왕·무왕의 도(道)이

록 굴레를 벗겨서 제멋대로 내버려 두어도 천하가 감히 동요하지 못하는 것은, 그 흉금이 탁 틔어서 충분히 천하의 변고에 대처할 수 있고 기강을 진숙振肅해서[286] 천하의 사명死命을[287] 제어할 수 있기 때문입니다. 이제 천하가 막부의 영단英斷을 알고 감분격려感憤激勵하고 있으니, 누가 감히 엎드려 명을 받들지 않겠습니까? 이에 적심赤心을 크게 미루어 천하와 기쁨과 슬픔을 같이하고, 천하로 하여금 각자 힘을 기르게 한다면 천하에 어찌 발 벗고 명령을 따르지 않는 자가 있겠습니까? 만일 흉악하고 사나워서 자신의 힘을 믿고 명을 거역하는 자가 있다면, 천하의 충의지사忠義之士를 이끌고 정토征討하면 한 번 지휘로 평정할 수 있을 것입니다. 또 이른바 구니國·유邑에서 힘을 기르게 한다는 것이, 어찌 반드시 옛 제도를 모두 개혁해서 도성을 비우고 전부 귀향시킨다는 뜻이겠습니까? 전현前賢은[288] 왕왕 병사는 토지에 밀착해 있어야 함을 논했습니다. 그 견해가 비록 탁월하지만, 군현제郡縣制로 봉건封建의 형세를 논한 대목에선 시행할 수 없는 것이 있습니다. 신은 별도로 소견이 있지만 여기선 아직 자세히 논하지 않았습니다.

영웅의 이장弛張과 용사用捨는, 버리는 것[捨]이 곧 쓰는 방법[用]이요, 느슨하게 하는 것[弛]이 팽팽하게 하는 방법[張]입니다. 이제 장차 천하와 더불어 경장更張을 하고자 한다면, 도성에서 고혈膏血을 탕진시킨 원

다.(張而不弛 文武弗能也 弛而不張 文武弗爲也 一張一弛 文武之道也)"라는 구절이 있다.

286 진숙(振肅): 진작(振作)하고 엄숙(嚴肅)하게 함.

287 사명(死命): 생사(生死).

288 전현(前賢): 무사토착론(武士土着論)을 주장한 구마자와 반잔(熊沢蕃山, 1619~1691) 및 오규 소라이(荻生徂徠, 1166~1728) 등을 가리킨다.

인을 조금 느슨하게 하지 않을 수 없습니다. 이것을 느슨하게 하고 저것을 팽팽하게 하며, 이것을 버리고 저것을 쓰는 데는 권형權衡이[289] 있습니다. 모든 물건은 하루라도 쓰지 않아선 안 되니, 쓰지 않으면 썩어 버립니다. 여러 방국의 총군冢君과[290] 대부大夫·사士는 마땅히 생생生生하게 해야지 썩게 해선 안 됩니다. 이제 오랑캐를 물리치라는 명을 내린 것을 계기로 각자 힘을 기르게 하되, 힘을 기르는 자에게 일을 위임해서 그 힘을 지금 당장 쓰게 한다면 일시적인 권의權宜가 반드시 영구한 제도가 되진 않을 것입니다. 또 힘을 쓰는 자에게 공功을 요구해서 그 실적을 나라에 귀속시킨다면 천하의 공기公器를[291] 개인의 소유로 축적할 수 없을 것입니다. 그 이장弛張의 시기와 용사用捨의 권형權衡으로 말하자면, 대처하는 데 방법이 있고 발동하는 데 때가 있습니다. 조빙朝聘의 빈도와 거류去留의 기간, 직공職貢의 경중과 정역征役의 부과는[292] 일률적으로 논할 수 없고 잘 변통해서 백성이 피폐하지 않게 해야 하니, 요는 오직 기회를 잘 활용하는가에 달려 있을 뿐입니다. 그렇지 않으면 한갓 옛 전철

289 권형(權衡): 저울대와 저울추. 결단을 내리는 권능(權能)을 비유한다.
290 총군(冢君): 번주(藩主). 원래는 제후(諸侯)를 의미한다.
291 공기(公器): 관가의 물건, 공용품(共用品).
292 조빙(朝聘)…부과: 조빙(朝聘)의 빈도와 거류(去留)의 기간은 이른바 참근교대(參勤交代)에 관한 것이다. 참근교대란 지방영주의 반란을 미연에 예방하고 그 충성을 확인하기 위해 영주들을 1년씩 번갈아서 에도(江戶)와 영지에서 거주하게 한 제도이다. 영주들은 에도를 떠나 있는 경우에도 정실(正室)과 맏아들을 일종의 인질로 남겨 두어야 했다. 에도까지 왕복하는 행렬의 비용이나 번저(藩邸: 에도에서 머물기 위한 저택)의 유지비를 모두 번(藩)에서 부담해서 막대한 경제적 부담이 되었으므로, 본문의 이른바 '천하를 약하게 만든 제도'의 중요한 부분을 차지했다. 직공(職貢)의 경중은 다이묘가 에도에 참근(參勤)할 때 쇼군에게 영지 내의 명산물을 바치는 공물(貢物)의 다과(多寡)를 뜻하며, 정역(征役)의 부과는 다이묘에게 부과하는 부역(賦役)을 가리킨다.

을 답습해서 천하를 통제하려고 해도, 연해의 적고 약한 군졸들이 혹시 한 번이라도 패한다면 형편상 부득이 방군邦君을 자기의 구니國로 돌려보내지 않을 수 없을 것입니다. 똑같이 보내더라도 먼저 스스로 결단하지 않고, 실정이 들통 나고 세력이 꺾인 다음에 어쩔 수 없이 보낸다면 천하의 모멸을 자초할 뿐입니다. 그러므로 말하길, "선수를 잡으면 남을 제압하고, 후수를 잡으면 제압당한다."라고[293] 한 것입니다. 이제 만약 천하를 제어하여 종송경공縱送磬控하고자[294] 한다면, 그 관건은 결단을 내리느냐의 여부에 달려 있습니다. 옛사람이 말하길 "과감하게 실행하면 귀신도 그를 피한다."라고 했거늘,[295] 하물며 그 행동이 귀신이 보우하는 일임에 있어서겠습니까?

옛날에 동조궁東照宮이 무력을 숭상한 것은 기업基業을 세우기 위한 방법이었고, 천하를 어리석고 약하게 만든 것은 천하와 더불어 휴식하기 위한 방법이었으니, 한번 팽팽하게 하고 한번 느슨하게 한 것이었습니다. 지금 바깥의 오랑캐는 날마다 무기를 찾고 병탄倂呑을 일삼아서, 번갈아 나오고 함께 몰려들면서 남의 변경을 엿보고 있습니다. 그 형세가 마치 미尾·갑甲·상相이 하마마쓰濱松에 인접한 것과 같아서[296] 참으

---

293 선수를…제압당한다: 원문은 '先則制人 後則制於人'으로 『史記』 「項羽本紀」에 나온다.

294 종송경공(縱送磬控): 종송(縱送)은 화살을 쏘고 활고자를 덮는 것이며, 경공(磬控)은 말을 달리고 멈춘다는 뜻이다. 『詩經』 「鄭風·大叔於田」에 "숙(叔)이 활을 잘 쏘고 또 말을 잘 모니, 말을 달리고 멈추며 활을 쏘고 활고자를 덮도다.(叔善射忌 又良御忌 抑磬控忌 抑縱送忌)"라고 한 구절에서 인용했다.

295 과감하게…피한다: 『史記』 「李斯傳」에 "여우처럼 의심해서 머뭇거린다면 훗날 반드시 후회가 있을 것이다. 과감하게 실행하면 귀신도 그를 피하니 후에 성공이 있을 것이다.(狐疑猶豫 後必有悔 斷而敢行 鬼神避之 後有成功)"라고 한 구절에서 인용했다.

296 미(尾)·갑(甲)·상(相)이…같아서: 미(尾)는 오와리(尾張)·갑(甲)은 가이(甲斐)·상(相)은

로 휴식할 때가 아닙니다. 그렇다면 장차 어찌 느슨히 하고 팽팽하게 하지 않을 수 있겠습니까? 그러므로 그 기업基業을 세운 방법의 본의는 반드시 본받더라도, 어리석고 약하게 만든 방법의 남은 자취에는 반드시 구애돼선 안 되는 것입니다. 이는 쉽게 알 수 있는 시세의 변천입니다. 자벌레가 몸을 움츠리는 것은 장차 몸을 펴기 위한 것입니다.[297] 그러므로 느슨하게 하는 것은 장차 팽팽하게 하기 위함이요, 버리는 것은 장차 쓰기 위함입니다. 지금 쓰는 것을 버리고 예전에 버렸던 것을 쓰며, 지금 팽팽한 것을 느슨하게 하고 예전에 느슨하게 했던 것을 팽팽하게 해서, 말절末節은 간략히 하고 선무先務를 서두르며 허문虛文은 버리고 실효實效를 구해서, 이로써 고대에 팽팽했던 것을 다시 팽팽하게 하고 고대에 썼던 것을 다시 쓰는 것은 그 사람에게 달려 있을 뿐입니다. 동조궁東照宮이 일어났을 때 하마마쓰의 강함이 천하에 울려 퍼졌습니다. 이제 장차 천하를 하마마쓰로 만들어서 그 강함이 저 땅 끝까지 울려 퍼진다면, 또한 동조궁이 병사를 갈고 닦았던 유의遺意를 충분히 받들 수 있을 것입니다. 이에 정치를 바로 세우고 교敎를 밝혀서, 군대는 반드시 천신께 명을 받아서 하늘과 인간이 하나가 되고, 억조가 한마음으로 근광양렬觀光揚烈해서[298] 해외에 국위國威를 선양하여 오랑캐를 물리치고 강

사가미(相模)이다. 하마마쓰(濱松)는 도쿠가와 이에야스의 본거지였다. 도쿠가와가 흥기할 때 오다 노부나가(織田信長)·다케다 신켄(武田信玄)·호죠 소운(北條早雲)이 각각 오와리·가이·사가미를 근거지로 세력을 확대하고 있었다.

297 자벌레가…펴기 위한 것입니다: 『周易』「繫辭(下)」에 "자벌레가 몸을 움츠리는 것은 펴려는 것이요, 용과 뱀이 숨는 것은 몸을 보존하려는 것이다.(尺蠖之屈 以求信也, 龍蛇之蟄 以存身也)"라는 구절에서 인용했다.

298 근광양렬(觀光揚烈): 근광(觀光)은 광채를 뵙는 것이고, 양렬(揚烈)은 선대의 공렬(功烈)을

토를 개척한다면, 천조天祖께서 계책을 물려주시고 천손天孫이 계술繼述
하는 깊은 뜻은 실로 여기에 있을 것입니다.

드날린다는 뜻이다. 『書經』 「立政」에 "능히 왕의 갑옷과 병기를 잘 정비해서 우왕(禹王)
의 옛 자취에 올라 사방으로 천하를 다니시어 해외에 이르기까지 복종하지 않는 자가
없게 해서, 문왕(文王)의 밝은 빛을 뵈옵고 무왕(武王)의 큰 공렬을 드날리소서.(以陟禹之
迹 方行天下 至于海表 罔有不服 以覲文王之耿光 以揚武王之大烈)"라고 한 구절에서 인용했다.

國體 (中)

天朝以武建國 詰戎方行 由來舊矣 弧矢之利 戈矛之用
既見於神代 寶劍與居三器之一 故號曰 細戈千足之國 天
祖授中州於天孫 使押日帥來目兵從行 太祖征戰 亦專以
來目爲折衝之用 遂平定中土 又置物部 與來目相參 以衛
宮城 鎭國土 崇神天皇遣將軍於四道 討平不庭 使皇子豐
城命治東國 而令民農隙射獵 以貢其物 以從征役 規制一
立 歷朝遵奉 土疆日以廣 東斥蝦夷 西清筑紫 遂平三韓 建
府任那 以控制之 治強之實 於是乎見矣 至仁德朝 海內無
事 兵革不試 履仲安康而後 漸趨乎衰弱 歷十餘世 而任那
失守 三韓不朝 中宗中興 憤皇化之不振 躬臨行營 經略任
那 而終不能克 然當時事東略 大攘斥蝦夷 建府於後方羊
蹄【今西蝦夷地有止利別山 蓋古後方羊蹄地 嘗聞此山中
本有路徑 蝦夷恒往來之 百餘年前 蝦夷叛亂 自是禁蝦夷
不得由是路 路遂廢 蓋是地險要 叛虜易依阻以爲變 故禁
其往來 而古者建府於此 亦據險要以制夷虜也】遂以征肅
愼 其事則雖在齊明天皇世 而蓋中宗在儲宮佐英略 而餘威

所震 渤海亦遣使貢獻 治強之實復見矣 爾後百餘年 雖世
道漸汚 而迨桓武嵯峨朝 遂平陸奧賊 蝦夷屛跡海外 則猶
未以爲衰弱也 夫攘除寇賊 開拓土宇者 天祖之所以貽孫謀
而天孫之所以繼述天祖也 故祭皇太神祝詞有稱 神明之所
照臨 窮天極地 狹者俾廣 險者俾平 遠者如以八十綱牽之
是所以禱皇化之日被四表 而天朝建國尙武之意亦可見也

　然事逐時變革者 天下之常勢 而如兵制 其變不一 古者
用來目物部之兵 而參以民兵 國造縣主 亦各有兵 以保民
社 國家立制之初 大約如之 而一變爲軍團 再變爲募兵 於
是乎兵皆世業 號爲弓馬之家 而兵農之分 始起於此矣 及
天下爲戰國 而英雄割據 遂成封建之勢 兵制亦隨而變 此
其大略也 兵制屢變矣 如論其大勢 則亦其變者三

　古者藏兵器於神社 每征戰 必禮祭神祇 是雖天子不敢以
自專 而必受命於天神也 是以民志一而其力不分 是天神之
兵也 及身毒法入中國 而民志遂分 其敬戴天神也不專 而
其所以受命於天之意不明 兵專爲人事 一變也 源賴朝而後
鎌倉室町相繼而管轄天下兵馬 再變也 自古兵皆地着 及四
海鼎沸 而豪傑離其土 客游四方 禍亂旣平 天下之兵 各聚
處都城 而土無兵 兵無土 三變也 此三者非特其制有變革
而其勢之大變者也

夫兵地著而天皇受命於天 是天地人合爲一也 苟能因而
立之規制 訓練講習 戢而時動 以光天地之威令 鼓鬼神之
功用 則功烈之盛 可勝言乎 而大勢一變 人不奉天 天人懸
隔 莫由以一億兆之心焉 鎌倉室町之統兵權也 豪族大姓
據有國郡 及其末年 東滅西起 交相攻伐 天下兵士各異所
趨向 海內瓦解 而兵力益分 但其所可恃者 兵猶未離地也
夫兵之地著 譬之地中有水 雖遐陬僻壞 而無所之而非兵者
寸土尺地 莫不有守也 故朝廷雖衰乎 天下雖亂乎 而天下
之勢猶未失其爲強 是以能却胡元之賊船 拔朝鮮之國都 兵
威之震海外 猶尚如此也 豐臣氏患天下之太強 擧有土之君
盡處之大阪 或役之土木 或用之戰伐 俾之不得一日養強於
其國 東照宮之興 其務亦在強本而弱末 令武士各聚處都城
俾之不得一日養強於其邑 俾庶民耳不聞金鼓目不見干戈
於是乎兵寡民愚 天下始弱 而一時人豪 屛息聽命 英算偉
略所以獨運天下者 其効可謂速矣

夫天下之事 有斯利 必有斯害 弱之弊 必至於不振 然當時
有弱勢而無弱形者何也 東照宮之立基 專以節義磨勵士衆
士有進死而無退生 兵之所加 雖大衆勁敵 莫敢當其鋒 天下
既平 麾下將士 皆重名節 尚勇武 而世未忘干戈 知備不虞
故天下雖弱 而通邑大都 武士所聚處 則亦未見其爲弱也

夫旣盡天下膏血 以養武士 武士所聚 貨財亦聚焉 貨財
所聚 商賈亦聚焉 商賈趨時好逐花利 珍怪奇異莫不備 所
以使猛將勇士忘戰伐樂升平者 雖固宜如是 而至其流弊 則
僭奢成風 觸情從欲 不知禮義 故富而無敎 則驕淫蕩佚 無
所不至 是以富溢生貧 貧與弱相依 貧而奢則慮營生 慮營
生則顧貨財 顧貨財則見利忘義 是以上下交征利 無復廉
恥 國無廉恥 則天下無生氣 而弱形見矣 進退疾徐 步伐止
齊 因敵轉化 相地制變 臨陣之用也 武夫不出城市 所論則
婦女酒食 俳優雜劇 種樹插花 羅鳥釣魚之事 習擊刺者 不
過以爲私鬪之用 學弓銃者 不過充演場之具 調馬徒以供儀
容 甲冑槍槊 以爲觀美 衣糧器械 不辨其所以適用 遠近險
易廣狹死生 不知其爲何物 武夫以筋力爲用 馳驅跳騰 輕
險阻冒風雪 菲衣惡食 忍飢堪渴 固武夫之事也 故兵家選
兵 鄉野老實 有土作之色者爲第一 而城市游滑 形動伶便
者 其所切忌也 武夫與市人並長 風習偸薄 以靡麗相尙 飲
醇茹鮮 身體豐滿 手足軟弱 可以周旋筵席間 而未可以臨
危險堪艱苦 是兵家所切忌 而緩急不可用

　凡此皆非所以養兵之道 古人所謂所養非所用者 而弱態
備矣 祿兵士者 素所以養從卒 而驕奢淫佚 自致困弊 不得
有所養 約皆雇市井之間民 以充驂從 一旦有事 則厚祿之

士亦無異匹夫 而天下之兵幾何也 民旣出過倍之稅 以養兵

士 不可復點爲兵 而其爲民者 亦畏懦自棄 不能或奮勵 不

可以役之干戈 則通邑大都 世臣及公卒之外 天下無復有所

謂兵者 而遐陬僻壤 將何兵以守之 今夫兵皆聚處都城 日

學擊刺 就都城中視之 則似衆似强 而自天下視之 地之有

守者無幾 其爲寡弱也極矣

　　夫兵者所以守地 地者所以養兵 兵之與地 不得相離 離

則地空虛 而兵寡弱 是自然之勢也 故休養生息 爲日已久

戶口倍於古 而兵之寡如此其甚 其歸遂致本末共弱 則亦非

東照宮所以立太平之基之意也 世徒有治强之名 而居衰弱

之實 包桑之戒 將焉得不思也 今俗日驕淫 諸侯僭奢 其心

未必皆恭順 而其無背叛者 狙佪惰而苦貧弱也 細民怨咨

非無騷擾 而未至用兵者 志氣尫怯 而首唱者不知兵也 姦

民橫行閭閻 異化之徒充斥天下 禍端非不萌 而天下未動搖

者 撫御務仁柔 事多姑息 未激之變也

　　夫旣弱天下 而天下弱矣 愚黔首而黔首愚矣 弱且愚 則

欲自動搖得乎 故天下所以無變者 可一言而盡 曰畏戰而已

歷代史傳所紀 有一語曰畏戰 則雖豎子知其爲弱國 擧堂堂

用武之邦 反爲狼顧畏戰之俗 不亦可羞乎 任那之不守 渤

海之不貢 亦旣久矣 而如蝦夷諸島 亦日就蠶食 雖內地 而

一水之外 直爲虜人巢窟 所謂先王日辟國百里今也日蹙國
百里者 不獨周人所嘆也 處日蹙之勢 而待日辟之虜 用畏
戰之俗 以抗百戰之寇 惡得不寒心

論者徒見治強之跡 而忘衰弱之勢 頑然視猶文祿慶長之
舊 何其惑也 今虜犬羊之性 雖不足與較長短 而其俗殘忍
日尋干戈 勢不得愚弱其民 以自立國 故闔國皆可籍爲兵
又徵役海外諸蠻 未可侮以爲寡也 各國戰爭 民習於兵 未
可侮以爲弱也 用妖教以誘其民 民心皆一 足以戰矣 巨艦
大礮 固其長技 足以嚇人矣 由是每雄視海上 逞其吞噬 未
可侮以爲愚也 而今欲應之 豈可徒恃自愚自弱之餘謀 安坐
高枕無所變通哉 愚民弱兵 雖爲治之奇策 而利之所在 弊
亦隨之 不得不矯之 今幕府之議 既決擯虜 則轉寡爲衆 更
弱爲強 其勢之不可得已者也

夫以節義磨勵士衆 必倣傚東照宮當日之意 所以強本
也 使邦君得養強於國 士大夫養強於邑 兵有土 土有兵 所
以強末也 本末共強 兵甲既衆 天下之民 有勇知方 義氣溢
海內 用海內全力 以興膺懲之師 使醜虜屛跡竄形不敢近
邊 庶幾不忝國體矣 或曰 使末養強 恐生尾大之患 臣謂英
雄之用天下 相時弛張 雖解脫羈絆 縱其所欲爲 而天下不
敢動搖者 其襟胸恢廓 足處天下之變 紀綱振肅 足制天下

之死命也 今天下既知幕府英斷 感憤激勵 孰敢不俯伏奉命
於是大推赤心 與天下同其休戚 使天下得各自養其強 天下
豈有不奔走趨令者哉 萬一有兇頑桀驁恃強拒命者 則率天
下忠義士 以征討之 可一指揮而定也 且夫所謂養強於國邑
者 豈必盡革舊制空都城而皆遣歸之之謂哉 前賢往往論兵
宜土着 其見雖卓 而以郡縣之制論封建之勢 有未可施行者
臣別有所見 今未具論焉

夫英雄之弛張用捨 其捨所以用之 其弛所以張之也 今將
與天下更張 而其所以使竭膏血於都城者 不得不小有所弛
弛於此而張於彼 捨於此而用於彼 有權衡而存焉 凡物不可
以一日不用 不用則腐敗隨之 庶邦冢君及大夫士 宜使生
生 而不宜使腐敗 今乘擯虜之機 使各養其強 養強者 任之
以事 用其強於今日 一時權宜不必爲永制 而用強者 責之
以功 輸其實於國 天下公器 不得蓄以爲私有也 如其弛張
之機 用捨之權 則處之有方 發之有時 朝聘之疏數 去留之
久近 職貢之輕重 征役之施舍 不可執一而論 通其變 使民
不倦 要在於投機會耳 不然則欲徒守舊轍以把持天下 而濱
海寡弱之卒 或一致敗衄 勢固不得不遣其君就國也 均遣之
不爲先自斷 至乎情見勢屈 然後不得已而遣之 適足以取侮
天下 故曰 先則制人 後則制於人 今欲制御天下 縱送磬控

其機在斷與不斷 古人曰 斷而行之 鬼神避之 況所行乃鬼
神所祐乎

　昔東照宮之尚武力 所以建基業 而其愚弱天下 所以與天
下休息 張而弛之者也 今外夷日尋干戈事吞併 遞出並至
以窺人邊境 其勢猶尾甲相之隣濱松 固非得休息之時 則將
安得弛而不張哉 故其所以建基業之意可必法 而愚弱之之
跡 不可必泥 時變之易見者也 尺蠖之屈 以求信 故弛者將
以有所張 捨者將以有所用 捨今之所用 而用所捨 弛今之
所張而張所弛 略末節而急先務 去虛文而責實効 以張古之
所張 而用古之所用 行之存於其人 夫東照宮之興也 濱松
之強鳴於天下 今將以天下爲濱松 而鳴於殊方絶域 則亦足
以奉東照宮磨勵士衆之遺意焉 於是乎立政明敎 兵必受命
於天神 天人爲一 億兆同心 觀光揚烈 宣國威海外 攘除夷
狄 開拓土宇 則天祖之貽謀 天孫之繼述 深意所存者 實於
是乎在焉

국
체
(하)
(國體 下)

　천조天祖께서 백성의 목숨을 크게 중시하시어 창생蒼生의 의식衣食의 근원을 열어주시니 미타御田의 벼와 하타도노機殿의 고치가[299] 마침내 천하에 가득 차서 백성이 지금까지 그 하사하신 것을 받고 있습니다. 이는 참으로 천조天祖의 인택仁澤이 미친 바요, 토질 또한 곡식에 적합하기 때문입니다. 신주神州는 동방東方에 위치해서 아침 해를 향하고 있습니다. 제帝는 진방震方에서 나오는데,[300] 오행五行으로는 목木에 해당하니 이 때

---

299 미타(御田)의 벼와 하타도노(機殿)의 고치: 신전(神田)에서 경작한 벼와 신의 의복을 만드는 데 쓴 누에.

300 제(帝)는…나오는데: 『周易』「說卦傳」 제5장에 "상제가 진에서 나온다.(帝出乎震)"라고 하고, 또 "만물이 진에서 나오니 진은 동방이다.(萬物出乎震 震 東方也)"라고 한 구절을 인용했다.

문에 곡식에 적합한 것이요, 사시四時로는 봄이 되니 이 때문에 만물을 낳고 기르는 것입니다. 또 원원지민元元之民이[301] 본디 피를 마시고 털 있는 짐승을 먹는 풍속이 아닙니다. 그러니 예로부터 미즈호노쿠니瑞穗之國라고[302] 부른 것이 또한 마땅하지 않습니까?

옛날에 천자는 천신께 가곡嘉穀을[303] 받아서 백성과 만물을 낳고 길렀으니,【천신께선 유니와노이나호齋庭穗를 황손皇孫에게 전수하시고, 황손은 그것으로 천신이 흠향토록 했으니, 그 대략적인 설이 상편上篇에[304] 보입니다.】그 부富라는 것은 바로 천지의 부富에서 기인한 것입니다. 그런데 후대에 이르러 천하의 부富가 조금씩 분산되다가 한번 변해서 무인武人에게 옮겨지고, 다시 변해서 상인에게 귀속되었습니다.[305] 이 때문에 천하가 입은 폐해를 이루 다 열거할 수 없을 정도입니다. 한번 그 설명을 매듭지어 보겠습니다.

옛날에 다이조사이大嘗祭를 지낼 때는 천하와 그 성경誠敬을 함께 해서, 햇곡식이 익으면 반드시 그것으로 천신께 보답한 뒤에 천하와 함께 맛보았습니다. 그래서 천하는 모두 자신들이 먹는 곡식이 바로 천신께서 나눠주신 종자임을 알았던 것입니다. 이에 천명을 두려워하고 지력地力을 다해서, 인심이 천지와 하나가 되어 그 복을 함께 누렸으니 이 때

---

301 원원지민(元元之民): 선량한 백성.
302 미즈호노쿠니(瑞穗之國): 벼의 나라라는 뜻으로『日本書紀』에 그 용례가 보인다.
303 가곡(嘉穀): 벼.
304 상편(上篇):「국체(상)」.
305 후대에…귀속되었습니다: 천하의 부가 헤이안(平安) 시대엔 귀족 및 신사와 절에서 소유한 장원(莊園)으로 흩어졌다가, 막부가 들어선 이후엔 무인의 손에 들어가고, 에도시대에 들어와선 다시 상인들이 장악했다는 의미이다.

문에 천지와 간격이 없었던 것입니다. 그러나 창업創業의 시대에 통치와 교화가 미흡하고, 조정의 정치에 때때로 성쇠가 있어서 사람들이 간혹 그 부富를 사유私有했습니다. 그러자 덴치天智 천황이 적폐를 개혁해서 사유지와 사저私儲의[306] 철폐를 명하여 천하와 그 부를 공유하였고, 「대보령大寶令」에 이르러 제도가 크게 갖춰졌습니다. 옛날엔 만사가 간단하고 사민四民이 근면해서 그 경영하고 추구하는 것이 통공역사通功易事에[307] 불과했습니다. 그러므로 생산은 매우 많은 반면에 용도는 대단히 적었던 것입니다. 그런데 조정에서 점차 사치를 숭상하면서 국가의 재정을 떼서 부녀자의 노리개를 만들고, 다른 종교에 교화된 무리가 횡행하면서 천하의 재물을 쏟아 당우堂宇를 세우고, 부용浮冗을[308] 먹여 살리는 데 천하의 곡식을 낭비했습니다. 후지와라 씨藤原氏가 정권을 장악하면서[309] 권세 있는 가문이 사저私儲를 경영하고 사인私人을 길러서 천하에 장원莊園이 가득하였고, 그 정세正稅를[310] 내서 왕사王事에 이바지하는 것은 얼마 되지 않았습니다. 게다가 이른바 슈고守護·지토地頭와 같

---

306 사저(私儲): 사적(私的)으로 재물을 저축하는 일.
307 통공역사(通功易事): 다른 직업을 가진 사람들이 그 생산물을 서로 교환함. 『孟子』「滕文公(下)」에 "그대가 통공역사(通功易事)해서 모자란 것을 채우지 않는다면 농부는 곡식이 남아돌고 여인은 베가 남아돌 것이다.(子不通功易事 以羨補不足 則農有餘粟 女有餘布)"라는 구절이 있다.
308 부용(浮冗): 쓸데없이 남아도는 인원. 여기선 승려를 가리킨다.
309 후지와라 씨(藤原氏)가…장악하면서: 969년부터 약 100년간 후지와라 가문에서 섭정(攝政)과 관백(關白)을 독점하며 정권을 장악한 이른바 후지와라 시대(藤原時代)를 가리킨다. 이 시대에 귀족이나 사원 등의 사유지인 장원(莊園)이 확대되었는데, 장원은 면세 특권을 누릴 뿐만 아니라 공권력의 개입도 거부할 수 있었으므로 중앙권력이 붕괴하고 귀족이 득세하는 원인이 되었다.
310 정세(正稅): 국가에 납부하는 조세.

은 권세가의 사인私人들이[311] 또 재물과 곡식을 사사로이 비축하고, 여러 대에 걸쳐 부를 축적하다가 국도國都까지 차지하니 천하의 부가 마침내 무인에게 옮겨졌습니다. 하지만 군대란 백성과 사직을 안정시키기 위한 것이니, 천하의 무사들이 각자 사졸을 양성하더라도 용식冗食이[312] 되지는 않습니다. 그러므로 옛날엔 천하가 비록 어지러웠지만 빈곤에 크게 고통받지는 않았던 것입니다. 그런데 지금은 천하가 태평하게 다스려지는데도 상하가 허둥대며 오직 빈곤을 근심하는 것은 어째서입니까? 천하의 재물을 다스리는 방법이 잘못됐기 때문입니다.

무인이 토지에서 이탈하면 형편상 사졸을 많이 기를 수 없습니다. 그러므로 시정市井에서 한민閒民을 고용해서 추종騶從을 채우고 공역工役에[313] 이바지하는 것입니다. 한민閒民이 도성 안에 가득해도 정작 위급할 때는 쓸 수 없는데, 가만히 앉아 좋은 쌀과 고기로 배를 불리고 있으니 무용하기가 이를 데 없습니다. 천하에 불사佛寺가 거의 50만 개요, 승니僧尼와 노예를 다 합치면 몇 백만 명이나 될지 알 수도 없습니다.【당나라 부혁傅奕이[314] 고조高祖에게 상소하기를, "승니僧尼에게 각각 배필을 찾게 하신다면 십만여 호를 얻을 것입니다."라고 했습니다. 무종武宗은[315] 불

---

311 슈고(守護)·지토(地頭)…사인(私人)들이: 여기선 가마쿠라 막부 쇼군의 가신(家臣)을 가리킨다. 슈고(守護)와 지토(地頭)에 관해선 주석 148) 참조.
312 용식(冗食): 하는 일 없이 식량을 축냄. 무위도식(無爲徒食).
313 공역(工役): 토목공사.
314 부혁(傅奕): 부혁(555~639)은 당 고조(唐高祖) 때 태사령(太史令)을 지낸 인물로, 624년에 불교를 없애고 승려들에게 짝을 지어 주어서 가구와 인구를 늘릴 것을 주청(奏請)했다.
315 무종(武宗): 당나라 제15대 황제(재위: 840~846)로 도교를 신봉해서 불교를 비롯해서 경교(景敎)·마니교(摩尼敎)·조로아스터교(拜火敎) 등을 탄압했다. 845년에 '회창(會昌)의 폐불(廢佛)'을 단행해서 사찰 4600개를 헐고, 26만여 명의 승니(僧尼)를 환속시켰다. 이

사佛寺를 철거하고, 그 상도上都와 동도東都에[316] 2개 사찰, 절진節鎭에[317] 각 1개 사찰만 남겼습니다. 그리고 4,600여 개의 절 및 4만여 개의 초제招提와 난야蘭若를[318] 부수고, 승니僧尼 260,500명을 환속시키고, 양전良田 수천만 이랑과 노비 15만 명을 거둬들였다고 합니다. 이에 따르면 광대한 영토를 가진 당나라도 그 불사佛寺의 수는 신주神州의 10분의 1도 되지 못했습니다. 그런데도 당시 사람들은 많다고 여겼으니, 신주神州의 불사佛寺는 크게 번성한다고 할 만합니다.】대궐 같은 집과 높다란 기와로 그 화려함이 극에 달했으니, 한민閑民과 승도僧徒만 바라보며 먹고사는 상공업자가 또한 적지 않습니다. 대대로 구걸하며 자손을 기르는 걸인의 부류가 천하에 얼마나 많은지, 여염閭閻에서 횡행하는 노름꾼이 또 얼마나 많은지, 무의巫毉와 복서卜筮를[319] 가장해서 백성에게 재물을 편취하는 자가 또 얼마나 많은지, 배우와 잡극이 또 얼마나 많은지는 알 수도 없으니 그 용식冗食이 또한 심합니다. 또 술이나 떡, 국수처럼 천하에서 미곡을 낭비하는 것을 일일이 헤아릴 수도 없는데, 미곡이 도회에 집하되었다가 다시 사방으로 운송되는 과정에서 화재로 잃고 파도에 휩쓸려버리는 것 또한 이루 다 거론할 수 없을 정도입니다. 차언茶鷃·홍천紅茜·자리蔗梨처럼[320] 농사를 방해하는 것들도 일일이 꼽을 수 없습니다. 부식

든해 단약(丹藥)을 먹다가 33세의 나이로 죽었다.

[316] 상도(上都)와 동도(東都): 장안(長安)과 낙양(洛陽).

[317] 절진(節鎭): 절도사(節度使)를 둔 중요한 진(鎭).

[318] 초제(招提)와 난야(蘭若): 모두 작은 사찰을 말한다. 초제는 사방에서 모이는 승려가 쉴 수 있도록 마련한 사찰이고, 난야는 비구니가 머무는 곳이다.

[319] 무의(巫毉)·복서(卜筮): 무의(巫毉)는 기도로 병을 치료하는 것이며, 복서(卜筮)는 거북점과 시초점으로 점술을 말한다.

浮食하는[321] 백성이 저처럼 많고, 미곡을 낭비하고 농사를 방해하는 것이 이처럼 많은데, 매년 수확 또한 아주 풍족하지는 않습니다. 지금 보면 천하는 항상 곡물이 많은 것에 어려움을 겪어서 낟알이 마구 굴러다니는데, 다른 한편으로 천하는 빈곤함에 시달리고 있으니 이 또한 괴이한 일입니다.

천하의 미곡은 일찍이 많았던 적이 없습니다. 그런데도 마치 매우 많은 것처럼 보이는 것은 형세가 그렇게 만든 것일 뿐입니다. 물건은 흩어서 여러 곳에 저장하면 비록 그 수가 많더라도 아주 많아 보이지는 않고, 모아서 한곳에 진열하면 실제로는 적더라도 많아 보입니다. 이는 자연스러운 형세입니다. 그러므로 1말[斗]의 쌀을 집에 저장하면 많다고 할 수 없지만, 1만 가구가 일제히 내다 팔아서 1만 말을 시장에 진열하면 반드시 많아 보이는 것입니다. 그런데 무사들이 도성에 모여 있으면서 한 해의 봉록俸祿을 모두 털어 생계를 해결하고 부녀자의 환심을 사고 있으니 갑병甲兵을 수선하고 도졸徒卒을[322] 기를 수 없습니다. 그러므로 미곡이 집에 저장되지 않고 시장에 내다 팔리는 것입니다. 농민은 가난한 주제에 사치스럽고 나태해서 또한 그해 수확을 내다 팔고 있습니다. 내다 파는 것이 많아질수록 미가米價는 더욱 떨어지고, 미가가 떨어질수록 더 많이 내다 팔지 않을 수 없습니다. 하지만 소득은 예전에 비해 늘지 않으니, 이 때문에 백성이 유랑해서 토지가 남아도는 것입니다.

320 차언(茶焉)·홍천(紅茜)·자리(蔗梨): 차언은 차와 담배, 홍천은 염료나 안료, 자리는 사탕수수와 배나무이다.
321 부식(浮食): 농사에 종사하지 않고 밥을 먹음.
322 도졸(徒卒): 보병(步兵).

토지가 남아돌아도 조세와 부역은 줄지 않으니, 그 세금과 시장에 내다 팔아야 하는 곡식은 일가의 재산을 모두 쏟아부어도 부족합니다. 그러므로 내다 파는 날이 많아질수록 천하의 곡식은 날마다 줄어들고, 천하의 곡식이 날마다 줄어들수록 도회의 곡식은 날마다 넘치는 것이니, 도회에 곡식이 가득한 것을 보면 천하에 곡식이 없음을 알 수 있습니다. 또 도회에서도 쓸모없는 곡식을 많이 비축할 수는 없습니다. 그러므로 도회의 곡식도 도회인을 먹이고 조금 여분이 있는 것에 불과하니, 사실 대단히 많은 것은 아닙니다. 실제로 남고 모자란 수량에 큰 차이가 없음에도 그 형세에 마치 천양지차가 있는 것처럼 보이는 것은, 비유하면 음식을 먹어서 배가 부른 사람과 같습니다. 배를 가득 채웠는데 음식이 조금 더 있으면 아주 많이 남은 것 같지만, 아직 배가 차기 전에 조금 덜어내면 크게 부족한 것처럼 느껴집니다. 실제로 그 과불급의 차이는 사소할 뿐이지만 그 부족한 것을 남는 것과 비교했을 때 그 차고 빈 것의 차이가 현격해 보이는 것은 형세로 인한 것입니다. 그러므로 말하길, "천하의 미곡은 일찍이 많았던 적이 없으며, 도회의 미곡 또한 대단히 많았던 적은 없었다."라고 하는 것입니다.

지금 천하는 미곡의 가치가 떨어지고 화폐가 부족한 것을 근심합니다. 하지만 미곡의 가치가 떨어지고 화폐가 부족한 것이 아니라 온갖 물건의 가치가 크게 오른 것입니다. 가령 쌀 1말의 값이 은銀 5전이고 갖옷 한 벌의 값 또한 5전이라면, 1말의 쌀로 갖옷 1벌과 교환할 수 있습니다. 그런데 지금은 무명옷도 6, 7말의 쌀을 팔지 않으면 그 값을 치를 수 없습니다. 이는 의복의 가치가 등귀한 것이지 미곡이 헐해진 것이 아닙니다. 곡물이란 것은 배를 채우는 데 쓸 뿐이라서 쓰는 데 한계가 있지만, 온갖 물건은 더 신기한 것을 추구해서 갈수록 더욱 무궁합니다. 심지어 여자 머리장신구 하나가 중농中農 일가의 재산과 맞먹기도 합니다. 사용에 한계가 있는 것으로 갈수록 더욱 무궁한 것을 쫓으니, 이 때문에 온갖 물건은 모두 귀해지는 것이요, 미곡만 유독 가치가 떨어지는 것입니다. 화폐라는 것은 가치의 척도입니다. 물건이 많아지면 그 가치는 떨어지고 화폐의 가치는 올라갑니다. 화폐의 가치가 올라가면 통화량이 적어도 쓰기에 부족하지 않습니다. 그러므로 옛날에는 화폐가 매우 적었음에도 천하가 그 부족함을 크게 근심하지 않았는데, 게이초慶長 이래로 금 생산량이 크게 늘면서 화폐를 많이 주조했습니다. 화폐가 많아지면 가치가 떨어지고, 화폐가치가 떨어지면 온갖 물건의 가치는 그에 따라 올라갑니다. 상공업자가 생활하는 데 필요한 물품의 가치가 올랐으니, 반드시 그들이 제작하고 교역하는 상품의 값을 올려서 의식衣食의 비용을 충당해야 합니다. 그러므로 온갖 물건의 가치가 오를수록 화폐가치는 떨어지고, 화폐가치가 떨어질수록 비록 통화량이 많더라도 부족한 것입니다. 【서양 오랑캐 또한 말하길, "동방제국東方諸國 중에 이른바 아메리카亞墨利加와 통상한 이래로 매년 교역을 통해 얻는 금·은이 매우 많다. 그러므로 서양의 금·은의 가치는 점점 하락하고, 미곡과 일용품의 가치는 점점 상승하는 것이다. 식자들은 앞으로 반드시 금이 늘어난 것의 폐해를 입을 것이라고 말하지만, 큰 이익을 보고 있기 때문에 알아도 끊지 못하는 것이다."라고 했습니다. 서양 오랑캐의 지혜로도 금의 과잉이 폐해를 초래한다는 사실을 알고 있는데, 이제 중국이 도리어 이를 알지 못해서야 되겠습니까?】

천하의 물건은, 하나만 일방적으로 중해지면 가볍지 않은 것도 가벼워지는 법입니다. 그러므로 온갖 물건의 가치가 오르면 화폐가치가 떨어지고, 온갖 물건의 가치가 오르면 미곡의 가치가 헐해지는 것은 매우 쉽게 알 수 있는 형세입니다. 그런데 무사들이 도회에 모여 있기 때문에 1년 내내 쓸 물건은 아주 작은 것도 시장에서 구하지 않을 수 없습니다. 갈수록 가치가 헐해지는 곡식으로 갈수록 가치가 떨어지는 금과 바꾸고, 갈수록 가치가 떨어지는 금으로 갈수록 가치가 오르는 물품의 대금을 치르기 있으니 그 비용은 당연히 댈 수가 없습니다. 게다가 그들이 기르는 배졸陪卒들도[323] 모두 사치에 젖어서 박봉으로 기를 수 없습니다. 그래서 배졸을 파직시키고 매년 노예를 사지만【세속의 말로 이른바 넨키年季라는 것입니다.】노예도 사치하기 때문에 많이 기를 수 없습니다. 그래서 임시로 시정市井에서 고용하지만, 이들도 사치해서 품삯이 날마다 오르니 또한 봉급을 지급하기 어려울까 근심합니다. 또 일상의 쓸데없는 비용과 처첩妻妾의 봉양과 진귀한 노리개의 소비가 날이 갈수록 늘어서 연간 수입이 지출을 감당하지 못합니다. 그리하여 부자를 찾아가서 대부貸付를 구걸하는 것에 익숙해지다가 이젠 풍속을 이루었습니다. 나라와 토지를 소유한 자들도[324] 모두 부유한 백성만 쳐다볼 뿐입니다. 그 결과 간교한 부호들이 재화의 권력을 쥐고 왕공王公과 고굉股肱의 머리끝에서 우롱하고 있으니, 이에 천하의 부富가 마침내 상인들에게 돌아가고 말았습니다.

---

323 배졸(陪卒): 무가(武家)의 잡역에 종사하던 하급무사인 쥬겐(中間)·고모노(小者) 등을 말한다.
324 나라와 토지를 소유한 자: 원문은 '有邦有土'이다. '有邦'은 방국(邦國)을 소유한 다이묘(大名), '有土'는 봉토(俸土)인 지교쇼(知行所)를 가진 하타모토(旗本) 등을 가리킨다.

미곡이란 제왕이 대단히 중시하는 것으로, 존엄한 천자도 반드시 천신天神께 보제報祭를[325] 올린 뒤에야 감히 쓸 수 있습니다. 하늘로부터 받아서 백성을 기르는 것이므로 참으로 이와 같아야 합니다. 그런데 지금은 천하의 미곡을 매매하는 권력을 오직 장사꾼에게 맡겨서, 왕공과 대인도 그 앞에 엎드려 명을 받들 뿐 감히 따지지 못합니다. 천하 백성의 목숨이 오직 상인들의 손에 달려 있어서 흉황凶荒에 대비가 없고 군대에 양식이 없으며 해내海內가 텅 비었는데도 괴이하게 여기지 않고, 팔짱끼고 방관하면서 한갓 미곡이 많은 것만을 근심하고 있으니 어찌 그리도 미혹된 것입니까?

천조天祖께서는 백성의 목숨을 중히 여기셨으니, 그 유택遺澤이 오늘날까지 미치고 있습니다. 지금 먹는 곡식이 바로 천조께서 나눠주신 종자인데도 세상에선 중시하고 아낄 줄 모릅니다. 또 해내海內의 헛된 소비가 아직 극에 달하지 않은 것을 근심해서, 심한 자는 간혹 이를 오랑캐의 시장으로 보내서 기어코 해외에 내다 버리려고까지 합니다.[326] 미즈호노쿠니瑞穗之國에서 태어나 살면서 미즈호瑞穗가 중함을 알지 못하고 견양犬羊에게 던져주는 것을 좋은 계획이라고 여긴다면, 어찌 신민이 천조께 보은하는 마음이라고 하겠습니까?

해내의 곡식은 마땅히 해내에 저장해야지, 해외에 버려선 안 된다는

---

325 보제(報祭): 매년 가을농사를 마친 뒤 신의 은덕에 감사를 드리기 위해 올리는 제사.
326 심한 자는…합니다: 미가(米價)를 안정시키기 위해 남아도는 쌀을 해외에 수출해서 유통량을 감소시켜야 한다는 주장으로, 막부의 하코다테(箱館) 부교(奉行) 하부토 마사야스(羽太正養)의 가신(家臣) 바바 마사미치(馬場正通, 1780~1805)가 저술한 『辺策発朦』에 에조치(蝦夷地)에서 러시아와 미곡의 교역을 할 것을 주장하는 내용이 담겨 있었다.

것은 쉽게 알 수 있는 이치입니다. 지금 오기칠도五畿七道에[327] 그 전답이 무려 2,500만 고쿠石인데,[328] 상농上農과 하농下農을 통틀어 1농가당 대략 10고쿠의 논을 받았으니 농가가 250만 가구입니다. 따라서 1농가당 현재 저장한 것 외에 다시 1고쿠의 쌀을 저장하면 250만 고쿠가 됩니다. 지금 오사카大阪에서 1년간 매매하는 쌀의 양이 대략 200만 고쿠에 불과하니,【덴메天明[329] 초의 오사카 상인의 장부에 따르면, 호레키寶曆 계미년癸未年부터 안에이安永 경자년庚子年까지[330] 거래량이 대략 250만 고쿠 이내입니다. 그런데 현재 오사카에서 적을 때는 30만에서 40만 고쿠이고, 많을 때도 100만 고쿠에 불과합니다. 하지만 상인들의 일은 상세한 내막을 알 수 없으니, 그들에게 문의하시는 것이 좋겠습니다.】그 밖의 도회지들도 미루어 알 수 있습니다. 천하의 쌀 판매량을 매년 250만 고쿠씩 줄이고, 또 방군邦君과 대부大夫·사士[331]들도 각자 저축한다면, 설령 쌀값이

---

327 오기칠도(五畿七道): 일본 전역. 원래 고대 율령제 하의 지방행정 구획으로서, 오기(五畿)는 교토 주위의 야마시로(山城)·야마토(大和)·가와치(河內)·이즈미(和泉)·셋쓰(摂津)의 다섯 구니(國)이고, 칠도(七道)는 도카이도(東海道)·도산도(東山道)·호쿠리쿠도(北陸道)·산인도(山陰道)·산요도(山陽道)·난카이도(南海道)·사이카이도(西海道)를 가리킨다. 메이지 2년(1869)에 홋카이도(北海道)가 추가되어 팔도가 되었다.

328 고쿠(石): 1고쿠(石)는 성인 1년이 1년간 소비하는 쌀의 양으로서, 고쿠다카(石高)라고 해서 토지의 연간 생산량 또한 고쿠(石)로 표시되었다. 따라서 봉건영주가 소유한 영지의 고쿠다카는 그 군사적·경제적 세력의 척도가 되었으며, 전시에는 이에 따라 군역이 부과되고 병마가 공출되었다. 예컨대 1만 고쿠 이상의 영지를 소유한 자는 다이묘(大名), 1만석 미만인 자는 쇼군의 알현가능 여부에 따라 하타모토(旗本)와 고케닌(御家人)으로 구분되었다.

329 덴메(天明): 일본의 연호로 서력 1781년부터 1789년에 해당한다.

330 호레키(寶曆) 계미년(癸未年)·안에이(安永) 경자년(庚子年): 각각 서력 1763년과 1780년에 해당한다.

331 방군(邦君)과 대부(大夫)·사(士): 다이묘(大名)와 지교토리(知行取り: 봉건시대에 토지로 녹을 받아 생활하던 관리).

오르지 않기를 바라더라도 그렇게 되겠습니까? 미곡의 가치가 오르면 백성은 많이 내다 팔지 않아도 생활비를 댈 수 있을 것입니다. 내다 파는 것이 줄어들면 도회지에서도 미곡이 크게 남아돌지 않을 것이니, 천하는 다만 미곡이 많지 않은 것만을 근심하게 될 것입니다. 미곡의 수송이 줄수록 천하의 미곡이 더욱 많아지는 것은 남고 모자란 형세가 바로 그렇기 때문입니다. 천하의 미곡이 많아질수록 사람들이 곤궁하지 않는 것은 그것을 분산해서 민간에 저장하기 때문입니다. 그러므로 미곡을 저장하고 싶으면 해내海內에 따로 그 장소가 있는데, 어찌 반드시 해외에 내다버린 다음에야 천하가 곤란하지 않음을 보겠습니까? 이제 백성들로 하여금 쌀을 저장하도록 만들고 싶다면, 그 조치하는 방법과 적절한 제도는 물론 한두 가지가 아니겠지만, 참으로 미곡은 해내海內에 저장해야 한다는 사실을 숙지한 다음에 거행한다면 사기事機에 적합한 조치와 제도를 시행할 수 있을 것입니다. 곡식의 저축분이 있어서 백성이 곤궁하지 않게 되면 백성은 항심恒心을[332] 가질 것입니다. 백성이 항심을 가진 뒤에야 천명天命을 두려워하고 지력地力을 다하게 만들어서 천지의 부富를 이용하여 천조天祖께서 하사하신 것을 함께 누릴 수 있을 것입니다.

---

[332] 항심(恒心): 사람이 항상 가지는 선한 마음. 『孟子』 「梁惠王(上)」에 "일정한 생업이 없어도 언제나 항심을 지킬 수 있는 것은 선비만 가능하다. 백성은 일정한 생업이 없으면 항심을 지킬 수 없다. 만약 항심이 없어지면, 방탕하고 편벽되고 간사하고 넘치게 행동하는 등 못할 짓이 없어진다.(無恒産而有恒心者 惟士爲能 若民則無恒産 因無恒心 苟無恒心 放僻邪侈無不爲已)"라고 하였다.

國體 (下)

天祖丕重民命 肇開蒼生衣食之原 御田之稻 機殿之繭
遂遍滿天下 民至於今受其賜 是固天祖仁澤之所曁 而土亦
宜於穀也 夫神州位東方 向朝陽 帝出於震 於五行爲木 所
以宜穀 四時則爲春 所以生養萬物 而元元之民 固非如飲
血茹毛之俗 則自古號稱瑞穗之國 不亦宜乎

古者天子受嘉穀於天神 以生養民物【天神授齋庭穗於皇
孫 皇孫用以饗於天神 其說粗見上篇】其富也者即因天地
之富也 至後世 則天下之富 稍稍分散 一轉而移於武人 又
轉而歸於市人 而天下所以受其弊者 不勝枚擧 請試竟其說

古者大嘗之祭 與天下共其誠敬 新穀已熟 必用以報於天
神 然後與天下嘗之 而天下皆知所食之粟即是天神所頒之
種也 於是乎畏天命而盡地力 人心與天地一 而同受其富
所以與天地無間也 然創業之世 治化猶未洽 而朝政時有盛
衰 人或自私其富 天智天皇革除積弊 令天下廢私地私儲
與天下同其富 至大寶而制度大備矣 古者百事簡易 四民勤
動 其所以營求者 不過通功易事 生之甚廣 而用途甚狹 及

朝廷漸尙奢靡 而貶國家之用 以供婦女玩好 異化之徒橫肆
而傾天下之財 以造堂宇 糜天下之穀 以食浮冗 藤氏專權
而權勢之家 營私儲蓄私人 莊園遍天下 其出正稅以供王事
者無幾也 而權勢私人 所謂守護地頭者 又私儲財穀 富厚
累世 據有國郡 而天下之富遂移於武人焉 然兵也者所以鎭
民社 天下武士各養私卒 亦未爲冗食 故古者天下雖亂 而
未甚苦於貧也 今天下治平 而上下皇皇 唯貧是患者何也
理天下之財不得其道也

　夫武人離土 其勢不得多養卒 故雇間民於市井 以充騶從
供工役 間民充斥都城 緩急不可用 坐飽梁肉 其爲冗也大
矣 天下佛寺殆五十萬 通計僧尼及奴隷 不知其幾百萬【唐
傳奕上書高祖言 令僧尼匹配 即十餘萬戶云云 武宗廢佛
寺 其上都及東都留二寺 節鎭各留一寺 毀寺四千六百餘
區 招提蘭若四萬餘區 歸俗僧尼二十六萬五百人 收良田數
千萬頃 奴婢十五萬人 據之則唐國土地之大 而其佛寺之多
不及神州十分之一 然時人尙以爲夥 則神州佛寺亦可謂盛
也】大厦崇甍 窮極靡麗 工商之徒 仰間民及僧徒以自衣食
者 亦爲不尠矣 乞丐之類 世其業 以抱子長孫者 天下不知
其幾何 博徒橫行閭閻 又不知其幾何 假巫覡卜筮 以誑民
要財者 不知幾何 俳優雜劇 又不知幾何 其冗亦甚矣 而天

下所以銷耗米穀者 若酒餅餌麪之類 已不可枚擧 米穀雜遝
都會 四方運輸 火災所燬 波濤所沒 亦不勝枚擧 其所以妨
農功者 若茶蔫若紅茜蔗梨之屬 亦不可勝數 夫浮食之民如
彼其衆 糜米穀妨農功如此其夥 而年穀亦不甚豐穰 然天下
常困於多穀 粒米狼戾 而天下困於貧者 亦可異也

夫天下之米穀未嘗多也 而如甚多者 其勢使之然耳 凡物
散而藏之各所 其數雖多 未有見其甚多 聚而陳之一所 雖
寡亦猶多 是自然之勢也 故藏一石米於家 未足以爲多 萬
家而鬻之 陳萬石於市 未嘗不視以爲夥 而武士聚處都城
盡終歲之俸 以奉口腹悅婦女 不得繕甲兵養徒卒 故米穀不
藏於家 擧而鬻之市 農民困乏而奢惰 亦擧歲收而鬻之 所
鬻愈多 則米價愈賤 賤則其鬻不得不多 鬻之愈多 而得直
不益於舊 是以民流亡而地有餘 地有餘而租賦不減 其稅其
鬻 雖傾一家之産 猶且不足 故鬻之日多 而天下之穀日耗
天下之穀日耗 而都會之穀日盈 見都會之盈 則天下之虛可
知也 且夫都會亦不能多儲無用之穀 故雖都會之穀 亦不過
以食都會人而稍有餘已 其實不甚多也 凡盈縮之數 其實不
甚相遠 而其勢有如相霄壤者 譬之啖而飽者 既充腹矣 而
稍多一分 則如甚有餘 未及飽矣 而少一分 則如大不足 是
其過不及之爲差眇少耳 然取其不足者 比之有餘者 盈虛之

相去 如大相懸者勢也 故曰天下之穀未嘗多 而都會之穀亦
未甚多也

今夫天下患米穀之賤而貨幣之乏 非米穀乃賤也 非貨幣
乃乏也 而百物之甚貴也 設使斗米價銀五錢 而一衣裘亦五
錢 則斗米可以易一衣裘 今雖木綿之裘 而非靃六七斗則不
能償其直 是衣裘之貴 而非穀之賤也 穀也者取以充腹而已
銷之有限 百物者競新鬪奇 愈出而愈無窮 乃至一婦首飾
而當中農一家之産 以銷之有限者 而逐愈出無窮者 百物之
所以皆貴 而米穀之所以獨賤也 貨幣者所以權輕重 物多則
物輕而金重 金重則其數雖寡 亦不乏於用 故古者貨幣甚寡
而天下不甚患貧 慶長以來 産金極多 造幣亦夥 貨幣多則
輕 輕則百物隨重 工商生活 所用之物既重 則必貴其所造
作貿易者 以償衣食之費 故百物愈重 而貨幣愈輕 愈輕則
雖多亦猶乏也【西夷亦謂自西洋通東方諸國所謂亞墨利加
者以來 歲歲交易 所獲金銀甚多 故西土金銀漸賤 而米穀
用物漸貴 識者以爲後來當受多金之累 然獲利既厚 雖知不
能絶 是戎狄之智 亦猶知多金之爲累 今在中國 反未之知
可乎】

凡天下之物有偏重 則其不輕者亦猶輕 故百物之偏重 而
貨幣之偏輕 百物之偏貴 而米穀之偏賤 是其勢之尤易見者

也 而武士聚處都會 終歲所用 雖一毫不得不資於市 以愈
賤之穀 易愈輕之金 以愈輕之金 償愈貴之物 其費固不給
而其所養之陪卒 亦皆習奢侈 不可養以薄俸 罷陪卒而歲買
奴隷【俚語所謂年季者是也】奴隷亦奢 亦不得多畜之 故
臨時備之市井 市井亦奢 雇錢日貴 亦患其難給 而其居家
冗費 妻妾之奉 玩好之用 日厚一日 終歲之入 不償所出 就
富人而乞貸 習以成俗 雖有邦有土 亦莫不仰給富民 豪姦
大猾 操貨財之權 愚弄王公股掌之上 於是乎天下之富遂歸
於市人矣

　夫米穀也者帝王之所甚重 雖天子之尊 必報祭天神 然後
敢用之 所以受之天以養民者 固宜如是矣 今舉天下糶糴之
權 一委之賈豎 王公大人俯伏聽命 不得有所問 天下民命
專係市人之手 凶荒無備 兵行無糧 海內空虛 而不爲怪 拱
手環視 徒患米穀之多 何其惑也

　天祖之重民命也 遺澤所及 傳至今日 今其所食之粟 即
天祖所頒之種也 而世不知重嗇之方 且患海內虛耗之未極
甚者或至欲舉而與蠻夷市 必棄之海外而後已 生而在於瑞
穗之國 而不知瑞穗之爲重 投畀犬羊 而以爲得計 豈臣民
所以報天祖之心哉

　夫海內之穀 宜藏海內 而不當棄之海外 理之易知者也 今

五畿七道 其田無慮二千五百萬石 通上農下農 大約受田家
十石 則爲農二百五十萬家 一家儲糧於見今所藏之外 更藏
一石米 爲米二百五十萬石 今大坂終歲所糶糴 大率不過
二百萬石【天明初 大坂商賈記其所糶糴之數 從寶曆癸未
至安永庚子 所載糶糴之數 大約二百萬石以內也 而其見在
大坂 寡者三四十萬石 多者亦不過百萬石 然商賈事 未知
其詳 問之商賈可也】其他都會之地 亦可推知也 而天下所
糴 歲減二百五十萬石 且邦君及大夫士 亦各有所儲蓄 則
欲穀之不貴可得乎 穀貴則民不多糶 而其用可給 糶之益寡
則都會之地 不至甚狼戾 天下適患穀之不多耳 輸穀愈寡
而天下之穀愈多者 盈虛之勢乃然也 天下之穀愈多 而人
不困者 散而藏之民間也 故欲藏穀者 海內自有其所 何必
棄之海外 而後見天下之不困乎 今欲使民藏之 其措置之方
制度之宜 固不一而足 苟能知穀之宜藏海內 然後擧而行之
措置制度之所以適事機者 可得而施也 穀有所藏而民不困
則民有恒心 民有恒心 然後可以使之畏天命 盡地力 因天
地之富而同受天祖之賜也

형
세
(形勢)

변동해서 가만히 있지 않는 것이 천지의 상도常道입니다. 그런데 천지 사이에 만국萬國이 있으니 형세의 변화가 어찌 무궁하지 않겠습니까? 대양에 있는 육지 가운데 큰 것이 2개 있으니, 하나는 중국 및 해서제국海西諸國·남해제도南海諸島요,【이것은 동쪽으로 경사京師 이동以東 25도부터 서쪽으로 경사 이서以西 75도까지의 지역입니다. 간혹 아시아亞細亞·아프리카亞弗利加·유럽歐羅巴이라고도 부르지만, 이것은 서양 오랑캐의 사호私號로서 우내宇內의 공명公名이 아니며, 또 천조天朝가 명명한 것이 아닙니다. 그러므로 여기선 언급하지 않는 것입니다.】다른 하나는 해동제국海東諸國입니다.[333]【서쪽으로 경사 이동以東 50도부터 동쪽으로 95도

---

[333] 중국·해서제국(海西諸國)·남해제도(南海諸島)·해동제국(海東諸國): 오늘날의 지명으로 하면 중국은 일본을 가리키며, 해서제국은 아시아·아프리카·유럽, 남해제도는 동남아

까지의 지역입니다. 간혹 남아메리카南亞墨利加 · 북아메리카北亞墨利加라고 부르는 것 또한 서양 오랑캐가 붙인 이름입니다.】그 안에서 각각 구역을 나눠서 자상보취自相保聚하는334 것이 바로 이른바 만국萬國입니다.

옛날엔 아직 인문人文이335 열리지 않아서, 이만夷蠻과 융적戎狄이 마치 금수禽獸처럼 군집했으므로 그 연혁을 논할 것도 없습니다. 중국은 오래전에 구니노미야쓰코國造와 아가타누시縣主를 둬서 각각 강토를 수비하게 했는데, 중엽에 변해서 군현郡縣이 되고,336 또 변해서 영웅이 할거하고, 이어서 봉건의 형세를 이루었습니다. 우虞 · 하夏 · 상商 · 주周337 같은 나라도 일찍이 제후를 봉건했지만 진秦 · 한漢 이후로 군현제郡縣制가 되었으며, 대대로 답습해서 조금 연혁이 있을 뿐입니다. 우虞 · 하夏 · 상商 · 주周는 통치가 통일되었지만, 춘추시대엔 번갈아 맹주가 되고 전국시대엔 칠웅七雄이 서로 공벌攻伐했습니다. 그 뒤로는 변혁이 일정치 않은데, 사서史書에 자세히 기록되어 있습니다.

옛날엔 그 이른바 융적戎狄이라는 것이, 금수처럼 날래게 움직여서 때때로 도적의 피해를 입히는 데 불과했습니다. 그런데 험윤玁狁의338 화禍

시아 · 오세아니아, 해동제국은 남북 아메리카이다.

334 자상보취(自相保聚): 자상(自相)은 상호(相互)와 같고, 보취(保聚)는 여러 사람이 모여서 함께 지킨다는 의미이다.

335 인문(人文): 예악(禮樂)과 교화(敎化). 『周易』賁卦 象辭에, "천문을 관찰해서 사시와 계절의 변천을 살피고, 인문을 관찰해서 천하를 교화한다.(觀乎天文 以察時變 觀乎人文 以化成天下)"라는 구절이 있다.

336 중엽에…되고: 다이카개신(大化改新)을 가리킨다.

337 우(虞) · 하(夏) · 상(商) · 주(周): 우(虞)는 순(舜)임금, 하(夏)는 우(禹)임금이며, 상(商)은 탕왕(湯王), 주(周)는 문왕(文王)이 세운 고대 중국의 나라이다.

338 험윤(玁狁): 북방 소수민족으로 서주(西周) 시대에 여러 차례 중국을 침략했다. 『詩經』「小雅 · 采薇」에 "가정을 꾸리지 못함은 험윤이 침범했기 때문이요, 편안히 거처할 겨를

는 우虞·하夏 시절에 없었고, 흉노匈奴로 말하자면 상商·주周 시대에 없었습니다. 티베트족吐蕃과 위구르족回紇은 진秦·한漢 때 없었던 것이요, 거란契丹·여진女眞·몽고蒙古는 수隋·당唐 때 없었던 것이요, 저 서양제번西洋諸蕃이 만 리 바다를 건너와서 병합倂合하는 것 또한 송宋·원元 때는 아직 없었던 일입니다. 인문人文이 점차 열리자 오랑캐들도 점점 조교條敎를[339] 세우고 규제規制를 만들 줄 알게 되었습니다. 그 높은 성과 깊은 해자는 옛날의 궁려穹廬가[340] 아니요, 거대한 포함砲艦은 옛날의 기사騎射가[341] 아닙니다. 이슬람回回과 로마邏馬의 교법敎法은 지난날 위엄으로 몰아내고 이익으로 유인해서 노루 떼처럼 몰려들었다가 새떼처럼 흩어 버릴 수 있던 자들이 아니요, 각자 한 방면에 웅거하며 합종연횡合從連衡을 통해 우내宇內 전체를 단일한 교敎로 귀속시키려고 하니 다시 수초水草를 따라 전전하던 부류가 아닙니다.[342] 그러므로 옛날에는 한 지역 안에서 나뉘어져 전국시대가 되었는데, 지금은 각 구역이 병립竝立하고 서로 교착交錯해서 전국시대가 되는 것입니다. 이 때문에 중국과 만청滿淸을 제외하고 지존至尊을 자칭하는 나라, 즉 무굴莫臥兒·페르시아百兒西·투르크度爾格·게르만熱馬·러시아鄂羅가 우내宇內를 통틀어 칠웅七雄의 반열에 드는 것이니, 한 지역 안에서 분웅分雄했을 때와 비교할 바가 아닙니다. 【난학가蘭學家의 설에, "이상 7개국은 서양 오랑캐가 모두

이 없음도 험윤 때문이라네.(靡室靡家 玁狁之故 不遑啓居 玁狁之故)"라는 구절이 있다.
[339] 조교(條敎): 교단(敎壇)에서 내린 결정이나 규칙.
[340] 궁려(穹廬): 고대 유목민족이 거처할 때 사용한 짐승가죽으로 만든 장막.
[341] 기사(騎射): 말을 달리면서 활을 쏘는 일.
[342] 「다시…아닙니다: 원문은 '非復逐水草轉移之類也'로서 유목민의 생활을 말한다. 『史記』「匈奴傳」에 "수초가 있는 곳을 찾아서 이동한다.(逐水草遷徙)"라는 구절이 있다.

제국帝國으로 부른다. 이 밖에 이를테면 아비시니아亞毘心域·모로코馬邏古·시암暹羅 및 자바瓜哇의 수마트라馬荅郞 등도 제국이라고 한다. 하지만 아비시니아는 단지 그 지역이 광대하다는 이유로, 모로코는 회자回子의 정계正系라는 이유만으로 스스로 뽐내지만, 하나는 흑인의 어리석고 비루한 풍속에 불과하고 다른 하나는 쇠약하고 혼란스럽다. 그리고 시암은 비록 부유하지만 병력이 약하고, 수마트라는 제번諸蕃의 요충이지만 매우 약소하므로 모두 자웅을 다투기엔 부족하다. 그러므로 논하지 않는 것이다."라고 했습니다. 난학가가 또 말하길, "앞에서 말한 몇 개 나라의 왕을 제帝라고 한 것은, 바로 서양 오랑캐의 이른바 카이저奚瑟爾, Kaiser이다. 이는 원래 로마 선조의 명칭에서 유래한 것인데, 난학가가 제帝라고 번역한 것은 다만 한자를 빌려서 존비尊卑의 등급을 구분한 것일 뿐이요, 실제로는 우리가 말하는 제帝의 뜻이 아니다."라고 했습니다. 그러므로 여기선 제국帝國 등의 글자를 쓰지 않는 것입니다.】

대체로 옛날에 변경에서 우환을 일으킨 오랑캐는 구마소熊襲·하야토隼人·에조蝦夷·가테키蝦狄였습니다.[343] 그들이 순순히 복종하게 되자 해외에서 조공을 바친 것은 삼한三韓과 숙신肅愼과 발해渤海 등 여러 나라요, 구적寇賊이[344] 된 것은 여진과 몽고였는데,【여진이 거란을 격파한 뒤에 장차 송나라를 침범하려고 간닌寬仁 연간에[345] 쓰쿠시筑紫를 침범했는

---

[343] 구마소(熊襲)·하야토(隼人)·에조(蝦夷)·가테키(蝦狄): 구마소는 남규슈(南九州)에서 세력을 갖고 야마토 정권에 저항하던 종족이고, 하야토 또한 남규슈의 오스미(大隅)·사쓰마(薩摩) 지역의 종족이름이다. 蝦夷와 蝦狄는 모두 에조(또는 에미시)를 가리킨다.

[344] 구적(寇賊): 국경을 침범하는 외적.

[345] 간닌(寬仁): 일본의 연호로 서력 1017년부터 1020년에 해당한다.

데, 세상에서는 이를 도이刀伊의 적賊이라고 부릅니다. 그 후 200여 년이 지나 몽고가 강성해서 서북에서 칭웅稱雄했는데, 송나라를 병탄하려고 할 때 또한 쓰쿠시를 침범했습니다. 즉, 저들의 침범은 모두 남하를 도모할 때 있었던 것입니다.】광란노도狂瀾怒濤에 가로막혀 끝내 큰 우환이 되지는 못했습니다. 당시 신주神州는 사면四面이 모두 바다여서 천험天險이라고[346] 불렀습니다. 그런데 지금 서양 오랑캐는 거대한 함선을 타서 우레처럼 수만 리를 달리고 폭풍처럼 배를 몰아서 대양을 마치 탄탄대로처럼 여기니, 수만 리 떨어진 곳이 바로 인접한 국경이 되었습니다. 사면이 모두 바다이므로 대비가 없는 곳이 없어야 합니다. 예전에 천험天險이라고 했던 것이 도리어 지금은 이른바 적충賊衝이[347] 되었기 때문입니다. 그러니 강토를 보전하고 변경을 안정시키려는 자가 어찌 옛날의 자취만 고집하며 금일의 형세를 논할 수 있겠습니까?

지금의 전국시대에서 이슬람교를 끼고서 군대를 강화하고 영토를 확장하는 것은 무굴과 투르크입니다. 그중에서도 투르크의 세력이 가장 크지만 이제껏 중토中土를 넘보지 않은 것은 그 풍속이 오로지 기마전에만 힘써서 항해술에 서툴기 때문입니다. 서양은 모두 로마법을 따르는데, 프랑스佛郎察・에스파냐伊斯把・시칠리아雪際亞・영국諳厄利은 그중에 특출한 나라로서 게르만이 그 조상이 됩니다. 하지만 게르만은 이미 쇠약해졌기 때문에 제번諸蕃은 단지 명목상으로만 존중할 뿐입니다. 러시아도 일찍부터 프랑스와 나란히 게르만에 예속되었는데, 최근에 크게

346 천험(天險): 천연적으로 지세(地勢)가 험난한 땅.
347 적충(賊衝): 외적이 드나드는 통로.

창궐猖獗해서[348] 새로 지존至尊을 칭하고 있습니다. 그 영토는 제국諸國의 동서東西를 포괄하고 신주神州의 동북까지 뻗쳐 있습니다. 매양 투르크와 패권을 다투지만, 아직은 북쪽의 궁발窮髮에[349] 치우쳐 남쪽에선 뜻을 이루지 못했습니다. 페르시아는 예전에는 쇠란했지만 러시아가 부흥시키고 군대를 연합해서 투르크를 격파했습니다. 페르시아와 러시아가 연합하면 투르크는 그 왼팔이 잘리는 것과 같습니다. 러시아는 본디 대지 북쪽의 넓은 영토를 차지해서 영금領襟이[350] 되었는데, 이제 또 성세聲勢가 남해南海를 진동하고, 대지를 남북으로 종단해서 그 인후咽喉를 눌러 투르크가 무굴과 연합할 수 없게 했습니다. 만청滿淸의 위세도 이것에 가로막혀서 서쪽까지 미치지 못합니다. 이웃나라의 권위를 흔들며 사방을 위협하고, 계절흥멸繼絶興滅의[351] 의義를 가탁해서 그 강성함을 과시합니다. 그 치염熾焰이 미치는 곳에 모든 오랑캐가 전율하니, 이는 그 형세가 우내宇內를 석권해서 모두 신하로 만들기 전까진 멈추지 않을 것이기 때문입니다.

또 예로부터 한토漢土를 병들게 한 것은 서강西羌과 북호北胡입니다.[352] 오호五胡의 난을[353] 일으키고, 뒤에선 사타沙陀[354]·거란·여진·몽고가 나

---

348 창궐(猖獗): 제멋대로 횡행(橫行)함.
349 궁발(窮髮): 북쪽 끝의 불모지.
350 영금(領襟): 영수(領袖)·맹주(盟主).
351 계절흥멸(繼絶興滅): 끊어진 후사를 잇고 멸망한 나라를 부흥시킴.『論語』「堯曰」에 "멸망한 나라를 일으켜 주고, 끊어진 세대를 계승해 주고, 숨겨진 사람을 등용하시니, 천하의 민심이 귀의하였다.(興滅國 繼絶世 擧逸民 天下之民歸心焉)"라는 구절이 있다. 러시아 황제가 동로마제국의 후계자를 자임한 사실을 가리킨다.
352 서강(西羌)과 북호(北胡): 서강(西羌)은 서쪽 티베트지역의 종족이고 북호(北胡)는 북쪽의 흉노족과 위구르족을 가리킨다.

와서 마침내 그 영토를 짓밟고 황제를 칭했습니다. 지금 러시아는 서강과 북호의 세력을 겸했으니 형세상 청나라를 노리지 않을 수 없습니다. 그런데 청나라가 아직 강성해서 쉽게 틈을 엿볼 수 없기 때문에 고개를 돌려서 신주神州에 침을 흘리는 것입니다. 저들은 형세상 신주神州에서 뜻을 이룬 뒤에는 우리 백성을 몰아서, 마치 과거에 명나라 사람이 왜구倭寇라고 부른 해적처럼 민閩·절浙에서[355] 소요를 일으켜 청나라의 동남부를 피폐하게 하고, 그 틈을 이용해서 하미哈密와[356] 만주 등지를 차지한 뒤에 곧장 베이징으로 쳐들어갈 것입니다. 그렇게 된다면 만청滿淸도 버티지 못할 것입니다. 오랑캐가 만청의 영토를 얻은 뒤엔 무굴을 쓰러뜨릴 것이요, 페르시아를 끌고 와서 마치 썩은 나뭇가지를 꺾듯이 투르크를 멸망시킬 것입니다. 아니면 동쪽에서 쉽게 기회를 얻지 못하고 만청도 대번에 이길 수 없다면, 저들은 먼저 서쪽에서 일을 일으킬 것입니다. 서쪽에 흔단釁端이 열리면 페르시아와 함께 투르크를 도모하고, 여기서 승리하면 남쪽으로 무굴을 습격한 뒤에 만청滿淸과 준가르準噶爾의[357] 옛 영토를 다툴 것입니다. 그리고는 멀리 말을 몰아서 청나라에 진격하고, 청나라를 이긴 다음엔 함대를 연합해서 신주神州에 쳐들어올 것

---

353 오호(五胡)의 난: 이른바 5호16국 시대를 가리킨다. 5호16국 시대는 4세기 초엽부터 130여 년간 중원의 혼란을 틈타서 흉노(匈奴)·저(氐)·강(羌)·갈(羯)·선비(鮮卑) 등 5개 종족이 침입하여 잇달아 정권을 세우고 흥망을 거듭한 혼란기였다.

354 사타(沙陀): 투르크계 유목민 부족. 후양(後梁)을 멸망시키고 후당(後唐)을 건국했다.

355 민(閩)·절(浙): 푸젠(福建)과 지장(浙江).

356 하미(哈密): 신장성(新疆省) 동부 톈산산맥(天山山脈)의 남쪽 기슭에 위치한 교통상의 요지.

357 준가르(準噶爾, Jungar): 17세기 중엽 서북 몽골 및 톈산 북쪽에 거주하던 오이라트·몽골족이 세운 유목국가. 이리(伊犂)를 본거지로 하고 한때는 칭하이(靑海)까지 세력을 미치기도 했으나 1758년 청나라 건륭제에게 멸망당했다.

입니다. 이 두 개의 계책은, 하나는 동쪽에서 서쪽으로 가고 다른 하나는 서쪽에서 동쪽으로 가는 것입니다. 오랑캐는 장차 시변時變을 살펴서 그 중 한 가지를 쓸 것이니, 하나라도 성공한다면 우내宇內를 신하로 복종시키는 형세가 완성될 것입니다. 그러므로 두 가지 계책 중에 쉬운 것을 먼저 하려고 자주 신주神州를 엿보며 난이難易를 시험하는 것입니다. 그리고 항해술은 본디 그 장기라서 광란노도狂瀾怒濤를 꺼리지 않는데, 육전陸戰에서 투르크를 꺾은 다음부터는 해외에서 여러 섬들을 차지해서 이제 신주神州와 인접하게 되었습니다. 이로써 본다면 러시아가 큰 환난이 되는 것이 여진이나 몽고에 비할 바가 아님을 알 수 있으니, 강토를 보전하고 변방을 안정시키려는 자가 어찌 고금 형세의 변화를 살피지 않고서 대응할 술책을 구할 수 있겠습니까?

방금 우내宇內의 칠웅七雄으로 열거한 것과 주周나라 말기의 이른바 칠웅은, 크기는 비록 다르지만 그 형세에는 또한 대단히 유사한 점이 있습니다. 러시아와 투르크는 국토가 넓고 군대가 강하며 국경을 접하면서 패권을 다투니 진秦·초楚의 형세요, 만청滿淸은 동쪽에서 부강한 나라이니 제齊와 같고, 그 중간에 있는 무굴과 페르시아는 한韓·위魏와 같습니다. 게르만은 비록 명목상으로는 제번諸蕃이 존중하는 나라지만, 실제로는 프랑스·에스파냐·영국 등의 여러 나라와 서로 백중伯仲하니[358] 크게 보면 한韓·위魏요, 작게 보면 송宋·위衛·중산中山일 뿐입니다. 【게르만은 서양 제번諸蕃의 입장에서 보면 동주東周의 형세와 유사하지만, 우내宇內의 관점에서 크게 보면 종주宗周의[359] 존엄함이 있는

---

358 백중(伯仲): 세력이 팽팽해서 우열을 가릴 수 없음.

것이 아닙니다. 그러므로 이렇게 말씀드리는 것입니다.】그리고 신주神

州는 만청滿淸의 동쪽에 있어서 마치 연燕나라가 제齊·조趙에 가린 것과

같습니다. 하지만 지금은 사방이 모두 적충賊衝이 되었으니 연나라가 홀

로 공격을 받지 않았던 것 같을 순 없으며, 오히려 주周나라가 한韓·위

衛의 근처에 있었던 것과 같습니다. 또 프랑스·에스파냐·영국 등의 여

러 나라는 그 신봉하는 법이 모두 러시아와 동일하니,【혹자는 영국이

신봉하는 것은 에스파냐 등과 다르다고 말하지만, 그것은 모두 동종별

파同宗別派이므로[360] 큰 차이가 있는 것은 아닙니다. 그 법교法敎에 가탁

해서 제멋대로 병탄하는 것으로 보면 똑같습니다.】그렇다면 저들이 걸

핏하면 연합하는 것은 필연지세입니다. 그리고 각국이 모두 남해제도南

海諸島를 합병한 다음에 해동지지海東之地를[361] 병탄해서 대지大地의 형세

가 날마다 침삭侵削되고 있으니, 그 사이에 있는 신주神州는 비유하면 홀

로 외딴 성을 지키고 있는데 인접한 강적이 국경에 성루를 쌓고 날마다

핍박하는 형세와 같습니다. 그러므로 앞으로 특히 물리쳐야 하는 나라

는 다름 아닌 러시아인 것입니다. 만약 투르크가 그 성세聲勢로 동방東方

과 의각犄角의 형세를[362] 이룰 수 있다면 그 힘은 러시아의 동침東侵을 충

분히 막을 수 있을 것입니다. 무굴 또한 투르크와 함께 온 힘을 다해서

---

359 종주(宗周): 주(周)나라를 가리킨다. 주나라가 봉건 제후국들의 종주국이 되었으므로 이

　　 와 같이 쓴 것이다. 『詩經』「小雅·正月」에 "찬란한 종주(宗周)를 포사가 멸망시키네.("赫

　　 赫宗周 襃姒威之)"라는 구절이 있다.

360 동종별파(同宗別派): 같은 천주교 내에서 구교와 신교의 차이가 있을 뿐임을 의미한다.

361 해동지지(海東之地): 아메리카 대륙을 가리킨다.

362 의각(犄角)의 형세: 사슴을 잡을 때 한 사람은 뿔을 잡고 다른 사람은 발을 비튼다는 뜻.

　　 적을 양쪽에서 협공하거나 또는 유사시 서로 지원하는 것을 비유한다.

페르시아의 영토를 다툴 수 있다면 러시아를 충분히 견제할 수 있을 것입니다. 아직까지 이슬람과 로마의 교법教法에 물들지 않은 나라는 신주神州 외에 오직 만청滿淸이 있을 뿐입니다. 【조선과 베트남安南 등의 여러 나라도 조금 특립特立해서 아직 요법妖法으로 변하진 않았지만, 그 나라가 약소해서 본디 거론하기에 부족합니다. 그러므로 논하지 않는 것입니다.】그러므로 신주神州와 서로 순치脣齒가[363] 되는 나라는 청淸인 것입니다. 지금 천하의 형세가 대략 이와 같습니다. 그 형세와 변고에 잘 대처해서 안으로 수어守禦의 대비를 갖추고 밖으로 벌모伐謀·벌교伐交의[364] 계책을 시행하는 것으로 말하자면, 장수와 재상에 적임자를 간택해서 일을 맡기는 데 달려있을 뿐입니다.

---

[363] 순치(脣齒): 입술과 이. 서로 이해관계가 밀접한 모양을 비유한다.

[364] 벌모(伐謀)와 벌교(伐交): 벌모(伐謀)는 적의 계략을 깨뜨려서 군이 싸우지 않고도 적을 항복시키는 것이며, 벌교(伐交)는 적의 외교를 깨뜨리는 것을 말한다. 『孫武子』「謀攻」에 "무릇 용병하는 방법은 적의 나라를 온전하게 하는 것이 상책이요, 적의 나라를 격파하는 것은 그 다음이며, 적의 군(軍)을 온전하게 하는 것이 상책이요, 적의 군(軍)을 격파하는 것은 그 다음이며, 적의 여(旅)를 온전하게 하는 것이 상책이요, 적의 여(旅)를 격파하는 것은 그 다음이며, 적의 졸(卒)을 온전하게 하는 것이 상책이요, 적의 졸(卒)을 격파하는 것은 그 다음이며, 적의 오(伍)를 온전하게 하는 것이 상책이요, 적의 오(伍)를 격파하는 것은 그 다음이다. 그러므로 백전백승은 전쟁을 잘하는 자 중에 잘하는 자가 아니요, 싸우지 않고 적의 군대를 굴복시키는 것이 잘하는 자 중에 또 잘하는 자인 것이다. 그러므로 최고의 병법은 벌모(伐謀)요, 그 다음은 벌교(伐交)요, 그 다음은 벌병(伐兵: 적의 군대를 공격하는 것)이요, 그 아래는 공성(攻城)이니 공성의 방법은 부득이해서이다.(凡用兵之法 全國爲上 破國次之 全軍爲上 破軍次之 全旅爲上 破旅次之 全卒爲上 破卒次之 全伍爲上 破伍次之 是故百戰百勝 非善之善也 不戰而屈人之兵 善之善者也 故上兵伐謀 其次伐交 其次伐兵 其下攻城 攻城之法爲不得已)"라고 했다. 군(軍)·여(旅)·졸(卒)·오(伍)는 각각 12,500명·500명·100명·5명으로 편성된 군대이다.

形勢

變動不居天地之常道也 而萬國之在兩間 形勢之變 豈有
窮乎哉 夫地之在大洋 其大者二 一則中國及海西諸國南海
諸島是也【其地東起京師以東二十五度地 西至京師以西
七十五度地 或稱曰亞細亞亞弗利加歐羅巴者 西夷所私呼
而非宇內之公名 且非天朝所命之名 故今不言】一則海東
諸國是也【西起京師以東五十度之地 東至九十五度之地
或稱曰南亞墨利加北亞墨利加者 亦西夷之所名也】而其
中各分區域 自相保聚者 即所謂萬國也

古者人文未開 夷蠻戎狄 若禽獸之相群 未足以論其沿革
也 中國舊建國造縣主 各守土疆 中變爲郡縣 又變而英雄
割據 沿而亦成封建之勢矣 而如虞夏商周之爲國 亦嘗封建
諸侯 秦漢以後爲郡縣之制 世代相襲 小有沿革 虞夏商周
治統於一 如春秋 則交相爲盟主 戰國則七雄交相攻伐 爾
後變革不一 具見史書

而古者其所稱戎狄者 禽擧獸走 不過時爲寇害 而獫狁之
禍 虞夏之所無 若匈奴 商周之所未有 吐蕃回紇 則秦漢未

有之 契丹女眞蒙古 則隋唐未有 而至如西洋諸蕃絶海萬里
而相併吞 則亦宋元之所未嘗有也 人文漸開 則夷狄者亦漸
知設條教立規制 其高城深池 非古之究廬 鉅礮大艦 非古
之騎射 回回邏馬之教法 非古之威驅利誘 曏至鳥散者 各
雄據一方 合從連衡 欲舉宇内歸一教 非復逐水草轉移之類
也 故古者就一區中 而分爲戰國 今則各區並立 交爲戰國
是以除中國及滿清之外 自號稱至尊者 曰莫臥兒 曰百兒西
曰度爾格 曰熱馬 曰鄂羅 是舉宇内列爲七雄 非分雄於一
區之比也【蘭學家説 以上七國 西夷皆稱爲帝國 而其他如
亞毘心域馬邏古暹羅及瓜哇之瑪荅郎等 亦稱帝國 然亞毘
心域特以其地域之廣大 馬羅古特以回子之正系而自雄 然
一則黑人愚陋之俗 一則衰亂削弱 而暹羅則其國雖富 而兵
力劣弱 瑪荅郎則雖諸蕃要會 而國最弱小 皆不足以爭雄
故不論也 蘭學家謂前數國之王爲帝 即西夷所稱奚瑟爾者
原出於邏馬先祖之名 蘭學家譯爲帝者 特假漢字以分尊卑
之等耳 其實則非我所謂帝之義 故今不用帝國等之字也】

夫古者夷狄爲邊患者 熊襲也 隼人也 蝦夷蝦狄也 及其
馴服 而海外修貢者三韓也 肅愼渤海諸國也 其爲寇賊者
女眞蒙古【女眞既破契丹 將侵宋 寬仁中寇筑紫 世稱爲
刀伊賊 後二百餘年 蒙古強盛 稱雄西北 將併宋 亦寇筑紫

是其爲寇害者 皆在彼圖南之時也】而阻狂瀾怒濤 卒不能
爲深患 當是之時 神州四面皆海 號爲天險 今西夷駕巨艦
大舶 電奔數萬里 馳如風飇 視大洋爲坦路 數萬里之外 直
爲隣境 四面皆海 則無所不備 向者所謂天險者 乃今之所
謂賊衝也 而保疆安邊者 豈得執疇昔之跡 以論今日之勢哉

　方今戰國 其挾回敎 以强其兵廣其地者 莫臥兒度爾格也
而度爾最張 然未嘗一窺中土者 其俗專務騎戰 而航海之術
非其所長也 西洋皆奉邏馬法 佛郎察伊斯把雪際亞譜厄利
其尤者 而熱馬爲之祖 然熱馬旣衰弱 諸蕃特以名位而尊奉
之已 若鄂羅斯 亦嘗與佛郎察等比肩役屬熱馬 至近時則猖
獗特甚 新稱至尊之號 其地包諸國之東西 綿互神州之東北
每與度爾爭雄 然猶僻在窮髮之北 未得志於南方 百兒西嘗
衰亂 鄂羅爲興復之 合兵擊破度爾 百兒亞與鄂羅合 則度
爾斷其左臂 鄂羅素彌互大地之北 而爲之領襟 今又聲勢震
南海 中斷大地 而扼其咽喉 使度爾不得與莫臥兒合 滿淸
之威亦限乎此 而不得西被 撓隣國之權 而以嚇四方 假繼
絶興滅之義 以鳴其盛 熾焰所煽 百蠻震恐 是其勢非席卷
宇內而盡臣之則不止也

　且自古病漢土者 西羌北胡 前有五胡之亂 後有沙陀契丹
女眞蒙古 遂至踐其地而稱皇帝焉 今鄂羅旣兼挾羌胡之勢

其勢不得不圖清 然清猶強盛 未易間 故顧而涎於神州 彼
其勢欲得志於神州 然後驅我民 以擾閩浙如往時海賊明人
所稱倭寇者 而罷弊清之東南 乘釁而取哈密滿洲等地 直衝
北京耳 如是則滿清亦將不能支 虜能得滿清之地 則覆莫臥
兒 提百兒而殄度爾 如拉枯也 或東方未易間 而滿清亦未
可以遽克 則彼將先事西方 西方有釁 則與百兒圖度爾 若
能克之 則南襲莫臥兒 與滿清爭準噶爾故地 而長驅臨清
既得克清 則將連艦以偪神州 此二策者 或自東而西 或自
西而東 虜將相時察變而用其一 一能有濟 則臣宇內之形成
矣 是以於二策者 欲先其易者 故數窺伺神州 以嘗難易 而
航海之術 固其所長 無忌於狂瀾怒濤 既挫度爾於陸戰 收
諸島於海外 方與神州爲隣 由此觀之 其所以爲深患者 非
復女眞蒙古之比也可知而已 保疆安邊者 豈得不審古今形
勢之變而求所以應之之術哉

夫方今擧宇內列爲七雄 而與周末所謂七雄者 小大雖異
其勢亦有絶相似者焉 鄂羅度爾土廣兵強 接壤爭雄者 秦楚
之勢也 滿清富強在東方者齊也 莫臥兒及百兒亞在其中間
者韓魏也 熱馬則雖以名位爲諸蕃所尊奉 其實則與佛郎察
伊斯把諳厄利諸國相伯仲 大者韓魏 小者宋衛中山耳【熱
馬自西洋諸蕃視之 則有似東周之勢者 然自宇內大觀之 則

非有宗周之尊 故云爾】而神州在滿淸東 猶燕之蔽於齊趙

然今四邊皆賊衝 則亦不能如燕之獨不受兵 而有如周之在

韓魏之郊者也 且如佛郞察伊斯把謂厄利諸國 其所奉法皆

與鄂羅同【或云 謂厄利所奉 與伊斯把等異 然皆同宗別派

非有大異 而至其假法敎以逞呑併則一矣】則其動與相合

必然之勢也 而各國皆旣併南海諸島 呑海東之地 大地之勢

日就侵削 則神州之介居其間 譬如獨保孤城 隣敵築境 日

將偪之勢也 故其殊不得不擴者 莫若鄂羅 而若度爾能以勢

聲 與東方相爲犄角 則其力足禁鄂羅之東侵 莫臥兒亦得與

度爾戮力 同爭百兒西之地 則亦有足以制鄂羅者 若夫未嘗

沾染於回回邏馬之法者 則神州之外 獨有滿淸【如朝鮮安

南等諸國 亦頗能特立 未變於妖法 然其國弱小 本不足數

故不論也】是以與神州相爲唇齒者 淸也 夫方今天下形勢

大略如此焉 至如於善處其勢應其變 內以設守禦之備 外以

施伐謀伐交之計者 則曰擇任將相而已

노
정
(虜情)

　서양 오랑캐가 해상에서 발호한 지 거의 300년이 됩니다. 그런데 날마다 영토가 넓어지고 의욕이 충만한 것은 그 지혜와 용맹이 남보다 크게 뛰어나기 때문입니까, 인은仁恩이 백성에게 무젖었기 때문입니까, 예악형정禮樂刑政이 모두 정비됐기 때문입니까, 아니면 인력으로 할 수 없는 것을 귀신이 조화를 부렸기 때문입니까? 모두 아닙니다. 저들이 그 기량을 펼치기 위해 의지하는 것은 단 하나, 예수교耶蘇教일 뿐입니다. 저들의 이른바 교법敎法이란 것은 사벽邪辟되고 천루賤陋해서 본디 논할 것도 없지만, 그 결론이 평이하고 말이 외설스러워서 어리석은 백성을 쉽게 유혹합니다. 듣기 좋고 과장된 말로 하늘을 더럽히는 것을 하늘을 공경하는 것이라고 하고, 인도人道를 멸렬滅裂하는 것을 윤리를 밝히는 것이라고 합니다. 때로 사소한 은혜를 베풀어서 어질다는 소문을 사고, 이를 이용해서 그 설을 과장하고 혀를 놀려 일세를 현혹하니 허망하고 괴이한 말들이 범람합니다. 그러므로 세상에서 기이한 것을 좋아하는 자들이 도청도설道聽塗說해서,[365] 사대부 중에서도 왕왕 물드는 자들이 생기는 것입니다. 마음이 좀먹어 들어가고 뜻이 미혹되다가 완고하여 불가해한 지경에 이르니 이것이 교활한 오랑캐가 술책을 쓰는 방식입니다. 그러므로 남의 나라를 쓰러뜨리려고 할 때는 반드시 먼저 통시通市를[366] 통해 그 허실을 탐지한 뒤에 틈을 노릴 만하면 군대를 일으켜서 습격하고, 안 되면 이교夷敎를 전파해서 민심을 현혹시키는 것입니다. 민심이 한번 저들에게 떠나면, 백성이 대나무 소쿠리와 항아리에 밥과 술을 담고 나와서 그 군대를 환영하는 것을 막을 수 없을 것입니다.[367] 백성이 호신胡神을[368] 위해 목숨을 바치면서 서로 기뻐하고 부러워하며 영광으로 여기니 그 용기가 충분히 싸울 만하고, 재산을 털어서 호신胡神을 섬기니 그 재물이 충분히 군대를 움직일 만합니다. 남의 백성을 유혹하고 남의 나라를 쓰러뜨리는 것을 호신胡神의 뜻에 부응하는 것이라고 하고, 겸애兼愛의 말을 가탁해서 제멋대로 다른 나라를 집어삼키니 그 군

---

365 도청도설(道聽塗說): 항간의 뜬소문을 믿고 그대로 남에게 퍼뜨림. 『論語』「陽貨」에 "길에서 듣고 길에서 퍼뜨리는 것은 덕을 버리는 것이다.(道聽而途說 德之棄也)"라는 구절이 있다.

366 통시(通市): 무역통상(貿易通商).

367 백성이…없을 것입니다: 원문은 '簞壺相迎 莫之得禁也'이다. '簞壺相迎'은 백성이 대나무 소쿠리에 밥을 담고 항아리에 미음이나 술 등을 담고 나와서 왕자(王者)의 군대를 환영한다는 뜻으로, 『孟子』「梁惠王(下)」에 "만승지국인 제(齊)가 같은 만승지국인 연(燕)을 공벌하는데, 연나라 백성이 도시락밥과 미음을 가지고 와서 제나라 왕의 군사를 환영하는 데 어찌 다른 까닭이 있겠습니까? 물불을 피하기 위해서입니다. 만약 물이 더 깊어지고 불이 더 뜨거워지면 또한 연나라의 민심도 옮아갈 것입니다.(以萬乘之國 伐萬乘之國 簞食壺漿 以迎王師 豈有他哉 避水火也 如水益深 如火益熱 亦運而已矣)"라는 구절이 있다.

368 호신(胡神): 오랑캐의 신(神). 여기선 기독교의 신을 가리킨다.

대가 비록 탐욕스럽지만 충분히 의병義兵의 이름을 팔고 다닐 수 있습니다. 저들이 다른 나라를 병합하고 토지를 경략하는 것이 전부 이러한 술책을 따릅니다.

각국이 더욱 강력해지자 중국을 넘보기 시작했습니다. 가장 먼저 내지에 들어온 것은 포르투갈波爾杜瓦이었습니다.[369] 포르투갈은 에스파냐伊斯把의 속국으로, 덴몬天文·고지弘治[370] 연간에 크게 세력을 넓혀서 남해제도南海諸島를 침략하고, 새로 해동지지海東之地를 가장 많이 개척했습니다. 그 다음에 분고豊後·사쓰마薩摩 등의 구니國에 와서 이교夷敎를 포교하며 어리석은 백성을 선동했습니다. 영주조차 왕왕 기망欺罔을 당했는데, 오토모大友·고니시小西의[371] 무리가 가장 먼저 귀의했고, 오다 씨織田氏도 일찍이 경사京師에 호사胡寺를 창건해서 호승胡僧을 끌어들인 일이 있습니다.[372] 그 교법이 점차 중주中州에 침투하자, 오랑캐 무리는 이를 이용해서 곤궁한 백성을 진휼賑恤하며 민심을 얻는 데 힘썼습니다. 오다 씨는 저들에게 다른 의도가 있음을 깨닫고 호사胡寺를 부수고 호승胡僧을 쫓아내려고 했지만 실행하기 전에 세상을 뜨고 말았습니다. 【오

---

369 가장 먼저…포르투갈(波爾杜瓦)이었습니다: 1543년에 포르투갈 선박이 種子島에 표착한 것을 가리킨다.

370 덴몬(天文)·고지(弘治): 일본의 연호로 덴몬은 1532년부터 1555년까지, 고지는 1555년부터 1557년까지이다.

371 오토모(大友)·고니시(小西): 오토모 소린(大友宗麟, 1530~1587)과 고니시 유키나가(小西行長)를 가리킨다.

372 오다(織田) 씨도…있습니다.: 오다 노부나가(織田信長, 1534~1582)가 1576년에 교토에 난반데라(南蠻寺)를 세운 일을 가리킨다. 그런데 이는 부정확한 풍설로서, 오다 노부나가는 1569년에 천주교 포교를 공인했을 뿐이며, 교토의 천주교회는 그 이전부터 작은 규모로 세워져 있던 것을 1575년에 이르러 개축하고 난반데라라는 이름을 붙였다고 한다. 호사(胡寺)는 천주교 성당을 말한다.

다 씨가 호사胡寺를 창건할 때 그의 신하인 교부 마사노리刑部正則가 간언했지만 듣지 않았습니다. 저들을 이용해서 옆의 구니國를 쓰러뜨리려는 것이었는데, 예를 들면 사도邪徒를 보내서 아라키荒木의[373] 군신君臣을 이간시킨 것 같은 일입니다. 하지만 이윽고 후회하면서 말하길, "모든 불교를 신봉하는 자들은, 단가檀家가[374] 재물을 바쳐서 승려에게 보시하는 일은 있어도 승려가 단가檀家에 보시한다는 말은 듣지 못했다. 또 저들이 처음 왔을 때 무역을 명분으로 내세웠는데, 이제 이윤을 거두지 않고 진휼에 힘쓰고 있으니 반드시 남의 국가를 멸망시킬 것이다. 마사노리의 말이 과연 옳았구나!"라고 했습니다.】도요토미 씨에 이르러 호승胡僧 및 이교異敎에 오염된 우매한 백성을 모두 해외로 쫓아내고, 동조궁東照宮이 일어나 특별히 엄중한 금령을 내렸습니다. 그러므로 비록 에스파냐·영국 등 제번諸藩이 잇달아 왔지만 끝내 이교夷敎를 갖고 들어오진 못했던 것입니다. 【동조궁은 일찍이 니시 무네사다西宗眞라는 자를 서양에 보냈는데 3년 만에 돌아왔고,[375] 대덕공台德公도 이비椑婓 아무

---

373 아라키(荒木): 전국시대의 무장 아라키 무라시게(荒木村重, 1535~1586)를 가리킨다. 아라키는 원래 오다 노부나가를 섬겼지만 모반의 의심을 사서 1578년에 이타미(伊丹)에서 농성(籠城)하였다. 오다는 아라키의 가신(家臣) 다카야마 우콘(高山右近)이 천주교 신자인 것에 착안해서, 예수회 선교사 오르간티노(Gnechhi-Soldi Organtino)를 잠입시켜서 다카야마에게 모반을 사주하고 자신에게 귀순하게 했다. 이 계책이 성공을 거두어 아라키의 반란을 진압할 수 있었다.

374 단가(檀家): 특정한 절에 속해서 시주를 통해 절의 재정을 돕는 집.

375 동조궁은…돌아왔고: 니시 무네사다(西宗眞)는 주인선(朱印船) 상인으로 세례명은 루이스이다. 마닐라에 도항해서 스페인어를 배웠고 도쿠가와 이에야스에게 해외정세를 전해서 신임을 얻었다. 서양에 파견되었다고 한 것은 와전으로 보인다. 주인선(朱印船)은 16세기 말부터 17세기 초까지 막부의 공식 도항허가증인 주인장(朱印狀)을 받고 포르투갈, 네덜란드, 동남아시아 등에서 해외교역을 했던 무역선이다.

개라는 자를 서양에 보냈는데 7년 만에 돌아왔습니다.[376] 이는 모두 노정
虜情을 정탐하기 위한 것이었는데, 이로 인해 이언異言을[377] 잘 이해할 수
있었다고 합니다. 이 때문에 이교를 통렬히 금절禁絶했던 것입니다. 대
유공大猷公도 일찍이 역관을 천축天竺에 파견해서 정사精舍를 시찰하게
했으니,[378] 여기에도 아마 깊은 뜻이 있었을 것입니다.】간에寬永 초에 호
신胡神의 상像을 만들어서, 과오를 뉘우치고 바른 길로 돌아온 백성에게
밟고 지나가게 하라는 명을 내렸습니다.[379] 그러자 오랑캐들도 화를 면
치 못할 것을 짐작하고 멀리서 나가사키長崎를 바라보며 벌벌 떨었습니
다.[380] 청나라 사람들이 간혹 교회당을 부수려고 할 때 이 일을 인용합니
다.【『서호지西湖志』・『대만지台灣志』 등에 대략 이와 같이 기재되어 있습
니다.】국가가 흥할 때는 하늘도 보우保佑합니다. 그러므로 마침 시마바
라島原의 도적이 일어나서 천하의 사도邪徒가 한 성에 모였을 때 일거에
섬멸한 것이니,[381] 잔재가 다시 타오르지 못한 것은 실로 이 사건 덕분이

---

376 대덕공(台德公)⋯돌아왔습니다: 대덕공은 에도막부 제2대 쇼군 도쿠가와 히데타다(德川
  秀忠, 재위: 1605~1623)이고, 이비(揖斐) 아무개는 막부의 하타모토(旗本)였던 이비 한에
  몬(揖斐半右衛門)이다.
377 이언(異言): 외국어.
378 대유공(大猷公)⋯했으니: 대유공은 쇼군 도쿠가와 이에미쓰(德川家光, 재위: 1623~1651)
  이고, 천축(天竺)은 인도(印度)이다. 정사(精舍)는 불교사찰을 말한다.
379 간에(寬永) 초에⋯명을 내렸습니다: 후미에(踏繪), 또는 에부미라고 한다. 간에 5년(1628
  년) 이후로 천주교 신자 여부를 판별하기 위해 예수나 마리아의 상(像) 또는 그 모습을
  새긴 금속판을 만든 후 그것을 밟고 지나가게 한 것을 말한다. 나가사키에서는 1857년
  에 폐지되었으나, 실제로는 막부 말까지도 계속 이어졌다.
380 멀리⋯떨었습니다: 당시 외국인의 일본 입국은 나가사키의 데지마(出島)에서만 허락되
  었는데, 일본의 천주교 금지령이 엄중해서 감히 나가사키에 들어오지 못하고 선상(船
  上)에서 바라보기만 했다는 의미이다.
381 시마바라(島原)의 도적이⋯섬멸한 것이니: 이른바 시마바라의 난(島原の亂)을 가리킨다.

었습니다. 당시 서양 오랑캐는 요교妖敎를 전파하려고 크게 노력했습니다. 나바라那勿蠟는[382] 그 왕이 직접 들어왔고, 폴란드波羅泥는 왕의 조카를 들여보냈는데 입국하자마자 모두 잡아다 죽였습니다. 그러자 오랑캐들은 간담이 서늘해져서 서로 "일본인은 눈이 3개 있다."라고 하였으니, 국위國威를 해외에 떨친 것이 통쾌하다고 할만 했습니다. 【명나라 사람이 무인戊寅년에 이 일을 책에 기록했으니, 실로 간에寬永 15년입니다.[383] 그 본주本注에 "다시 일본에 내도해서 개교開敎하려고 했는데 두 차례 살해를 당했다. 그러므로 이와 같이 쓴 것이다."라고 했는데, 이제 생각해보니 이는 나바라와 폴란드를 가리키는 것 같습니다. 그런데 나바라 왕은 간에寬永 병자년에 처형당했습니다. 그해는 바로 무인년 2년 전에 해당하며, 폴란드 왕의 조카가 처형당한 것은 기묘년이니 무인년의 1년 뒤입니다.[384] 아마도 무언가 착오가 있었던 것 같습니다. 또 시마바라島原의 도적이 처형된 것도 무인년이었습니다. 이 일도 오랑캐의 간담을 서늘케 했는데 명나라 사람이 시마바라를 언급하지 않은 것은, 아마도 서양 오랑캐는 이 일을 알고 두려워했지만 명나라 사람들은 미처 듣지 못

시마바라의 난은 1637년 10월에 일본 규슈(九州) 북부의 시마바라에서 천주교를 믿는 농민들이 천주교 탄압 및 가혹한 징세에 반발해서 일으킨 반란으로, 약 4만 명이 가담한 일본 역사상 최대의 농민봉기였다. 이 봉기의 지도자는 아마쿠사 시로(天草四郎)라는 16세 소년이었다고 한다. 12만 명의 막부군에 의해 약 4개월 만에 진압되었으며 이후로 천주교에 대한 탄압은 더욱 혹심해졌다.

382 나바라(那勿蠟): 프랑스와 스페인의 경계인 피레네 산맥에 있던 나바라 왕국(Kingdom of Navarra)을 가리킨다.

383 간에(寬永) 15년: 양력으로 1638년에 해당한다.

384 간에(寬永) 병자(丙子)년⋯1년 뒤입니다: 간에(寬永) 병자년은 1636년, 무인년은 1638년, 기묘년은 1639년이다.

했던 것 같습니다.】

승평昇平이 오래되어 해내海內가 무사하자 오랑캐가 다시 중국을 엿보았습니다. 영국이 거듭 통상을 구걸하고,【『나가사키야화長崎野話』에[385] 이 일이 기록되어 있습니다. 그 대략에, "영국은 오래전에 상선을 왕래시켰는데, 겐와元和에 이르러 스스로 선박의 왕래를 중단한 것은[386] 아마도 시세를 깊이 깨달았기 때문일 것이다. 시세가 변하자 또 요행을 바라고 엔포延寶 계축癸丑년에[387] 다시 통상을 구걸했지만 불허했다."라고 했습니다. 이제 그 말뜻을 상세히 따져 보건대 이 또한 괜히 한 말은 아닐 것입니다.】로마도 선교사를 잠입시켜서 몰래 이교夷教를 퍼뜨렸지만[388] 그 뜻을 이루지 못했습니다. 최근에 이르러 러시아가 크게 확장해서 사교邪教로 에조蝦夷를 유혹해서 여러 섬들을 잠식하다가 마침내 내지內地를 엿보고 있으며, 영국도 빈번히 내도해서 은밀히 변방 백성을 유혹하고 있습니다. 그렇다면 그 호신胡神을 신봉하며 중국을 넘보는 나라가 어찌 포르투갈만이겠습니까?

서양 오랑캐는 병립竝立해서 전국시대戰國時代가 되며, 똑같이 하나의

---

385 『나가사키야화(長崎野話)』: 『長崎野話草』를 가리킨다. 에도시대 중기의 천문학자 니시카와 죠켄(西川如見, 1648~1724)이 나가사키에서 견문한 것을 기록한 책으로, 전 5책이며 1720년에 간행되었다.

386 겐와(元和)…중단한 것은: 1613년에 영국인이 규슈 북단의 히라도(平戸)의 상점을 폐쇄하고 일본을 떠난 일을 가리킨다. 겐와(元和)는 일본의 연호로 1615년부터 1624년까지이다.

387 엔포(延寶) 계축(癸丑)년: 양력으로 1673년에 해당한다.

388 로마도…퍼뜨렸으나: 1708년에 이탈리아 예수회 선교사 시도티(Giovanni Battista Sidotti, 1668~1714)가 천주교 포교를 위해 야쿠시마[屋久島: 현재 가고시마 현(鹿児島県) 소재]에 잠입했다가 섬주민의 밀고로 체포되어 에도에 구금된 일을 가리킨다.

신을 섬깁니다. 따라서 이로움을 보면 연화連和해서[389] 그 욕망을 이룬 다음에 이익을 나눠 갖지만, 해로움을 보면 각자 강장疆場을[390] 보전하는 것이 본디 그 상례常例입니다. 그러므로 서방에 환난이 생기면 동방이 무사하지만, 환난이 해결되면 각국이 사방에서 토지를 경략해서 동방이 안녕하지 못한 것입니다. 러시아를 보더라도 서황西荒을 평정한 후 동쪽으로 시베리아止百里를 차지하고 흑룡강黑龍江에 잠입했습니다. 하지만 만청滿淸이 아직 강성해서 뜻을 이루지 못하자 방향을 바꿔서 에조치蝦夷地를 침략했으니, 쉽게 취할 수 있는 것을 먼저 취한 다음에 어려운 것을 다투려고 한 것은 바로 진秦나라 사마조司馬錯가 촉蜀을 취한 책략이었습니다.[391] 공가르控噶爾에서 그 군대를 잃고,【공가르控噶爾가 어떤 나라인지는 상세하지 않지만, 게르만의 별명이 아닐까 의심됩니다. 저는 따로 설이 있지만 지금 쓸데없이 덧붙이지 않겠습니다. 당시 게르만은 대단히 강대하진 않았습니다. 아마도 게르만이 서양 오랑캐의 조국祖國이 되기 때문에 근방의 여러 나라가 그것을 도와서 함께 러시아를 물리쳤는데, 청나라 사람들이 이를 전해 듣고 게르만을 강대국이라고 생각한 것 같습니다.】강화가 성립된 뒤로 더욱 동방 침략에 종사했으니 어찌 여기서 보상을 얻으려고 한 것이 아니겠습니까? 이때 이르러 중국을

---

389 연화(連和): 연합(聯合).
390 강장(疆場): 국경(國境).
391 진(秦)나라 사마조(司馬錯)가…책략이었습니다: 중국 전국시대 진(秦)나라의 중신 사마조는 영토를 넓히기 위해 한(韓)나라를 먼저 공격하면 제(齊)·조(趙)·초(楚)·위(魏)에 원군을 청할 것이며, 그 결과 진나라는 천자를 위협한다는 악명만을 얻게 될 뿐이므로, 먼저 촉(蜀)의 오랑캐를 정벌할 것을 주장했다. 당시 진나라 혜문왕(惠文王)이 그 건의에 따라 촉을 먼저 정벌해서 국토를 넓힌 고사를 가리킨다.

엿보는 것 또한 더욱 심해졌습니다. 【겐분元文에 러시아 선박이 무쓰陸奧·아와安房에 내항했는데[392] 그 뒤로 자주 오진 않았습니다. 그런데 메이와明和 7년에[393] 공가르控噶爾와 화친하고 나서는, 그 이듬해에 한펜畔辨이라는 러시아인이 중국 동남지역을 지나가며 수심을 측량해서 「동양도東洋圖」를 만들고, 네덜란드 상인에게 서한을 보내서 장차 에조蝦夷의 여러 섬을 접수하겠다는 뜻을 밝혔습니다. 또 그 다음 해엔 라쓰코 섬獵虎島을 두고 에조와 분쟁이 생겼는데, 뇌물을 먹여서 마침내 그들을 종속시키고 시모시리 섬失母失利島을 차지했습니다. 얼마 뒤엔 도쓰카마訥加㾱에 잠입하고 스타라이月多賴에 이교夷敎를 전도했습니다. 날이 갈수록 에조를 유혹하는 것이 심해지자 막부에서 에조 개척에 관한 의론이 일어났습니다.】

처음엔 바다에 출몰하면서 우리 지형을 측량하고 동정을 엿보며 우리 백성을 유혹했습니다. 얼마 지나선 예禮를 극진히 하면서 통상을 구걸하다가,[394] 그 간계가 행해지지 않자 에조를 겁박劫迫해서 우리 관부官府를 불태우고 무기를 약탈한 다음에 다시 통상을 요구했으니,[395] 이는 저

---

392 겐분(元文)에…내항했는데: 덴마크 출신 러시아 탐사대원 슈펜버그(Martyn Petrovich Shpanberg)가 인솔한 탐사선 2척이 1739년 5월에 무쓰노쿠니(陸奧国) 다시로(田代) 앞바다에 출현하고, 같은 함대의 다른 선박이 아와노쿠니(安房国) 아마쓰무라(天津村)에 상륙한 사건을 가리킨다. 이 이른바 겐분의 흑선(元文の黑船) 사건은 러일 직접교섭의 발단이 되었고, 또 막부에 큰 충격을 주었다.
393 메이와(明和) 7년: 양력으로 1880년에 해당한다.
394 얼마 지나선…구걸하다가: 1792년에 아담 락스만(Adam Kirilovich Laxman) 일행이 에조치(蝦夷地), 1804년에 니콜라이 레자노프(Nikolai Petrovich Rezanov)가 나가사키에 와서 국서를 봉정하며 통상을 요구한 일을 가리킨다.
395 그 간계가…요구했으니: 막부에 의해 통상요구가 거절당하자 레자노프의 부하들이 1806년부터 1807년까지 사할린 및 이투루프 섬(択捉島)·리시리 섬(利尻島) 등에서 난동

들이 기회를 엿보는 데 점진적인 단계가 있는 것입니다. 그 요청은 어떤 때는 예禮로 스스로 분식粉飾하고 어떤 때는 군대로 위협해서, 온갖 방법을 병용해서 그 술책이 이르지 않는 데가 없으니 그 의도를 또한 알 수 있습니다. 그런데도 구차하게 안일한 무리는 걸핏하면 "저들은 단지 미곡만을 원할 뿐이니 크게 우려할 것이 없다."라고 하니, 어쩌면 그리도 생각지 않는 것입니까? 오랑캐가 육식을 하고 곡식을 먹지 않는 것은 우리가 곡식을 먹고 육식을 하지 않는 것과 마찬가지입니다. 그렇다면 설령 쌀이 없다고 한들 저들에게 무슨 아쉬울 것이 있겠습니까?【오랑캐도 쌀을 쓸 데가 없는 것은 아니지만, 그 용도는 떡을 만드는 데 불과할 뿐입니다.】또 설령 저들에게 쌀이 필요하더라도 그 국내를 비롯해서 속국屬國과 여국與國에[396] 쌀 생산지가 적지 않은데, 어째서 반드시 이처럼 심하게 간청할 것이 있겠습니까?【예를 들어 인도의 여러 나라와 남해제도南海諸島의 토지는 모두 쌀을 생산하니, 남방의 다른 나라들 또한 미루어 알 수 있습니다. 최근에 이 지역을 서양 오랑캐들이 대략 겸병했으므로 분명히 쌀은 부족하지 않을 것입니다.】또 저들이 호시互市를 이용해서 틈을 엿보고 요교妖敎를 행하려고 하는 것은 본디 논할 필요도 없습니다. 그런데 교역이 한번 열리면 그 동쪽 변경의 캄차카束薩噶·오포烏抱 등지의 물자가 풍부해지고 인구가 증가할 것입니다. 그렇다면 앞으로 군대를 늘려서 동방을 도모할 때 형세상 매우 편리할 것이

을 부린 일을 가리킨다. 관부(官府)는 막부가 1799년부터 직할령으로 삼은 동에조치(東蝦夷地)를 경영하기 위해 설치한 가이쇼(會所)를 말한다. 1807년 4월에 가이쇼가 습격을 받아서 소실되고, 교역을 위한 소금과 쌀 등을 약탈당한 일이 있었다.

396 여국(與國): 우방(友邦), 동맹국(同盟國).

니, 일거양득인 것입니다. 이 때문에 침음점지浸淫漸漬가³⁹⁷ 날이 갈수록 더욱 심해졌던 것입니다. 그 형세는 반드시 요구하는 바를 얻어낸 뒤에야 그칠 것이었는데, 하루아침에 소식이 끊어져서 조용히 형적形迹을 감췄습니다. 그러다가 갑자기 영국이 나가사키에 나타나서 소요를 일으키고 우라가浦賀에 쳐들어와서,³⁹⁸ 일정하게 바다를 오가며 정박하고 있습니다. 러시아가 화심禍心을 품고 백방으로 엿본 지 거의 100년이 되어 가는데, 질풍처럼 떠나서 흔적도 없이 사라졌습니다. 영국은 예전엔 왕래가 매우 드물었는데, 홀연히 러시아와 교대해서 남의 옆에 접근해서 마음을 떠보고 있으니 괴이하지 않습니까? 새매가 습격할 때는 반드시 그 형체를 숨기는 법입니다. 그렇다면 러시아 자신은 안에서 잠복하는 대신 영국을 유인해서 앞잡이로 삼고는, 흉계를 깊이 감추고 형적을 드러내지 않는 것이 아니라고 어떻게 장담하겠습니까?【예전에 오와리尾張의 표류민을 영국이 구조하고 사쓰마薩摩의 표류민을 러시아가 구조했는데, 해상에서 서로 만나자 영국이 러시아에 부탁해서 그들을 함께 호송했습니다.³⁹⁹ 또 가라후토唐太·이투루프月多賴의 수졸戍卒이 러시아인에게 체포돼서 캄차카로 압송되어 신국訊鞫을 당할 때도 영국인이 그 자리에 함께 있었으니, 저들이 우호를 맺고 함께 모략을 꾸민다는 것을

---

397 침음점지(浸淫漸漬): 침음(浸淫)이나 점지(漸漬) 모두 조금씩 물들어간다는 의미이다.

398 나가사키에…쳐들어와서: 1808년 8월엔 영국선박 훼튼 호가 나가사키에 와서 폭행사건을 일으키고, 1818년 5월엔 영국선박 브라더스 호가 우라가에 와서 통상을 요구한 일을 가리킨다.

399 예전에…호송했습니다: 영국선박에 의해 구조된 오와리노쿠니의 독승환(督乘丸) 표류민이 그전에 러시아 선박에 의해 구조된 사쓰마노쿠니 영수환(永壽丸)의 표류민과 함께 1816년에 러시아 선박으로 일본에 호송된 사건을 가리킨다.

알 수 있습니다. 정묘년에 노변虜變이 생겼을 때,[400] 마침 보스턴撲斯頓의 상선 1척이 나가사키에 와서 땔감과 식수를 구걸한 일이 있습니다.[401] 보스턴이란 해동海東의 뉴잉글랜드新諳厄利 지역으로 그 수부首府의 소재지입니다. 러시아는 동북쪽 변경에서 소요를 일으키고, 뉴잉글랜드는 서쪽 변경을 엿보고 있으니 그 음모가 심원합니다.】

옛날에 제갈량諸葛亮은 위魏나라를 공벌하기 전에 먼저 남만南蠻을 정벌해서 병갑兵甲을 충분히 확보했습니다. 그런데도 위나라 군신은 적막하게 아무 소문도 듣지 못하다가, 군대가 나타나자 그제야 조야朝野가 진동했습니다. 지금 오랑캐들도 제갈량의 옛 지혜를 답습하려는 것이 아닙니까? 어쩌면 오랑캐는 저처럼 지혜로운데 우리는 살피지 못하는 것입니까? 예전에 막부는 러시아에 국법을 통고하면서 "번박番舶이 해변에 접근하면 응당 해상에서 물리칠 것이다."라고 했습니다.[402] 그런데 지금 영국이 항상 정박하고 있는데 아직까지 쫓아내지도 않고 상륙하는 자는 위무慰撫해서 돌려보내고 있으니, 만약 바깥 오랑캐가 이 소식을 듣는다면 우리 국법을 어떻게 생각하겠습니까? 영국이란 나라는 또한 멋대로 해상을 배회하며 우리 산천을 지도로 그리고 우리 운수運輸를

---

[400] 정묘(丁卯)년에⋯생겼을 때: 1807년에 에조치(蝦夷地)에서 러시아인들이 폭행사건을 일으킨 것을 가리킨다.

[401] 마침⋯있습니다: 1807년에 보스턴에 선적을 둔 미국상선 이클립스 호가 나가사키에 입항해서 땔감과 식수를 청한 사건을 가리킨다.

[402] 예전에⋯했습니다: 1793년 6월, 막부는 락스만에게 통신(通信)의 관계가 없는 다른 나라 선박이 무단으로 접근할 경우 그것을 체포하거나 해상에서 저지하는 것은 일본의 국법임을 경고하였다. 하지만 그 이전에 막부에서 그러한 법령을 반포한 일은 없었으며, 또 이후에도 당시의 경고가 실천되지 않았음은 본문에서 비판한 바와 같다.

방해하며, 또 우리 백성을 유혹해서 뇌물을 먹이고 요교妖教로 현혹합니다. 만약에 훗날 간란姦闌이[403] 더 늘어나는데도 접제接濟를 금하지 않는다면, 앞으로 예상치 못할 변고를 어찌 이루 다 말할 수 있겠습니까? 그런데도 구차하게 안일을 탐하는 무리는 걸핏하면 "저들이 어업과 상업을 하는 것은 본디 그 일상사이므로 깊이 우려할 것이 없다."라고 하니, 어찌 그리도 생각지 않음이 심한 것입니까? 오랑캐는 만 리 바다를 항행해서 남의 국가를 엿보기 때문에 적지에서 군량을 구하지 않을 수 없습니다.[404] 그러므로 가는 곳마다 상업을 하기도 하고 어업을 하기도 하는 것은, 모두 둔전屯田의 용도로[405] 쓰려는 것입니다. 그렇지 않고 저들이 한갓 고래를 잡으려는 것뿐이라면, 그 근해에도 포경할 곳이 많은데 어찌 반드시 험한 바다를 멀리 건너와 동양에서 잡을 것이 있겠습니까? 【그린란드臥兒狼德 등지는 영국과 겨우 물길 하나만 떨어져 있습니다. 그런데 그 해역에 고래가 매우 많아서 여러 나라 사람들이 모두 가서 포획한다고 합니다.】 그 선제船制는[406] 고기를 잡을 수도 있고 무역을 할 수도 있지만, 또한 전쟁도 할 수 있습니다. 그렇다면 오늘의 어선과 상선

---

403 간란(姦闌): 외국인과의 밀무역(密貿易).

404 적지에서…없습니다: 원문은 '不得不因糧於敵'이다. 여기서 '因糧'이란 적지에서 군량을 구한다는 뜻으로, 『孫武子』「作戰」에 "용병을 잘하는 자는 백성을 두 번 병적(兵籍)에 올리지 않고 군량을 세 번 가져가지 않으며, 사용하는 기물은 본국에서 취하고 군량은 적지에서 구한다. 그러므로 군대 식량을 충족할 수 있는 것이다.(善用兵者 役不再籍 糧不三載 取用于國 因糧于敵 故軍食可足也)"라는 구절에서 나온 말이다.

405 둔전(屯田)의 용도: 둔전(屯田)이란 병사가 평시에 주둔지에서 농사를 해서 직접 군량을 조달하는 것을 말하는데, 본문에선 서양선박이 현지에서 어업과 상업으로 식량을 조달한다는 의미로 쓰였다.

406 선제(船制): 함선을 제조하는 방식. 또는 그 구조나 규모.

이 과연 훗날 전함이 되지 않는다고 어떻게 장담하겠습니까? 또 저들은 우리 해상에 정박하고 왕래해서 그 침로針路의 난이難易와 항오港隩의[407] 곡절曲折과 풍토와 인정을 모두 숙지하고 있습니다. 만약 저들이 방도를 얻어서 동남제도東南諸島를 차지하고,【동남제도는 오가사와라 섬小笠原島 근처에 대단히 많습니다.】이어서 하치조八丈·야쿠掖玖·다네種子 등의 섬을 차지해서 소굴로 삼는다면, 장차 중국을 도모하는 데 그 형세가 매우 편할 것이니 이 또한 일거양득인 것입니다. 그러므로 저들이 러시아와 함께 모의해서 우리 변경을 엿보다가 그 욕망을 이룬 뒤에 이익을 나눠 가지리라는 것은 형세로 볼 때 쉽게 알 수 있습니다. 그렇다면 저들이 해상에서 어업과 상업을 하면서 떠나려고 하지 않는 것 또한 조충국趙充國이 저氐·강羌을 제압한 옛 지혜를 답습하려는 것이 아니겠습니까?[408] 어쩌면 오랑캐는 저처럼 지혜로운데 우리는 살피지 못하는 것입니까?

하지만 하늘이 아직 신주神州를 버리지 않아서, 묘당의 의론이[409] 다행히 오랑캐의 교활한 계략을 통찰하고 접제接濟를 엄금해서, 재앙의 근원을 미연에 방지하고 예수상을 밟고 지나가게 한 뜻을 계승할 수 있게 되었습니다. 제후에게 오랑캐를 해상에서 체포하도록 명해서 예전에 러

---

407 항오(港隩): 항만(港灣). 隩는 奧와 같다.
408 조충국(趙充國)이…아니겠습니까: 조충국(趙充國, 기원전 137~기원전 52)은 전한(前漢)시대 인물로 병법에 통달하고 사방 오랑캐의 사정에 익숙해서 흉노(匈奴)와 서융(西戎)을 토벌하는 데 큰 공을 세웠으며, 또 둔전제(屯田制)를 창시했다고 한다. 저(氐)·강(羌)은 모두 서융의 일족이다.
409 묘당의 의론: 1825년 2월에 막부에서 이른바 이국선격퇴령을 내린 것을 가리킨다. 이국선격퇴령은 주석 164) 참조.

시아에 국법을 통고한 것이 끝내 빈말이 되지 않게 한다면, 위신이 서서 삼안三眼의 위엄을 떨칠 수 있을 것입니다. 사기士氣를 분발시키고 오랑캐의 간담을 서늘케 하는 이러한 영략英略과 웅단雄斷이 어찌 위대하지 않겠습니까? 하지만 용렬한 세속의 의론은 여전히 묘당에 심원한 사려가 있음을 깨닫지 못하고, 도리어 "교활한 오랑캐는 은혜로 어루만지면 공손히 순종하지만, 위엄으로 두렵게 하면 발끈 성을 내서 변을 일으킨다."라고 말하니, 심합니다! 완미頑迷한 생각을 고집하는 자들은 막부의 명령으로도 끝내 깨우칠 수 없는 것입니까?

오랑캐는 요교妖敎를 가탁해서 여러 나라를 멸망시키니, 저들이 우내宇內를 모두 집어삼키려고 한 것이 오래되었습니다. 그렇다면 그 기뻐하는 것과 노여워하는 것은 이미 수백 년 전에 정해진 것인데, 어떻게 한 번 은혜나 위엄을 베푸는 것으로 평소의 음모를 대번에 바꿀 수 있겠습니까? 그리고 저들은 간혹 분노하면 충분히 남을 겁먹게 해서 감히 저항하지 못하게 하고, 공손하게 굴면 남을 방심케 해서 수비에 실패하게 만들 수 있습니다. 이 두 가지를 번갈아 발동한다면, 이른바 "정예병을 적과 부딪치게 해서 적의 허실을 파악한다."라는 것이[410] 또한 저들의 술책이 될 것입니다. 남을 엿보는 사람의 실정實情은 본디 엿봄을 당하는 사람이 알 수 없습니다. 그러므로 오랑캐는 형인形人에[411] 능숙한 것입니다.

---

[410] 정예병을…파악한다: 원문은 "角之而知有餘不足之處"으로, 『孫武子』「虛實」에 나오는 말이다.

[411] 형인(形人): 적에게 짐짓 정병(正兵)과 기병(奇兵)을 보여줘서 적을 현혹시키는 전술. 『孫武子』「虛實」에 "그러므로 적에게 형체를 드러내어 보이되 우리가 실제로 형체가 없게 하면 우리 군대는 전일(專一)하고 적은 분산될 것이니, 우리는 전일해서 하나가 되고 적은 분산되어 열이 되면 이는 열을 갖고 하나를 공격하는 것이니 우리는 많고 적은 적게

그에 반해 우리는 저들의 술책에 따라 수시로 기뻐했다가 두려워했다가 해서, 심장이 쿵쿵 뛰고 눈앞이 핑핑 돌아 여러 번 기만을 당하면서도 스스로 깨닫지 못하니, 또한 어떻게 묘당에 심원한 근심이 있음을 알겠습니까?

용렬한 세속의 의론은 또 "예로부터 신주神州의 병사는 만국에서 가장 정예롭기 때문에 추잡한 오랑캐는 우려할 것이 없다."라고 합니다. 대체로 신주神州의 무사가 용맹하고 병기가 예리한 것은 풍토에 기인한 것이지만, 세상에는 오륭汚隆이[412] 있고 시대에는 변혁이 있습니다. 전국시대에는 사졸들이 전쟁에 숙달돼서 진퇴질서進退疾徐가 저절로 기의機宜에 맞았습니다. 그러므로 적의 군기를 뺏고 장수를 베는 일에 그 용맹을 발휘할 만했던 것입니다. 하지만 지금의 사졸은 전쟁을 보지 못한 지가 200년이니, 하루아침에 전쟁에 임한다면 허실지변虛實之變과 기정지용奇正之用을[413] 누가 평소에 연습해서 숙지하고 있겠습니까? 비겁한 자는 먼저 달아나서 군진軍陣을 어지럽히고, 용감한 자는 한갓 전사해서 용맹을 상하게 할 뿐이니,[414] 이른바 정예롭다는 말은 믿기에 부족합니다. 옛날에 몽고가 변경을 침입했을 때, 세상은 아직 전쟁을 잊지 않았는데도 그 군용軍容과[415] 전법이 모두 우리가 보지 못했던 것이어서 맹장

된다.(故 形人而我無形 則我專而敵分 我專爲一 敵分爲十 是以十攻其一也 則我衆敵寡)"라는 구절이 있다.

[412] 오륭(汚隆): 성쇠(盛衰).

[413] 기정지용(奇正之用): 기병(奇兵)과 정병(正兵)의 사용. 기병(奇兵)은 적의 의표를 찔러서 습격하는 군대이고, 정병(正兵)은 군진(軍陣)을 펼치고 정면에서 공격하는 군대이다.

[414] 용맹을 상하게 할 뿐이니: 『孟子』「離婁(下)에, "죽을 수도 있고 죽지 않을 수도 있는데 죽으면 용맹을 상한다.(可以死 可以無死 死 傷勇)"라는 구절에서 인용했다.

과 용사들이 평소 연마한 기량을 발휘하지 못하고 무턱대고 돌진하다가 목이 떨어져 패배를 자초하고 말았습니다. 그러므로 군대의 승패는 오직 주장主將의 방략方略에 달려 있는 것입니다. 지금 병법을 강학講學하는 자리에서 익히는 것들도 대체로 갑월甲越의 진부한 자취일[416] 뿐입니다. 그런데 해외의 군대는 지금까지 보지도 듣지도 못했던 것이니 하루아침에 접전한다면 서툴지 않을 수 있겠습니까? 그런데도 한갓 옛날의 정예로움만 믿고 금일의 계책을 세우지 않는다면, 저는 그것이 과연 옳은지 모르겠습니다.

용렬한 세속의 의론은 또 "오랑캐는 멀리서 바다를 건너 왔기 때문에 병사가 아주 많을 수 없다. 스스로 당비螳臂를[417] 시험하는 것에 불과하므로 우려할 필요가 없다."라고 합니다. 병력의 많고 적음은 형세에 달려 있습니다. 형세를 잘 이용하는 자는 적의 군대를 오히려 내 세력으로 만들 수 있습니다. 병법에 이르길, "적국을 온전히 하는 것이 상책이며, 적국을 격파하는 것이 그 다음이다."라고 했습니다.[418] 그에 반해 형세를 잘 이용하지 못하는 자는 내 군대를 오히려 적의 세력에 보태주기 때문에 단순히 수가 많은 것은 믿을 수 없는 것입니다. 옛날에 서쪽 변방의 간

---

[415] 군용(軍容): 군대의 기율과 장비.
[416] 갑월(甲越)의 진부한 자취: 옛 전국시대의 구식병법이라는 뜻으로, 가이(甲斐)의 다케다 신켄(武田信玄)과 에치고(越後)의 우에스기 겐신(上杉謙信)을 병법을 가리킨다.
[417] 당비(螳臂): 사마귀의 팔뚝이라는 뜻으로, 제 힘을 헤아리지 못하고 주제넘게 큰 적과 맞서는 것을 비유한다. 『莊子』「人間世」에 "너는 저 사마귀를 알지 못하느냐. 제 팔뚝을 뽐내어 수레바퀴의 통로를 막으려 하니, 제 힘으로 감당할 수 없음을 몰라서 그런 것이다.(汝不知夫螳蜋乎 怒其臂以當車轍 不知其不勝任也)"라는 구절에서 유래했다.
[418] 적국을…그 다음이다: 원문은 '凡用兵之法 全國爲上 破國次之'로, 『孫武子』「謀攻」에 나오는 말이다.

민간民이 난출闌出해서[419] 도적이 되었습니다. 그런데 마침 명나라가 쇠
란衰亂하자 서로 소취嘯聚한[420] 도적떼가 이들을 끌어들여서 후원으로 삼
고 왜구倭寇라고 불렀습니다. 주군州郡이 함락당해서 대략 평안한 해가
없었는데, 그들을 잡아다 처형할 때 보니 그 무리에 속한 우리 변방 백
성은 겨우 25명에 불과했습니다. 하지만 이들을 써서 성세聲勢를 돕게
하자 또한 주명朱明의[421] 명맥을 단축시키기에 충분했던 것입니다. 그러
므로 병법에 본디 선성先聲이[422] 있는 것입니다. 군대의 많고 적음에는 정
형定形이 없습니다. 용병을 잘 하는 자가 어찌 적지에서 군량만 얻겠습
니까? 또한 적에게서 군대를 얻을 수도 있는 것입니다.[423] 오랑캐는 요교
妖敎와 궤술詭術로 남의 백성을 유혹하니, 만일 저들이 우리 백성을 끌어
들여서 그 세력에 보탠다면 저들의 수가 적고 우리의 수가 많은 것을 또
한 어떻게 믿을 수 있겠습니까?【명나라 사람이 말하길, "서번西蕃은 계
략이 심원하고 음모가 교묘해서 어떤 나라에 가면 반드시 그 나라를 멸
망시킨다. 모두 그 나라로 그 나라를 공격한 것이니, 지금까지 집어삼킨
나라가 벌써 30여 개다."라고 했습니다.】

---

419 난출(闌出): 허가를 받지 않고 제멋대로 국경을 벗어남.
420 소취(嘯聚): 도적이 휘파람을 불어서 그 패거리를 불러 모음. 여기선 도적 떼가 봉기했
　　다는 의미이다.
421 주명(朱明): 명나라. 명나라 황제의 성이 '朱'였으므로 이와 같이 쓴 것이다.
422 선성(先聲): 싸우기 전에 먼저 성위(聲威)를 떨쳐서 적을 두렵게 만드는 전략. 『史記』「淮
　　陰侯列傳」에 "병법에는 참으로 먼저 성위(聲威)를 떨치고 나중에 실효를 거두는 것이 있
　　으니, 바로 이러한 경우를 말한 것이다.(兵固有先聲而後實者 此之謂也)"라는 구절을 인용
　　했다.
423 용병(用兵)을…있는 것입니다: 『孫武子』「作戰」에 '적에게서 군량을 얻지 않을 수 없
　　다.(不得不因糧於敵)'라고 한 구절을 재차 인용해서 적에게서 군대를 얻는다는 표현을
　　'因衆'이라고 했다.

용렬한 세속의 의론은 또 "오랑캐의 종교는 천박하고 비루해서 어리석은 백성은 기만할 수 있지만 군자君子는 속일 수 없으니 우려할 것이 없다."라고 합니다. 천하의 백성 중에 어리석은 자는 대단히 많고 군자는 매우 적으니, 어리석은 백성의 마음이 한 번 기울어지면 천하는 본래 다스릴 수가 없습니다. 그러므로 성인聖人은 유언비어를 날조하고 백성을 소란스럽게 한 자에게 매우 엄한 형벌을 내렸던 것이니,[424] 그 어리석은 백성을 현혹함을 미워했던 것입니다. 옛날에 이교夷敎가 서쪽 변방에 들어왔을 때 어리석은 백성을 현혹해서 도처에 만연했습니다. 그러자 100년이 채 못 되어 기망欺罔을 당해 형벌을 받은 자가 28만 명이나 되었습니다. 백성에게 유입되는 것이 이렇게 신속하니, 만일 어리석은 백성이 지난날처럼 기망당하고, 혹시라도 오토모大友·고니시小西 같은 거간대대巨姦大憝가[425] 지난날처럼 사악한 무리를 끌어들여서 제 이익을 좇는다면, 그 역염逆焰이 불타오르는 것을 누가 갑자기 박멸할 수 있겠습니까? 또 한두 명의 군자가 횡류橫流의 한가운데서 몸가짐을 바르게 한들 세상에 유익함을 아직 보지 못했습니다. 그렇다면 그 군자는 속일 수 없다는 말을 또한 어떻게 믿을 수 있겠습니까?

---

[424] 성인(聖人)은…내렸던 것이니: 『周禮』「地官·大司徒」에 따르면, 형벌을 내려야 할 8개의 중대범죄 가운데 유언비어의 날조와 민심의 혼란도 포함되어 있었다. "향촌에선 8개의 형벌로 만민을 단속한다.…일곱째는 유언비어를 날조한 자에 대한 형벌이고 여덟째는 백성을 소란스럽게 한 자에 대한 형벌이다.(以鄕八刑紏萬民…七曰造言之刑 八曰亂民之刑)"

[425] 오토모(大友)·고니시(小西) 같은 거간대대(巨姦大憝)가: 오토모 소린(大友宗麟, 1530~1587)과 고니시 유키나가(小西行長, ?~1600)를 가리킨다. 오토모는 일본 전국시대에 한때 북규슈(北九州) 지역의 패자로 군림했으며, 고니시는 도요토미 히데요시(豊臣秀吉)의 가신으로 임진왜란 당시 제1선봉장으로 조선침략에 앞장선 장수이다. 둘 다 천주교 신자로 유명했다. 거간대대(巨姦大憝)는 가장 간악한 인물이라는 뜻이다.

용렬한 세속의 의론은 또 "오늘날 예수교에 대한 금법禁法이 매우 엄해서 백성을 기망할 수 없다. 스스로 얕은 지혜를 자랑하는 것뿐이니 우려할 것이 없다."라고 합니다. 오랑캐가 기량을 다 발휘하지 못하고 금일에까지 이른 것은 실로 막부에서 엄금한 결과로서 억조생령億兆生靈의 큰 행운입니다. 그러나 신간神姦이[426] 잠행潛行할 때는 그 이름과 형상을 바꿀 수 있습니다. 오직 그 민심을 좀먹는 것만 변함이 없습니다. 그렇다면 저들이 앞으로 술책을 부리려고 할 때 어찌 반드시 교주각현膠柱刻舷해서[427] 지난날의 전철을 따를 필요가 있겠습니까? 백성이 이익을 좋아하고 귀신을 두려워하는 것은 불가피한 실정實情입니다. 따라서 참으로 그 마음을 은밀히 움직일 수 있는 방법이 있다면 아무리 형법을 엄하게 하더라도 막을 수가 없습니다. 예컨대 지금 노름과 패거리 짓는 것에 대해 나라에 분명한 금법禁法이 있지만, 무뢰배와 간민姦民이 촌리村里에서 횡행해서 밤이 되면 모였다가 새벽이 되면 흩어지고 음주와 도박을 서로 부추기는데도 종식시키지 못하는 것은 백성이 이익을 좋아하기 때문이요, 도사禱祠와[428] 저주詛呪가 신간神姦을 가탁하고 도당徒黨을 이뤄서,

---

[426] 신간(神姦): 사람에게 해를 끼치는 귀신이나 괴물.『佐傳』宣公三年條에 "옛날 하나라의 덕이 한창 융성할 때는, 먼 나라들은 각기 그 나라의 괴이한 물건의 형상을 그려서 올리고, 구주의 장관에게는 구리를 바치게 했다. 그리하여 큰 솥을 만들고 여러 가지 형상의 물건을 새겨 넣어서 모든 물건의 형상이 다 그 안에 있게 해서, 백성에게 신간을 알아보게 했다.(昔夏之方有德也 遠方圖物 貢金九牧 鑄鼎象物 百物而爲之備 使民知神姦)"라고 하였다.

[427] 교주각현(膠柱刻舷): 교주(膠柱)는 고대 중국의 현악기인 슬(瑟)의 기러기발[柱]을 아교로 붙여서 음을 조절하지 못한다는 뜻으로 완고하여 변통하지 못하는 사람을 비유한다. 각현(刻舷) 또한 완고해서 시세(時勢)에 어두운 사람을 풍자하는 말로 각주구검(刻舟求劍)과 같은 뜻이다.

[428] 도사(禱祠): 기복(祈福)을 위해 바치는 제사를 도(禱)라고 하고, 복을 받은 후 감사하기

제거하는 족족 다시 생기는 것은 백성이 귀신을 두려워하기 때문입니다. 【예컨대 후쥬후세不受不施나 렌게오죠蓮花往生[429] 등의 무리를 예전에 잡아다가 처형했음에도 불구하고, 최근에 혹은 음사淫祠를[430] 통해서 혹은 불설佛說에 가탁해서 도당徒黨을 짓는 것을 이루 다 헤아릴 수 없습니다. 이른바 후지코富士講라는[431] 것도 그 무리가 이미 7, 8만 명에 달한다고 하니, 또한 모두 귀신을 두려워하기 때문에 도당徒黨을 이룬 것입니다.】 만일 오랑캐가 이익과 귀신을 이용하고 이름과 형상을 바꿔 민심을 좀먹어서, 그 술책이 매번 형금刑禁이 미치지 못하는 데로 나와서 민심이 암암리에 저들에게 기운다면, 또한 어찌 성법成法만[432] 믿고 우려하지 않을 수 있겠습니까? 저 지혜와 사려가 부족하고 악착齷齪해서[433] 대계大計를 모르는 자들은, 마음을 잃고 눈이 현혹되어 서로 손을 잡고 오랑캐의 술수에 빠져들면서도 스스로 깨닫지 못합니다. 자고로 용렬하고 속된 무리가 장광설로 말만 그럴듯하게 꾸며서 끝이 없는 것이 이와 같

위해 올리는 제사를 사(祠)라고 한다.(『周禮』「春官·喪祝」)

429 후쥬후세(不受不施)·렌게오죠(蓮花往生): 후쥬후세(不受不施)는 일본 불교의 한 종파인 니치렌슈(日蓮宗)의 분파로서 1595년에 니치오우(日奧, 1565~1630)가 개창했다. 『法華經』를 믿는 자가 아니면 그에게서 보시를 받지도, 주지도 않는다는 의미에서 이러한 이름을 붙였다고 한다. 막부로부터 이단시되어 박해를 받았다. 렌게오죠(蓮花往生)는 간세이(1789~1801) 연간에 가즈사노쿠니(上總國)에서 니치렌슈의 승려가 퍼뜨린 사교(邪敎)로서, 절의 본존(本尊) 앞에 큰 연꽃 대좌(台座)를 만들어 놓고, 극락왕생을 바라는 자에게 큰돈을 헌납하게 한 후에 그 대좌(台座)에 오르게 했다. 그리고는 연꽃을 닫고 찔러 죽인 다음에 극락에 왕생한 것처럼 사람들을 속였다고 한다.

430 음사(淫祠): 예법에 맞지 않는 사당, 또는 사악한 신을 모시는 사당.

431 후지코(富士講): 후지산을 숭배하는 강회(講會)로서, 에이로쿠(永祿, 1558~1570) 연간에 가쿠교(角行)라는 인물이 창시했다고 한다.

432 성법(成法): 이미 정해둔 법.

433 악착(齷齪): 도량이 협소해서 작은 일에 안달함.

습니다. 공자孔子가 "말 잘하는 입이 나라를 전복시키는 것을 미워한다."
라고[434] 한 말이 바로 이를 가리킨 것입니다.

중국을 엿보는 서양 오랑캐가 전후로 이어져서 각국이 번갈아 이르
렀습니다. 그 나라들은 비록 다르지만, 공경히 섬기고 높이 받드는 것은
동일한 호신胡神입니다. 그러므로 예수가 중원中原을 넘본 것은 300년
동안 변치 않았거늘, 중국이 저들을 대하는 방법은 시론時論의 향배에
따라 어떤 때는 웅단雄斷으로 나오고 어떤 때는 고식姑息으로 나왔습니
다. 이는 틈을 노리는 자의 의도는 시종 동일한데 대응하는 자의 논의는
전후로 달라지는 것입니다. 한결같은 의도를 가진 자가 수시로 논의가
달라지는 자를 넘보니, 어찌 오랫동안 저들이 이용할 만한 틈이 생기지
않으리라고 보장할 수 있겠습니까? 그렇다면 시론時論을 일정하게 해서
저들이 이용할 만한 틈을 없애길 바란다면, 그 방법은 노정虜情을 깊이
살피는 데 달려 있을 것입니다! 노정을 깊이 살피는 데 달려 있을 것입
니다!

---

[434] 말 잘하는 입이…미워한다: 『論語』「陽貨」에 "자주색이 붉은색의 자리를 뺏는 것을 미워
하며, 정 나라의 음란한 음악이 바른 아악을 문란하게 하는 것을 미워하며, 말만 잘하는
입이 나라를 전복시키는 것을 미워한다.(惡紫之奪朱也 惡鄭聲之亂雅樂也 惡利口之覆邦家
者)"라는 구절을 인용했다.

虜情

西夷之跋扈海上 幾三百年矣 而土疆日廣 意欲日滿者
是其智勇有大過絶人者歟 仁恩甚洽於民歟 禮樂刑政莫不
修備歟 抑有神造鬼設非人力之所能爲者歟 而皆非然也 彼
其所恃以逞伎倆者 獨有一耶蘇敎而已 夫彼所謂敎法者 邪
僻淺陋 固無足論 然其歸易簡 而其言猥瑣 易以誑誘愚民
巧言繁辭 誣天以爲敬天 滅裂人道 以爲曉倫理 時行小惠
以市仁聞 因誇張其說 鼓舌眩世 誕妄迂怪 足以濫耳 故世
之好異者 道聽途說 而雖士大夫 亦往往有不免於沾染者
心蠱志溺 至於頑乎其不可解 是狡夷之所用以售其術也 故
欲傾人國家 則必先因通市而窺其虛實 見可乘則擧兵襲之
不可則唱夷敎 以煽惑民心 民心一移 簞壺相迎 莫之得禁
也 而民爲胡神致死 相欣羨以爲榮 其勇足以鬪 傾資産以
奉胡神 其財足以行兵 以誘人之民傾人之國 爲副胡神之心
假兼愛之言 以逞其吞噬 其兵雖云貪 而足以衒義兵之名
其併國略地 莫不皆由此術也

及各國益强梁 乃始覘覦中國 其首入内地者波爾杜瓦 波

爾杜瓦者伊斯把屬國 天文弘治間張甚 略南海諸島 新關海東之地最多 以次來豐薩諸國唱夷教 煽動蠢氓 而有土者亦往往爲所欺罔 大友小西之徒 首歸向之 織田氏亦嘗創寺京師 以延胡僧 其法漸浸淫中州 夷輩因而賑恤困窮 務收民心 織田氏曉其有異圖 欲毀胡寺逐胡僧 未果而即世【織田氏之創胡寺 其臣刑部正則諫不聽 蓋欲用以傾隣國 如遣邪徒離間荒木君臣是也 既自悔曰 凡信佛者 檀家奉財物 以布施僧侶 未聞僧奉於檀家也 且其初來 以貿易爲名 今不爲收利 而賑恤是務 必將傾人國家 正則之言果驗矣】至豐臣氏驅胡僧及愚民汚夷教者 盡出諸海外 東照宮典 設禁殊嚴故雖有伊斯把諳厄利諸蕃相踵至 而卒不能以夷教入【東照宮嘗遣西宗眞者於西洋 三年而還 臺德公亦遣楫斐某至西洋 七年而還 皆所以探偵虜情 蓋由此而得審識異言云 所以痛禁絶之也 大猷公亦嘗遣譯官往天竺 視精舍 疑亦有深意也】寬永初 下令鑄胡神像 使愚民悔過歸正者足踏之 外夷亦自度不得脫 望長崎股栗 清人或欲毀胡神堂 亦引之以爲言【西湖志臺灣志等所載 大約如此】國家之興隆天亦保佑之 故時有島原賊起 而聚天下邪徒於一城 一掃殱之 餘燼不得再燃 實由此也 當是時也 西夷之唱妖教甚力 那勿蠟則以其王而自入 波羅泥則以王之姪而入 入輒皆就戮 於

是乎夷輩膽落 相告曰 日本人有三眼 國威之震海外 亦足稱
快矣【明人以戊寅歲 筆是事於書 實寬永十五年也 本注云
再到日本開教 被其兩殺 故云 今按此似指那勿蠟波羅泥 而
那勿蠟王 以寬永丙子就戮者 其年曆正當戊寅前二年 如波
羅泥王姪就戮 則己卯年事 後於戊寅一年 疑有一誤 又按島
原賊伏誅 亦在戊寅年 是亦足寒虜膽 而明人所言 不及島原
事者 蓋西夷既知而畏之 適明人未聞也】

　及升平已久 海內無事 而夷復窺中國 諳厄利重乞通商
【長崎夜話載是事 大略云 諳厄利往年通市舶 至元和中
自罷其通舶者 蓋有深知時勢者也 及世移時改 而又欲有所
徼幸 以延寶癸丑復乞通商 不許 今詳其語意 亦似非泛言
者也】而邏馬亦遣僧潛入 竊唱夷教 亦皆未能得其志也 至
近時 則鄂羅殊張 誘蝦夷以邪教 蠶食諸島 遂伺內地 而諳
厄利亦頻來 潛誘邊氓 然則其奉胡神以覘覵中國者 豈獨波
爾杜瓦而止哉

　夫西夷並立爲戰國 同奉一神 見利則相連和 以濟其欲
分其利 害則各保疆場 固是其常 故西方有難 則東方無事
難平則各略地四方 東方於是乎不得寧 如鄂羅 亦既平西荒
乃東收止百里 潛入黑龍江 而滿清尚強 未能得志 轉而略
蝦夷地 欲先取其易取者然後爭其難者 是秦司馬錯取蜀之

策也 及其喪師於控噶爾【控噶爾未詳其爲何國 疑熱馬之
別名 餘別有說 今不贅 當時熱馬不甚強大 蓋以其爲西夷
祖國 故近旁諸國與共助之 同擯鄂羅 而淸人傳聞 以爲強
大國也】講和旣成 而益事東略 豈非欲有所取償焉乎 而其
窺中國 於是乎益甚【元文中鄂羅舶抵陸奥安房 然是後亦
未屢來 以明和七年 與控噶爾和 明年鄂羅畔辨者 經中國
東南 測海深 造東洋圖 遣書荷蘭商夷 言其將收蝦夷諸島
之意 又明年與蝦夷爭獵虎島 啗以物 遂役屬之 取失母失
利島 尋潛入訥加麻 唱夷教於月多賴 誘蝦夷日甚一日 於
是幕府關蝦夷之議興矣】

其初也出沒洋中 以測吾地形 關吾動靜 而又誘吾人民
尋而厚禮以乞通商 及點計不行 乃劫蝦夷焚吾官府 掠吾戎
器 而又更要通市 是其關伺有漸 而其請求 或自飾以禮 或
嚇人以兵 百方兼施 其術莫不至 而其意亦可知也 而偸安
之徒 動謂彼特欲米穀 不足深慮焉 何其不思之甚也 虜之
肉而不粒 猶我民之粒而不肉 其無稻米 於彼何歉也【虜非
無所用稻米 然其用之不過以爲餌餅而已】且使彼欲稻乎
則其國中及他屬國與其與國 産稻之地 亦爲不尠矣 而何必
至懇請如此之甚也【如印度諸國 及南海諸島 其地皆産稻
他諸國在南方者 亦可推知 而近時大抵爲西夷所倂有 其不

乏稻米也明矣】且彼欲因互市以窺間 以售妖敎 固亡論已

而交易一開 則其東邊如東薩噶烏抱等地 由此而得致富庶

是其於增兵衆以圖東方 勢爲甚便 則一擧而兩利存焉 以故

浸淫漸漬 日甚一日 是其勢宜必得所求而後已也 而一旦絶

聲息 闃無形迹 於是諳厄利突然而來擾長崎 闌入浦賀 常

往來淳泊洋中 夫鄂羅之懷禍心 百方窺伺 殆將百年 而颷

去電滅 不見影響 諳厄利者先是其來甚疎 而忽與鄂羅相代

偪人之側 搜人之懷 不亦甚可怪乎 鷙鳥之擊也 必匿其形

則將安知非鄂羅内自潛伏 誘諳厄利爲先驅 深其機 不見形

迹也【尾張漂民嘗爲諳厄利所拯 薩摩漂民爲鄂羅所拯 洋

中相遇 諳厄利託鄂羅同護送之 唐太月多賴戍卒 嘗爲鄂羅

所捕 押送至東薩加訊鞠 時諳厄亦在座 其通好合謀可見矣

丁卯之虜變 適有撲斯動商舶 至長崎乞薪水 撲斯動者海東

新諳厄利地 而其府所在也 鄂羅擾東北邊 而新諳厄利窺西

邊 其機深矣】

　昔諸葛亮將伐魏 先征南蠻 以足兵甲 而魏君臣寂然無聞

兵出而朝野震動 今虜亦將襲亮之故智歟 何虜之甚智 而我

未之察也 嚮者幕府嘗喩鄂羅以國法曰 番舶近邊 當摧之

海上 今諳厄利常常停泊 而未之駈 雖其登陸者 亦慰撫遣

之 使外夷聞之 將謂國法何也 而諳厄利者 亦徜徉自肆 圖

盡吾山川 妨害吾運輸 而誘吾人民 啗以貨利 眩以妖敎 異日脫使姦闌愈多 而接濟不禁 則變之寓於不測者 可勝言乎而偸安之徒 動謂彼爲漁爲商 固其常事 不足深慮焉 何其不思之甚也 虜航海萬里 而伺人國家 不得不因糧於敵 故所至或商或漁 莫非以爲屯田之用也 不然使彼徒欲獲鯨乎則其近旁海中 捕鯨之處亦多 而何必遙遙度絶險 而捕之東洋也【臥兒狼德等地 與諳厄利隔一水耳 而海上黥甚多 諸國人皆往而捕之云】而其爲船制 可以漁 可以商 亦可以戰則惡知今日之漁船商舶果不爲異日之戰艦也 且彼停住往來我海上 其針路之難易 港隩之曲折 風土人情 莫不諳熟焉 使彼獲由而據東南諸島【東南諸島 接近小笠原島者極多】以次及八丈披玖種子等島 盤踞以爲巢窟 則其於圖中國 勢甚爲便 是亦一擧而兩利存焉 故其與鄂羅合謀 伺我邊徼 欲與濟其欲 分其利 亦勢之可見者也 然則其漁商海上而不肯去 亦欲襲趙充國制氏羌之故智歟 何虜之甚智而我未之察也

　夫天未棄神州 廟堂之議 幸洞察黠虜之狡謀 嚴禁接濟塞禍源於未流 而蹈像之意可繼矣 令諸侯拉虜於海上 而嚮以國法喩鄂羅者 終不爲飾辭 威信立而三眼之威可宣矣 英略雄斷 所以奮士氣破虜膽者 豈不偉哉 然而庸俗之論 猶

未曉廟堂有深遠之慮 乃謂黠虜者撫之以恩 則恭順馴服 畏之以威 則忿恚生變 甚矣 執頑守迷者 雖曉以幕府之令 其卒不可得喻乎

夫虜之假妖敎 以顚滅諸國 其欲呑宇內而盡之 爲日久矣 則其喜怒旣已定於數百年之前 而豈以一恩一威之故 俄易其素謀哉 而其或出於忿恚者 足使人悾怯不敢拒 恭順者足使人怠惰失守 二者遞出交發 則所謂角之而知有餘不足之處者 亦可以爲彼之術也 窺人者之情 窺於人者固有所不知 故虜善形人 而我喜懼隨變 心悸眼眩 屢爲所誤而不自知 亦何以得知廟堂有深遠之虞也

而庸俗又謂自昔神州之兵 精銳冠萬國 夷狄小醜 不足憂焉 夫神州士勇兵銳 雖風土使之然 然世有汚隆 時有變革 戰國之世 士卒習戰 進退疾徐 自合機宜 故搴旗斬將 其勇可得施也 今士卒不見兵革二百年 一旦臨事 虛實之變 奇正之用 誰能素練而熟習之 而怯者先走亂陣 勇者徒死傷勇 所謂精銳者 未可恃也 昔蒙古之寇邊 世未忘戰 然軍容戰法 皆我所未見 猛將勇士 素練之技無所施 豕突喪元 以致敗衄 故兵之勝敗在主將方略耳 今講兵法席上 所講者亦槪甲越陳迹 而海外之兵 目未之睹 耳未之聞 一旦接戰 得無有所扞格乎 而徒恃往昔之精銳 不爲今日之計 未見其可也

庸俗又謂虜絶海遠來 其兵不得甚衆 自試螳臂 不足憂焉
夫衆寡在勢 善用勢者 能因敵衆以爲吾勢 法曰 全國爲上
破國次之 不善用勢者 以吾衆助敵之勢 其衆不足恃也 昔西
邊姦民 闌出爲盜 適明國衰亂 群盜相嘯聚者 引以爲援 號
稱倭寇 陷沒州郡 略無寧歲 及其就戮 我邊民在黨中者 僅
二十五人 用以助聲勢 亦足以蠱朱明之命脈 故兵固有先聲
而衆寡無定形 夫善用兵者 豈獨因糧於敵 而亦可以因衆於
敵也 虜用妖敎詭術 以誘人之民 萬一使彼引我民 以援其勢
則彼之寡與我之衆 亦惡可恃也【明人言 西蕃機深謀巧 到
一國必壞一國 皆即其國以攻其國 歷吞已有三十餘】

庸俗又謂夷敎淺陋可欺蠢愚 而不可罔君子 不足憂焉
夫天下之民 蠢愚甚衆 而君子甚鮮 蠢愚之心一傾 則天下
固不可治 故聖人設造言亂民之刑甚嚴 惡其惑愚民也 昔
夷敎之入西邊 誑惑愚民 所在蔓延 未百年 而註誤陷戮者
二十八萬人 其入民之速如此 萬一使愚夫愚婦爲所註誤如
往日 而或有巨姦大憝如大友小西之徒 引邪徒以自爲謀利
亦如往日 則逆焰之熾 誰得而遽撲滅之 而一二君子 端拱
於橫流中 未見其有益於世 則其不能罔君子亦惡可恃也

庸俗又謂今日耶穌之禁嚴甚 民不可得註誤 其自衒小智
不足憂焉 夫夷虜之不得騁伎倆 以至今日者 實幕府屬禁之

所致 而億兆生靈之大幸也 然神姦之潛行 其名可變 其狀
可更 而其所以蠱民心者自若也 則彼其爲術 豈必膠柱刻舷
以踐往日之轍哉 民之好利畏鬼 其情之所不能免 苟有所以
潛移其心者 則雖嚴刑峻法 亦有不可得而詰者焉 今如博奕
及徒黨 國有明禁 然無賴姦民 橫行村里 夜聚曉散 飲博相
煽誘 莫之能息者 因其好利也 禱祠呪詛 假神姦以喚友聚
黨 隨除隨生者 因其畏鬼也【如不受不施蓮花往生等徒 前
既就戮 而近時或因淫祠 或假佛說 以相朋比者 不可勝計
如所謂富士講者 亦其聚黨 蓋既至七萬人云 亦皆因其畏
鬼而相聚結者也】萬一使虜因利與鬼 而變名更狀 以蠱民
心 其術每出於刑禁之所未及 而民心暗移默傾 則亦惡可獨
恃成法而不之慮也 夫小智曲慮 齷齪不知大計者 心放眼眩
相率入黠虜術中而不自知 自古庸俗之徒 長舌巧辭 終無窮
極也如此 孔子曰 惡利口之覆邦家者 正謂此也

　夫西夷之窺中國者 前後接武 各國遞至 其國雖殊 而其
所以敬事尊奉者 則同一胡神也 故耶穌之闖中原 三百年而
不變 而中國所以待之者 則係時論之趨舍 或出雄斷 或出
姑息 是其闖間者 始終一意而應之者 前後異論 以一意者
闖異論者 安保其能久而無間之可乘乎 然則欲使時論一定
無可乘之間 在審虜情哉 在審虜情哉 卷上終

신론 (하)

新論 (下)

수
어
(守禦)

국가를 지키고 병비兵備를 갖추려면 반드시 먼저 화전지책和戰之策을[435] 정해야 합니다. 화和와 전戰, 이 두 가지가 결정되지 않으면 천하는 물에 떠 있는 것처럼 어디로 향해야 할지 알지 못합니다. 기강이 해이하고 상하가 구차하게 안일만 탐하는데도 지혜로운 자는 계책을 세우지 못하고 용맹한 자는 분노하지 못해서 날마다 오랑캐의 모략이 무르익는 것을 방관할 뿐 팔짱만 끼고 패배를 기다리는 것은, 모두 속으로 몰래 두려워해서 감히 결단하지 못하기 때문입니다. 옛날에 몽고가 우리에게 무례를 저질렀을 때, 호죠 도키무네北條時宗는[436] 과감하게 그

---

[435] 화전지책(和戰之策): 강화를 할지 전쟁을 할지 결정하는 일.
[436] 호죠 도키무네(北條時宗, 1251~1284): 가마쿠라 막부의 싯켄(執權: 쇼군을 보좌하여 정무를 총괄하던 최고 관직)으로서 원나라의 2차례에 걸친 침공을 막아냈다. 1274년의 제1차 침공 당시의 병력은 고려군 5,600명을 포함해서 3만여 명에 달했고, 1279년의 제2차 침공

자리에서 사신을 베어버리고 천하에 군대를 일으켜 공격할 것을 명하였으며, 가마야마 천황龜山帝은[437] 만승萬乘의 존엄한 지위로 자신이 국난國難을 대신 겪게 해달라고 기도했습니다. 당시 백성이 기뻐하는 것으로 어려움을 겪게 하자 백성이 죽음을 잊었으니,[438] 천하에 누가 감히 나라를 위해 기필코 목숨을 바치려고 하지 않았겠습니까? 그러므로 억조가 한마음이 됨에 그 정성精誠에 감동을 받아 풍랑이 일어나 오랑캐를 해상에서 섬멸할 수 있었으니, 이것이 이른바 "사지死地에 빠뜨린 뒤에 살아난다."라는 것이었습니다.[439] 옛 사람이 말하길, "조야朝野로 하여금 항상 오랑캐 군대가 국경에 있는 것처럼 생각하게 만드는 것이 바로 국가의 복이다."라고 했습니다. 그러므로 신은 화전지책이 안에서 먼저 결정돼서, 과감하게 천하를 필사지지必死之地에 빠뜨린 뒤에야 방어지책防禦之策을 시행할 수 있다고 말하는 것입니다. 지금 오랑캐는 단지 통시通市만[440] 요청했을 뿐 아직 전쟁에는 이르지 않았습니다. 그래서

때는 고려군 4만 명을 비롯해서 무려 14만 명에 이르렀으나, 원·고려 연합군의 두 차례 일본정벌 시도는 모두 때마침 불어온 태풍(神風: 가미가제)으로 인해 해상에서 치명적인 타격을 입고 퇴각했다.

437 가메야마 천황(龜山帝): 제90대 천황(재위: 1260~1274). 천황의 지위에서 물러나 태상천황(太上天皇)이 되어 정무를 담당하고 있을 때 원나라의 침공소식이 전해지자, 이세신궁(伊勢神宮)에 가서 자신의 몸을 바치는 대신 국난을 피하게 해달라고 기도했다고 한다.

438 당시…잊었으니: 원문은 '說以犯難'이다. 『周易』兌卦 象辭에 "백성이 기뻐하는 것으로 솔선하면 백성이 노고를 잊고, 백성이 기뻐하는 것으로 어려움을 겪게 하면 백성이 죽음을 잊는다.(說以先民 民忘其勞 說以犯難 民忘其死)"라고 한 구절에서 인용했다.

439 사지(死地)에…살아난다: 『孫武子』「九地」에 "병사들을 망할 땅에 투입한 뒤에야 생존하고, 죽을 땅에 빠뜨린 뒤에야 살아난다.(投之亡地 然後存 陷之死地 然後生)"라고 한 구절을 인용했다.

440 통시(通市): 통상교역(通商交易).

마치 화전지책은 논할 바가 아닌 것처럼 보입니다. 그러나 세상에서 통시의 해악을 알지 못하는 자는 내심 전쟁을 두려워해서 그 계책이 반드시 주화론主和論으로 나오는 자이며, 통시를 통렬히 거절할 수 있는 자는 설령 그 형세가 전쟁에 이르더라도 두려워하지 않는 자입니다. 모든 일은 미리 대비하면 성공하는 법이니 어찌 화和와 전戰, 두 가지를 미리 결정하지 않을 수 있겠습니까? 이제 양이攘夷의 명령을 천하에 포고해서 이미 결정되었으니 천하는 어디로 향해야 할지 알 것입니다. 이제 신은 수어지책守禦之策을 아뢰고자 합니다.

천하에 반드시 개혁해야 할 것이 네 가지 있습니다. 첫 번째는 내정內政을 정비하는 것입니다. 여기엔 다시 네 가지 조목이 있으니, 사풍士風을 일으키는 것이요, 사치를 금하는 것이요, 만민을 편안히 하는 것이요, 현명한 인재를 등용하는 것입니다.

대체로 사풍이 무너진 것은 나라에 염치가 없어진 데 기인합니다. 염치를 장려하는 방법은 상벌을 어떻게 쓰느냐에 달려 있습니다. 그러므로 상벌의 여탈與奪을 제정할 때는 반드시 부자지친父子之親에 근원하고, 군신지의君臣之義를 세우는 것으로 기준을 삼아야 하는 것입니다.[441] 참으로 상을 줄 만하면 경상卿相의 지위와 고쿠군國郡의 봉작도 아끼지 말고, 벌을 내릴 만하면 귀척貴戚과 권세 있는 자라도 피하지 말아야 합니다.

---

441 상벌의…것입니다: 주희(朱熹)의 「戊申延和奏劄」라는 글에 "삼강오상은 천리와 윤리의 큰 절목이고 치도의 큰 근본입니다. 그러므로 삼대의 왕자의 제도에도 '오형(五刑)의 송사를 심리할 때는 반드시 부자유친에 근원하고 군신유의를 세우는 것으로 기준을 삼는다.'라고 한 것입니다.(三綱五常 天理民彝之大節 而治道之本根也 故三代王者之制曰 凡聽五刑之訟 必原父子之親 立君臣之義以權之)"라는 구절이 있다.(『晦庵集』14卷,「戊申延和奏劄」)

그리고 도道와 의義가 있는 곳이라면, 비록 법전에 없는 상과 평소의 정치에서 벗어난 명령이라도[442] 시행해선 안 될 이유가 없습니다. 평소에 사대부를 격려하는 방법은, 한번 찡그리고 한번 미소 짓는 것만으로도 나태하고 완고한 자들을 흥기시키는 데 부족한 적이 없었습니다. 그러므로 그 권면하고 징계하는 방법을, 반드시 동조궁東照宮과 당시의 명현名賢들이 병사들을 갈고 닦았던 대로 한다면 사풍이 어찌 일어나지 않겠습니까?

나라에 사치가 유행하면 사민士民이 빈곤해지고 풍속이 무너지지 않을 수 없습니다. 이 때문에 청탁이 횡행하고 원망과 비방이 일어납니다. 그러므로 재물을 관리하고 언사를 바르게 해서[443] 세입을 계산해서 세출을 정하며, 나라의 소비에 일정한 법도가 있고 존비尊卑에 분별이 있게 하며, 몸소 아랫사람을 솔선해서 궁곤宮壼을[444] 다스리고, 부무府務를[445] 정리하고, 용관冗官을 줄이고, 번가煩苛를[446] 제거하고, 토목과 완호玩好 등 쓸데없는 비용을 줄여야 하는 것입니다. 이는 고금의 통론通論입니다. 이제 반드시 사치를 그치게 하려면 사람들이 허식虛飾을 버리고 지성至誠을 숭상하게 해야 하며, 허식을 버리게 하려면 마치 한 배를 타고

---

442 법전에…명령이라도: 원문은 각각 무법지상(無法之償)과 무정지령(無政之令)이다. 평소의 법이나 관례에서 벗어난 예외적인 상(償)과 명령이라는 뜻으로, 『孫武子』「九地」에 "법에 없는 상(償)을 시행하고, 평소의 정치에서 벗어난 명령을 공포해야 한다.(施無法之償 懸無政之令)"라는 구절이 있다.

443 원문은 理財正辭이다. 『周易』「繫辭(下)」에 "理財正辭, 禁民爲非, 曰義"라는 구절이 있다.

444 궁곤(宮壼): 제왕의 후궁. 여기선 막부나 번(藩)의 집안문제라는 뜻이다.

445 부무(府務): 관공서(役所: 야쿠쇼)의 사무.

446 번가(煩苛): 번잡하고 가혹한 법령.

가다가 풍랑을 만난 것처럼 서로 우휼憂恤하게[447] 해야 하며, 서로 우휼하게 하려면 마땅히 천하의 대환大患을 보여줘서 와신상담臥薪嘗膽하는 마음으로 분발시켜야 합니다. 항상 전쟁터에 임한 날처럼 군대를 선발해서 훈련하고, 군실軍實을[448] 충실히 하고, 상하가 면려勉勵하면 천하는 경계해야 할 바를 알 것입니다. 그런 뒤에 제도를 받들어 행하고 근검을 숭상한다면 사치하는 풍습이 어찌 개혁되지 않겠습니까? 【겐지建治[449] 초에 원나라 사신을 베고 나서 그 나라를 공격하려고 할 때 공사公事를[450] 줄이고, 검약儉約을 행하고, 백성에게 휴식을 줘서 군실軍實을 충실히 하라는 명을 내렸습니다. 이와 같이 백성에게 명령한다면 상하가 모두 결의를 갖고 준비할 것입니다. 그런 다음에 근검의 정치를 시행할 수 있습니다.】

농사는 백성의 목숨과 관계된 것입니다. 그러므로 말업末業을 억누르고 본업本業을 귀하게 여겨서[451] 산업을 제정하고 직업을 나눠주며, 때때로 조세를 경감하고, 전리田里를 균등하게 하고, 겸병兼併을 없애고, 간민姦民을 제거하고, 나태한 자를 징계하고, 정호情好를[452] 통하게 하고, 환난을 구휼하고, 그 십오什伍를[453] 분명히 하고, 보임保任을[454] 가르치며, 물

---

447 우휼(憂恤): 근심하고 딱하게 여김.
448 군실(軍實): 군대의 장비와 식량.
449 겐지(建治): 일본의 연호(1275~1277).
450 공사(公事): 공무(公務). 여기선 막부와 관련된 업무라는 뜻이다.
451 말업(末業)·본업(本業): 상공업과 농업.
452 정호(情好): 정의(情誼), 교감(交感).
453 십오(什伍): 고대 중국의 군대 또는 가구의 편제. 10명(10가구)로 구성된 것을 십(什), 5명(5가구)로 구성된 것을 오(伍)라고 한다.
454 보임(保任): 원래는 자신이 천거한 인물에 대해 보증한다는 뜻이지만, 여기선 자신의 임

자를 풍부하게 해서 인구를 늘린 다음에 효제孝弟를 가르쳐서[455] 노인과 어린아이와 고아와 과부를 봉양하는 것이 모두 백성을 편안하게 하는 방법이니, 옛사람들의 논의에 자세합니다. 이제 반드시 이를 시행하고자 한다면 상하가 우휼優恤할 줄을 알게 해야 하며, 상하가 우휼할 줄을 알게 하려면 백성을 실사實事로 움직여야지 공언空言으로 가르쳐선 안 됩니다. 그러므로 전비戰備를 정돈하고 군실軍實을 비축해서, 마치 흉년을 겪은 뒤처럼 양식의 저축을 중시하고 보취保聚하는 날처럼 서로 근고勤苦를 권면해서, 한마음으로 힘을 모아 혹시라도 나태함이 없게 해야 하는 것입니다. 그런 다음에 어진 정치를 행한다면 만민이 어찌 편안하지 않겠습니까?

현명한 인재가 나라에 있는 것을 옛사람들은 산 속에 범이 있는 것으로 비유했습니다. 현명한 인재가 있는 곳을 사람들은 은연중에 두려워합니다. 그러므로 현명한 인재를 등용해서 낭묘廊廟에[456] 두면 안이 무겁고 밖이 가벼워지는 것입니다. 그가 숨어서 초야草野에 있으면 초야가 무겁고, 방국邦國에[457] 있으면 방국이 무거워집니다. 밖이 무거우면 천하는 낭묘를 경시할 것입니다. 그러므로 성현들은 천하의 준걸과 명망 있

무에 대해 책임을 진다는 정도의 의미로 보인다.

[455] 물자를…가르쳐서: 원문은 '富庶而孝弟'이다. 『論語』「子路」에, 공자가 위(衛)나라에 갔을 때 염유(冉有)가 그 수레를 몰았는데, 공자가 백성이 많은 것에 감탄했다. 염유가 "백성을 많게 한 다음엔 무엇을 더 해야 합니까?(既庶矣 又何加焉)"라고 묻자, 공자는 "부유하게 만들어줘야 한다.(富之)"라고 답했다. 다시 염유가 "부유하게 만든 다음엔 무엇을 더 해야 합니까?(曰既富矣 又何加焉)"라고 묻자, 공자가 "가르쳐야 한다.(敎之)"라고 대답했다는 고사에서 유래한 말이다.

[456] 낭묘(廊廟): 원래 조정(朝廷)과 같은 뜻인데, 여기선 막부를 가리킨다.

[457] 방국(邦國): 막부에 대해서 번(藩)을 가리킨다.

는 인물을 발탁해서 낭묘에 두고 천하의 모의謀議를 다하여 천하로 하여 금 마치 어린아이가 부모를 찾듯이 낭묘를 우러러보게 했던 것이니, 그런 뒤에야 대업을 이룰 수 있는 것입니다. 【옛날에는 현명한 인재를 등용할 때 문벌로 제한하지 않았습니다. 「대보령大寶令」에도 국학생國學生을 대학大學에 입학시킨 다음에 시험 삼아 등용하는 제도가 있었습니다.[458] 또 우虞·하夏·상商·주周의 경우에도 학제學制가 구비되어 있었는데 제후에게도 공사貢士의 법이[459] 있었으니, 이는 모두 천하의 준수한 인재들을 망라해서 빠뜨리지 않으려는 것이었습니다. 천하의 일은 참으로 일면만 있는 것이 아닙니다. 그런데도 한 구니[國], 한 도시[都]에서만 선비를 얻는 데 불과하다면, 그 구니나 도시의 풍속은 본디 동일하므로 모의하고 진술하는 것이 또한 서로 크게 다르지 않아서 부화뇌동하는 말이 많을 것이니, 장차 천하의 일에서 오직 일면만 듣게 되어 천하의 선善을 아우르지 못할 것입니다. 그러므로 성현들은 천하의 현명한 인재와 준걸들을 불러들이는 방법에 대해 더욱 마음을 다했던 것입니다. 그래서 우禹임금은 "만방의 어진 백성이 모두 왕의 신하가 되려고 할 것이니 왕께서는 그들을 등용하시기만 하면 됩니다. 왕께서 그렇게 하지 않으신다면 가깝고 멀리 있는 자들이 모두 날마다 공功이 없는 데로 나아갈 것입니다."라고 말한 것입니다.[460] 참으로 생각이 여기까지 미칠 수 있다

---

[458] 국학생(國學生)…했습니다: 국학(國學)은 교토에 있던 대학(大學)에 대해서 각 구니(國)에 설치되어 군지(郡司)의 자제를 교육하던 기관을 말한다.

[459] 공사(貢士): 지방의 제후가 훌륭한 인재를 천자에게 천거하는 일

[460] 만방의…것입니다: 원문은 '萬邦黎獻 共惟帝臣 惟帝時擧 帝不時 敷同日奏罔功'으로, 『書經』「益稷」에 나오는 말이다.

면, 순舜임금이 남에게서 취하여 자기의 선善을 행한 것과[461] 그 다스리지 않아도 저절로 다스려진 방법을[462] 또한 알 수 있을 것입니다.】이제 반드시 천하의 현명한 인재를 불러들이고자 한다면 선비를 구하는 방법의 요체를 알아야 합니다. 선비를 구하는 법에 이르길, "의견을 널리 받아들이고, 공적에 따라 여러 사람의 등급을 분명히 하고, 공적이 있으면 수레와 의복으로 표창하라."라고 한 것이 바로 그것입니다.[463] 천하의 선비들이 모두 의견을 개진해서 그 온축한 바를 다하고 평소의 울발鬱勃한[464] 기운을 해소할 수 있다면, 누가 감히 감격해서 서로 자신의 의견을 아뢰려고 하지 않겠습니까? 공적에 따라 등급을 분명히 나눈다면 의견을 실행에 옮길 수 있어서 지혜로운 자와 어리석은 자, 현명한 자와 불초不肖한 자, 유능한 자와 무능한 자가 판별될 것이니, 공소空疏한[465] 선비는 감히 나오지 못해서 겸양하는 풍조가 일어날 것입니다. 수레와 의복으로 공적을 표창한다면 실제 재주 있는 자가 실공實功을 세워서 그 영록榮祿을 받을 것이니, 크게 훌륭한 일을 하려는 뜻에[466] 천하에 어느

---

461 순(舜)임금이…행한 것과: 『孟子』「公孫丑(上)」에 "순 임금은 더욱 위대하셨으니, 선을 남과 함께 행해서 자신의 생각을 버리고 남을 따르며, 남에게서 취하여 선을 행하는 것을 좋아하였다.(大舜 有大焉 善與人同 舍己從人 樂取於人以爲善)"라는 구절이 있다.

462 그…방법을: 『論語』「衛靈公」에, 공자가 "직접 다스리지 않으면서 저절로 다스려지게 한 이는 순임금일 것이다. 무엇을 하셨는가? 자신을 공손히 하고 바르게 남면하셨을 뿐이다.(子曰 無爲而治者 其舜也與 夫何爲哉 恭己正南面而已矣)"라고 말한 대목이 있다.

463 의견을 널리…표창하라: 『書經』「益稷」.

464 울발(鬱勃): 속에 꽉 찬 기운이 밖으로 터져나올 듯이 성한 모양.

465 공소(空疏): 내용이 없고 허술함.

466 크게…뜻에: 원문은 '大有爲之志'이다. '大有爲'는 크게 훌륭한 일을 한다는 뜻으로 『孟子』「公孫丑(下)」에 "그러므로 장차 크게 훌륭한 일을 하려는 군주에게는 반드시 불러들일 수 없는 신하가 있는 법입니다.(故將大有爲之君 必有所不召之臣)"라는 구절이 있다.

누가 공경히 응하지 않겠습니까? 이와 같이 한다면 천하의 현명한 인재가 모두 묘당에 집중될 것입니다. 천하의 선善을 아울러서 천하에 베푼다면, 천하에 누가 감히 묘당이 무거움을 알지 못해서 공경히 받들지 않겠습니까?

두 번째는 군령軍令을 정돈하는 것입니다. 여기엔 세 가지 조목이 있으니, 교만한 병사를 도태시키는 것이요, 군대를 증원하는 것이요, 훈련을 정예롭게 하는 것입니다. 군대가 정예로움을 중시하는 것은 본디 당연합니다. 그런데 나라에 있어 교만한 병사는, 평소에는 백성을 좀먹고 풍속을 무너뜨리며, 전시에는 비겁하고 소란을 일으켜서 걸핏하면 군율을 어기니 패배를 자초하는 길이 됩니다. 그러므로 그 교사음일驕奢淫佚해서 쓸 수 없는 자들을 신중히 관찰한 후 전부 도태시켜서, 병사들을 모두 정예롭게 만든 뒤에야 수비도 할 수 있고 전쟁도 할 수 있는 것입니다.

병사가 모두 도성에 모여서 하는 일 없이 곡록穀祿만 축내고 있으니, 이 때문에 많이 양병할 수 없는 것입니다. 그러므로 고금 병제兵制의 연혁을 잘 관찰하고 병사를 토지에 밀착시키는 제도를 겸용해서, 아무리 써도 고갈되지 않을 만큼 병사의 수를 늘린다면 무궁한 변고에 대응할 수 있습니다. 또 외구外寇와 내환內患이 반드시 서로 이어지는 것은 고금의 상세常勢입니다. 지금 선한 행실이 없는 백성들이 긴 칼을 차고 총을 끌고 다니면서, 까마귀처럼 모였다가 새벽 별처럼 뿔뿔이 흩어져서 음주와 도박과 약탈과 강도짓으로 양민을 해치는 것이 촌야村野에 만연하여 이미 유적流賊의[467] 형상을 이루었습니다. 혹시라도 장마, 가뭄이나 역병이 발생한다면 그 변고를 예측할 수 없습니다. 만약 바깥 오랑캐가 그 기회를 틈타 이들을 유인해서 성원聲援으로[468] 삼는다면 설상가상이니 참으로 경계할 만합니다. 이제 잘 임기응변해서 병사를 토지에 밀착시켜서 수비하게 한다면 유적流賊의 조짐을 그치게 하고 바깥 오랑캐의 호응을 단절할 수 있을 것이니, 그런 뒤에야 헤아릴 수 없는 변고를 막을 수 있습니다.

군대의 훈련은 화려한 기교나 애들 장난을 뜻하는 것이 아니니, 마땅히 실제 전투에 쓸 수 있는 것을 익혀야 합니다. 그러므로 진영陣營의 법을 가르치고, 군기軍旗와 군고軍鼓의 절도를 익히게 하여 쓸데없는 허문虛文을 모두 제거해야 하는 것입니다. 지극히 간단해서 쉽게 숙지하고 따르게 하되, 전렵田獵에서[469] 시험하고, 추포追捕에[470] 사용하고, 공역工役에[471] 부려야 합니다. 그리하여 비바람과 추위와 더위를 무릅쓰고 무거운 짐을 짊어지고 멀리 이동하는 것과 같은 힘든 일에 익숙하게 만들어서, 사졸들로 하여금 진퇴進退를 익히고 험난한 지형도 대수롭지 않게 여겨서 군대를 어려운 일로 생각하지 않게 하는 것이 그 담력을 연마하는 방법입니다. 담력이 연마되면 어떤 일을 당해도 두려워하지 않아서 임기응변이 가능하니, 이렇게 한 뒤에야 위급할 때 쓸 수 있는 것입니다.

세 번째는 방국邦國을[472] 부유하게 만드는 것입니다. 천하의 인목人牧

---

467 유적(流賊): 정처 없이 떠돌면서 약탈하는 도적. 명나라를 멸망시킨 이자성(李自成)의 농민군 또한 유적(流賊)이라고 하였다.
468 성원(聲援): 멀리서 본대를 지원하는 유격대(遊擊隊).
469 전렵(田獵): 들판에 나가 사냥하는 일.
470 추포(追捕): 죄인을 추적해서 체포하는 일 .
471 공역(工役): 토목공사.
472 방국(邦國): 번(藩)을 가리킨다. 아래 나오는 열국(列國) 또한 같은 의미이다.

이[473] 모두 태만하고 교만하고 사치스러워서 주구誅求가[474] 일정하지 않고 재물의 사용에 절제가 없어서 빈곤을 자초하는 것은, 그들이 궁액宮掖과[475] 부인들의 손에서 자랐기 때문입니다. 태어나면서부터 편안하여[476] 눈으로는 아름다운 여색만 보고 귀로는 듣기 좋은 말만 들어서 어려운 일을 겪어본 적이 없습니다. 이제 열국이 각각 봉강封疆을 지키며 대소상유大小相維해서[477] 국가를 울타리처럼 지키고 있으니, 그 형세는 마치 다리가 백 개인 벌레와 같아서 토붕지환土崩之患을 면하기에 충분합니다. 만약 이를 이용해서 이들을 권면하고 격려하여 천하의 근심을 나누어 한 방면의 책임을 맡기되 항상 오랑캐 군대와 대치중인 것처럼 계칙戒飭하고 수선修繕하게 하며, 때때로 그 근면한 정도를 시찰해서 출척黜陟을[478] 행하되 경중에 권도權道를 두어 상격相格에 구애받지 않으며, 반드시 방국이 모두 우휼優恤할 바를 알게 해서 함께 사풍士風을 일으키고 사치를 금하고 백성을 편안하게 하고 현명한 인재를 등용하며, 제도制度로 절제해서 재물을 손상하지 않고 백성을 해치지 않게 할 수 있다면, 그 나라가 어찌 부강해지지 않겠습니까?

또 방국의 곤란은 곡물을 매매하는 권력이 장사꾼들에게 있어서 그들

---

473 인목(人牧): 원래는 백성을 통치하는 임금을 의미하지만, 여기선 다이묘(大名)를 가리킨다.

474 주구(誅求): 백성에게 재물이나 세금을 강제로 과도하게 징수하는 일.

475 궁액(宮掖): 왕비 또는 왕궁에 딸린 노비.

476 태어나면서부터 편안하여: 『書經』「無逸」에 "즉위한 왕들이 태어나면서부터 편안했다.(立王生則逸)"라는 구절을 인용했다.

477 대소상유(大小相維): 크고 작은 번(藩)이 모두 연결되어 막부를 수호한다는 의미이다. 『周禮』「夏官・職方氏」에 "무릇 방국은 소국과 대국이 서로 연결되어 있다.(凡邦國小大相維)"라는 구절이 보인다.

478 출척(黜陟): 관리의 파면과 진급.

에게 앙급仰給하지[479] 않을 수 없는 데 있습니다. 필요한 물품을 모두 시장에 의지하기 때문에 항상 물가가 오르지 않을까 근심합니다. 세시歲時에[480] 막부에 헌상하는 것도, 토산물을 제외하고 생선이나 새우, 떡 같은 것이 대부분 상인들의 손에서 나옵니다. 그런데 이 물건들은 동銅·철鐵·납[鉛]·주석[錫]·대나무 화살[箭幹]·교칠膠漆처럼 유익한 실사實事의 물건에 비할 바가 아니기 때문에 반드시 장사꾼의 인봉印封이[481] 있어야만 믿을 만한 것임을 증명할 수 있습니다. 그러므로 추종騶從을 반드시 시정市井에서 고용해서 행렬 앞에 두고,[482] 연회에선 장사꾼들이 먼저 칼과 수저를 들어야 마음 놓고 즐깁니다. 이 밖에도 다른 궁실의 의복과 부녀자들의 진귀한 노리개처럼 재물을 낭비하는 모든 사치품들을 오랜 관습으로 간주해서 다이묘야쿠大名役라고 하니, 비록 군상君相이라도 구습을 신중히 지켜서 혹시라도 감히 바꾸지 못합니다. 또 방군邦君들이 모두 제 구니國를 비워두고 에도江戶에 거처해서 천하의 고혈을 도하都下에 집중시키니,[483] 그 백성들도 다투어 고향을 떠나 에도로 이주하고 있습니다. 시골이 황폐해지고 백성이 흩어지는데 구니國가 어떻게 빈곤해지지 않겠습니까? 이제 빈곤한 것을 부유하게 만들고자 한다면 참으

---

479 앙급(仰給): 물품의 공급 등을 의지함. 당시 경제적으로 어려운 다이묘들이 미곡을 담보로 상인들에게서 자금을 빌리는 관행이 있었으므로 이와 같이 쓴 것이다.
480 세시(歲時): 매년 정해진 기간.
481 인봉(印封): 도장을 찍어서 봉함하는 것.
482 행렬 앞에 두고: 다이묘의 행렬의 선두에서 벽제(辟除), 즉 평민들에게 다이묘의 행차를 알려서 길을 비키도록 하는 것을 말한다.
483 방군(邦君)들이…있으니: 참근교대제(參勤交代制)를 가리킨다. 참근교대제에 관해선 각주 292) 참조.

로 습속習俗에 구애돼선 안 됩니다. 세속에서 폐기할 수 없다고 해도 폐기하지 않을 수 없는 것이 있고, 일으킬 필요가 없다고 해도 일으키지 않을 수 없는 것이 있습니다. 그것을 짐작斟酌해서[484] 허문虛文을 버리고 실공實功으로 나아가는 것이 또한 영웅이 시세를 살펴서 느슨하거나 팽팽하게 하는 권형權衡입니다.

네 번째는 수비를 분담시키는 것입니다. 천하의 다이묘들이 에도에 모여서 함께 지키고 있으니 안을 중시하고 밖을 경시한다는 의미는 있습니다. 하지만 병사들이 항상 무위도식하면서 교사음일驕奢淫佚하기 때문에 천하의 힘을 약화시키기에 충분합니다. 또한 천하의 요해처 중에 수비하지 않는 곳이 있는데 이는 오랑캐를 대비하는 방법이 아닙니다. 경사京師는[485] 천하의 머리요, 에도江戶는 가슴에 해당합니다. 오사카大坂는 목이며 사가미相摸와 보소房總는 에도의 어금니와 입술입니다. 이세伊勢와 아쓰타熱田는[486] 신기神器가 있는 땅으로 천하의 신기神氣가 깃드는 곳입니다. 이곳들은 모두 수비를 엄중히 갖춰야 합니다. 그런데도 아직 수병守兵의 규칙이 완전히 서지 않고 구응救應의[487] 규약 또한 대단히 분명하진 않으며, 성루城壘가 있는 곳도 있고 없는 곳도 있습니다. 이는 모두 천하를 용동聳動해서[488] 경계할 바를 알게 하는 방법이 아니니, 수

---

484 짐작(斟酌): 상황에 맞게 여러 번 생각해서 가장 적절한 방법을 선택함. 원래 술을 따를 때 술잔에 다 차지 않은 것을 짐(斟)이라고 하고 넘치는 것을 작(酌)이라고 하니, 짐작이란 술잔에 맞게 술을 적절히 따른다는 뜻이다.
485 경사(京師): 수도라는 뜻으로 교토를 가리킨다.
486 이세(伊勢)·아쓰타(熱田): 이세신궁에서는 삼종신기(三種神器)의 하나인 야타노카가미 (八咫鏡), 아쓰타신궁에서는 구사나기노쓰루기(草薙劍)를 보관한다.
487 구응(救應): 다른 지역에서 일이 생겼을 때 요구에 응해서 구원하는 일.

비하는 방법을 의논해서 정하지 않을 수 없는 것입니다. 나가사키長崎는 번박番舶이[489] 모여드는 곳이라서 평소 수비가 잘 갖춰져 있습니다. 그런데 오늘날엔 오랑캐가 이르지 않는 곳이 없어서 해내海內가 모두 나가사키가 되었으니, 수비를 해야 하는 당위성이 나가사키와 무엇이 다르겠습니까? 또 해외의 여러 섬과 에조蝦夷 지방으로 말하자면, 때때로 관원을 따로 파견해서 군대를 이끌고 순시하지 않으면 성식聲息을[490] 살피거나 위신威信을 선양하거나 인심을 공고히 할 수 없습니다.【에조 지방은 세속적 관점에서 보면 마치 얻어도 그만이고 버려도 그만인 땅처럼 보입니다. 하지만 우리가 버리면 저들이 취할 것은 필연지세입니다. 훗날 오랑캐가 이곳을 점거하고 소굴로 삼은 뒤에 마쓰마에松前에 접근하면 오우奧羽에서 필시 소동이 일어날 것이요,[491] 연해를 오가면서 도적질을 하면 천하에 또한 소동이 일어날 것입니다. 그러므로 우리가 버렸을 때 저들이 취하지 않아서 단지 버려진 땅이 된다면 그래도 큰 해가 되진 않겠지만, 만약 오랑캐가 차지한다면 저들은 큰 이익을 얻고 우리는 큰 해를 입을 것입니다. 이 때문에 온 힘을 다해 지키지 않을 수 없는 것입니다.】만약 경제經制를[492] 세워서 연해의 여러 구니國와 섬에 모두 수비를 둘 수 있다면, 에도에서 무위도식하는 병사들에게 분담하는 일이 생

---

488 용동(聳動): 두려워서 벌벌 떨게 함.
489 번박(番舶): 서양선박.
490 성식(聲息): 소식(消息).
491 마쓰마에(松前)…것이요: 1807년에 막부는 에조치(蝦夷地) 전역을 직할령으로 삼고, 마쓰마에 번(松前藩)을 오우(奧羽)의 야나가와 번(梁川藩)으로 옮긴 뒤에 마쓰마에 부교(松前奉行)를 두어서 에조치를 경영하려고 했으나, 1821년에 다시 에조치를 마쓰마에 번에 돌려주었다.

겨서 화려하고 사치하는 풍습이 개혁될 것입니다. 방국의 군신君臣들은[493] 해상과 퇴락한 지역을 오가며 수비하느라 도하都下에서 연회를 탐닉하며 편안히 있을 수 없을 것이요, 병졸들도 날마다 정역征役을 통해 노고勞苦에 익숙해져서 위급할 때 거의 쓸 수 있을 것이니, 비로소 요해지要害地의 수비가 완전해질 것입니다.

내정이 정비되고, 군령이 정돈되고, 방국이 부유해지고, 수비가 분담되면 천하에서 마땅히 개혁해야 할 것들의 대강大綱이[494] 들려진 것입니다. 대강이 들리면 그 쇄세한 것들 또한 뒤따라 진기振起할[495] 것입니다. 영웅은 시세를 살펴서 변화에 대처하는 법이니, 옛날에는 설치되지 않았지만 오늘날에 마땅히 창립創立해야 할 것들을 어찌 숙고해서 강구하지 않을 수 있겠습니까? 신이 그 계책을 세워보건대 둔병屯兵을 설치하고, 척후斥候를 분명히 하고, 수병水兵을 정비하고, 화기火器를 훈련시키고, 자량資糧을[496] 비축하는 것이니, 이 다섯 가지는 창립하지 않을 수 없는 것들입니다.

이른바 둔병을 설치한다는 것은 무엇입니까? 지금 연해 지역에 오랑캐가 드나드는 통로가 아닌 구역이 없으니, 일단 일이 생긴 뒤에 군대를 징발해서 급히 보낸다면 한갓 스스로 지치기만 할 뿐, 당연히 때에 늦을

---

492 경제(經制): 국가를 통치하는 큰 제도.
493 방국(邦國)의 군신(君臣): 각 번(藩)의 다이묘와 그 가신(家臣).
494 대강(大綱): 강(綱)은 그물의 벼리, 즉 그물의 맨 위쪽에 있는 가장 큰 밧줄을 말한다. 이것을 잡아당기면 그물이 모두 끌려온다는 의미에서 일의 가장 중요한 부분, 또는 이야기의 큰 줄거리를 비유한다.
495 진기(振起): 떨치고 일어남. 진작(振作).
496 자량(資糧): 군대의 자재와 식량.

것입니다. 그러므로 보장保障의 설치와 둔수屯戍하는 병사에 관한 제도를[497] 미리 강구하지 않을 수 없는 것입니다. 게이초慶長·겐카元和 이래로 천하의 다이묘들에게 명하여 구니國 당 2개 이상의 성성城을 두지 못하게 했습니다.[498] 이는 세력을 억눌러 재앙의 근원을 막고 호령號令을 획일화해서 변란을 일으키지 못하게 하려는 것이었습니다. 하지만 이제 오랑캐의 변고에 대비하고자 하는데, 변방의 백성은 보취保聚할 수 있는 요새와 보루가 없으면 무언가에 의지해서 마음을 굳세게 할 수 없고, 관할하는 보갑保甲이[499] 없으면 무언가에 기대어 힘을 쓸 수 없습니다. 용병用兵하는 방법은 진퇴에 절도가 있고, 고무鼓舞하는 데도 기술이 있습니다. 이를 잘 쓰면 부녀자라도 방수防守를 돕고 물과 불 속에도 뛰어들게 할 수 있지만, 그렇지 않으면 장정이라도 무너지고 흩어져서 쓸 수 없습니다. 외적이 나타나면 백성들은 산골짜기로 뿔뿔이 달아나 오랑캐에게 유린당할 텐데 누가 그들을 구할 수 있겠습니까? 그러므로 옛날에는 변군邊郡에 성보城堡를[500] 설치했던 것입니다. 【「군방령軍防令」에[501] "동·서·북쪽 연해의 인가人家는 모두 성보城堡 내에 안치하고, 그 농지

---

497 보장(保障)의 설치와 둔수(屯戍)하는 병사: 보장(保障)은 적의 공격을 막기 위한 성벽이나 요새 등의 건축물이고, 둔수(屯戍)는 병사가 변경에 주둔하면서 방위하는 것을 말한다.

498 게이초(慶長)·겐카(元和)…했습니다: 1615년에 막부는 일국일성령(一國一城令), 즉 다이묘의 영국(領國) 내에 그가 거처하는 성만 제외하고 모든 성을 파괴하는 법령을 반포했다.

499 보갑(保甲): 송나라의 민병제도의 일종으로, 강군을 양성하고 군비를 감축하기 위해 왕안석(王安石)이 창안했다. 10가구를 '保', 50가구를 '大保', 10大保를 '都保'로 편제한 후 각각 정(正)·부(副)의 장(長)을 두었다. 연좌제를 적용해서 백성을 통제했으며, 농한기에는 유사시에 대비한 군사훈련을 했다.

500 성보(城堡): 성과 요새.

501 군방령(軍防令): 「大寶律令」의 한 편(編)으로 국방에 관한 율령을 규정했다.

에는 오직 장사莊舍만 둔다. 농사철이 되면 경작하는 자들은 장전莊田으로 나갔다가 수확이 끝나면 데리고 돌아온다. 그 성보城堡가 무너진 것은 해당 지역의 호구戶口를 동원해서 틈나는 대로 보수한다."라고 했습니다. 또 『의해義解』에502 이르길, "보堡라는 것은 흙을 높이 쌓아서 보장保障을 만들어 도적을 막는 것이다."라고 했습니다.】 지금 그 제도를 모두 쓸 수는 없지만, 짐작斟酌하고 상의하면 반드시 시의時宜에 적합한 것이 있을 것입니다.

병사를 토지에 붙어 있지 않게 한 것은 천하를 약하게 해서 흔단釁端을 예방하기 위한 것이었지만, 변방에 둔수屯戍가 없는 것은 외적을 대비하는 방법이 아닙니다. 이제 성읍城邑의 병사들을 나눠 보내서 수비하게 한다면, 병졸은 피로하고 길가에는 소요가 생길 것입니다. 백성을 모집해서 군대를 충원한다면, 이들은 사치와 나태에 젖어서 후한 봉록을 탐하기만 할 뿐입니다. 또 단지 외적에 대비만 할 뿐 실제 전쟁터에 나간 것이 아니면 나아가도 큰 공을 세울 수 없고 물러서도 무거운 벌을 두려워하지 않기 때문에 얻을 수 있는 자는 늙어서 쓸모없거나 절름발이 병졸, 아니면 게으르고 행실이 불량한 유민遊民일 뿐이니 본디 쓸 수가 없습니다. 둔전屯田을 시행하고자 한다면, 전답이 모두 영업永業이므로503 저쪽에서 뺏어서 이쪽에 줄 수 없습니다. 또 요충지의 경우는 이익이 생기기 마련이므로 백성이 크게 빈곤하지 않은데다가, 한전閑田도 아주 많

---

502 의해(義解): 『令義解』를 가리킨다. 『令義解』는 기요하라노 나쓰노(清原夏野, 782~837)가 준나천황(淳和天皇)의 명에 따라 일본 고대국가의 기본법이었던 『養老令』을 공식적으로 해석한 책으로 833년에 완성되었으며 전 10책이다.
503 영업(永業): 영업전(營業田). 즉, 균전법(均田法) 하에서 농민이 세습하는 전답.

지는 않아서 모두 나눠주기에는 부족합니다. 그렇다고 봉미俸米로[504] 군졸을 기른다면, 먼저 백성에게서 징세한 다음에 다시 그것을 나눠줘야 하는데, 그 비용이 전답을 주는 것의 몇 배나 되기 때문에 병졸을 많이 기를 수 없습니다.【전답을 주고 경작시킨 뒤에 1명에게서 5, 6고쿠石의 지세地稅를 공제해주면 병역兵役을 충분히 댈 수 있습니다. 현재 이러한 제도를 채용한 구니國도 간혹 있습니다. 하지만 만약 봉미俸米로 지급한다면 5, 6고쿠의 세금으로 댈 수 있는 것이 아닙니다. 5고쿠의 세입은 공公과 사私가 4:6의 비율로 하면 거둬들이는 것이 2고쿠에 불과합니다. 전답 없이 2고쿠의 쌀만 받는다면 1가구의 1년 동안의 의식 비용을 댈 수 없음은 물론입니다. 그러므로 2고쿠의 쌀은 병사에게 지급하기엔 부족하지만 5고쿠의 전답은 병졸을 기를 수 있는 것입니다. 전답과 봉미俸米의 차이가 이와 같습니다.】이것들이 모두 논자를 곤혹스럽게 만드는 문제들입니다. 하지만 이제 백성에게 이로운 방법에 따라 제도를 세운다면 비용도 줄이고 민심도 수습할 수 있습니다. 버려진 전답은 필시 세금이 무겁고 지력이 약할 것이요, 놀리는 토지는 반드시 토양이 척박해서 이익이 적을 것입니다. 이 두 가지는 요충지에는 많이 없지만 연해지에는 간혹 있습니다. 병졸들을 보내서 이러한 땅을 경작시키되 세금이 무거운 곳은 감면해주고 이익이 적은 땅은 농기구와 기타 집기를 제공하며, 모집에 응해서 군대에 들어온 지역민에게는 그 전답의 비옥도에 따라 조세를 공제해 주어야 합니다. 이렇게 하면 둔전의 참뜻을 적용할 수 있습니다.

504 봉미(俸米): 관리에게 봉급으로 주는 쌀.

아무리 이득을 취해도 고갈되지 않는 것은 바로 바다입니다. 선박을 건조해주고 그물의 비용을 대준다면 임시로 수전水戰에서 쓸 수 있을 것입니다. 이는 바다에서 이득을 얻어서 우리 병사를 교련하고 땅에서 군량을 얻어서 우리 병사를 먹이는 것이니, 만약 그 적임자를 구해서 제도를 강구한다면 건장한 장정들과 평소에 잘 훈련된 병사들을 얻을 수 있을 것입니다. 하지만 해방海防의 준비는 그 병졸들에게만 맡겨선 안 됩니다. 이들을 쓸 만하게 만들고 싶으면 노동과 휴식을 균등하게 해야 합니다. 둔수屯戍하는 병졸들이 밭도 갈고 고기도 잡으면서 쉬는 날에는 무예를 익히다가 적이 쳐들어 왔을 때 먼저 나가 싸운다면 어찌 힘들지 않겠습니까? 그에 반해 성읍城邑에 있는 자들은 배불리 먹고 따뜻한 옷을 입고 방탕한 쾌락으로 한 해를 보낸다면, 누가 바다를 지키는 것을 홀로 즐거워하겠습니까? 그러므로 병사를 갈고닦고 군대를 훈련시킨 다음에는 전렵田獵·추서追胥505·행역行役506·토공土功507의 노역으로 숙달시켜서 혼자만 사치스럽고 방탕한 쾌락을 누리지 못하게 해야 하는 것입니다. 또 농부와 상공업자들에게도 사방에 큰일이 있음을 알게 해서 마치 이제 막 병화兵禍를 면한 날처럼 근검勤儉하고 추령趨令하게508 하며, 바다를 지키는 병졸들도 천하가 모두 힘들다는 것을 알게 해서 마치 전쟁터에서 공을 다툴 때처럼 팔을 걷어붙이고 몸을 던지게 해야 하니, 그런 뒤에야 병사들을 쓸 수 있을 것입니다. 그러므로 보장保

---

505 추서(追胥): 달아난 도적을 쫓아가 체포하는 일.
506 행역(行役): 변경의 수비나 토목공사와 같은 노역.
507 토공(土功): 토목공사.
508 추령(趨令): 명령에 급히 달려 나옴.

障의 제도와 보갑保甲의 법령과 둔수屯戍하는 병졸과 노일勞佚의 사용이 모두 바다를 방어하는 요무要務이니, 한가할 때 깊이 논의하지 않을 수 없는 것입니다.

　이른바 척후를 분명히 한다는 것은 무엇입니까? 지금 연해지역에 후망候望이[509] 없는 것은 아니지만, 그 배치가 매우 성깁니다. 죽 늘어선 돈대墩臺가 없어서 서로 호응하지 못하고, 봉수燧燧·정기旌旗·호포號砲가 없어서 서로 보거나 듣지 못하고, 기계가 구비되지 않고 호령이 불명확해서 눈이 밝은 병졸이 있어도 먼바다의 돛을 망보는 데 쓸 뿐입니다. 그러다가 오랑캐가 육지에 접근하면 파발꾼으로 보고합니다. 하지만 오랑캐의 배는 순식간에 수십 리를 가는데 우리는 도보로 보고하고 있으니 대응이 늦는 것이 당연합니다. 옛날엔 변군邊郡에 봉화를 설치하고, 호령을 분명히 갖추고, 장정들을 나눠서 파수하게 하고, 장長을 두어 검교檢校했으니,[510] 군방령軍防令의 조항에 기재되어 있습니다. 【군방령軍防令에 따르면, "모든 봉화는 편의하게 설치하되 서로 바라보이게 한다. 장長 2명을 두어 검교한다. 주야로 시간을 나눠서 후망候望하되, 주간에는 연기를 피우고 야간에는 불을 올린다. 앞의 봉화가 응답하지 않으면 즉시 파발꾼을 보내서 앞의 봉화에 알리고, 후망에 실패한 이유를 파악한 후 소재 간시官司에[511] 보고한다. 적의 수에 따른 봉수燧燧의 단계엔 상세한 법식法式이 있다. 봉화를 올리는 데 차이가 있으면 소재 고쿠시國司

---

509 후망(候望): 높은 곳에 올라가 적을 살피며 경계하는 일. 또는 그 병사나 초소.
510 검교(檢校): 규찰(糾察).
511 간시(官司): 관공서.

에 보고하고, 조사해서 사실을 파악한 후 역체驛遞를[512] 통해 상주한다."
라고 했습니다. 명나라 척계광戚繼光이[513] 수초법守哨法을[514] 계획할 때, 돈
대마다 군졸 5명으로 망을 보고 완구총碗口銃·소수총小手銃·화전火箭·
대백기大白旗·초가草架[515] 등의 기계를 구비하게 했습니다. 그리고 매일
3명씩 나눠서 변방 해변을 순찰하다가, 만약 위급한 일이 발생하면 주간
에는 깃발을 흔들면서 총을 쏘고 야간에는 불을 피우면서 총을 쏘았으
며, 돈대 위에선 즉시 접응接應하게 했습니다. 맑은 날에는 수레에 큰 백
기를 올리고 돈대도 그렇게 해서, 한쪽으로는 총독이 있는 곳까지, 다른
한쪽으로는 본위소本衛所까지 전하게 했습니다. 흐린 날에는 초가草架를
이용해서 불을 피우고, 외적이 접근한 돈대에선 한 방면에 1명씩 곧장
본위소 및 육로관陸路官이 있는 곳으로 보내서 적의 수와 상륙한 일시 및
사유를 보고하게 했습니다. 척후에 실패한 돈군墩軍은 군법으로 다스리
게 했습니다. 그리고 군율 및 규약 사항을 기록한 책자를 돈대마다 1권
씩 나눠주고 암송시키며, 그 배송背誦이 익숙해지면 1개월마다 평가해
서 한 구절이 틀릴 때마다 곧장 곤장 1대를 치게 했습니다. 간시官司의 점검

---

512 역체(驛遞): 역참(驛站)에서 공문을 전달하는 일, 또는 파발꾼의 말을 교체해서 다음 역
  참으로 보내는 일.
513 척계광(戚繼光, 1528~1588): 명나라 말기의 무장으로 부친의 뒤를 이어 등주위(登州衛)
  지휘첨사(指揮僉事)·도지휘첨사(都指揮僉事)가 되어 왜구를 토벌하는 데 큰 공을 세웠
  다. 『紀效新書』·『練兵實紀』·『莅戎要略』·『武備新書』 등의 병서를 남겼는데, 특히 『紀
  效新書』는 중국뿐만 아니라 조선과 일본에도 큰 영향을 미쳤다. 청말에 중국번(曾國藩,
  1811~1872)은 척계광의 병서를 참고해서 태평천국의 난을 진압하였고, 조선에서도 임
  진왜란 이후 『紀效新書』의 속오법(束伍法)과 삼수기법(三手技法)에 따라 훈련도감(訓鍊都
  監) 등의 5군영과 속오군(束伍軍)을 편성했다.
514 수초법(守哨法): '守哨'는 초소를 지킨다는 뜻으로 『紀效新書』에 「守哨」라는 편(篇)이 있다.
515 초가(草架): 풀이나 여물 등을 얹는 시렁.

은, 혹은 불러들여서 검사하고, 혹은 길가에서 불시에 직접 시험을 보게 했습니다. 그 치죄治罪와 연좌連坐가 법에 자세히 기재되어 있고, 집물과 기계의 보수도 정해진 방식이 있어서 매우 치밀했습니다. 송응창宋應昌도[516] 논하길, "긴요한 해구는 3리마다 돈대 1개를 축조하고, 병졸 10명씩 교대하면서 파수해야 한다. 또 1리마다 굉뢰포轟雷砲[517] 2대를 설치하고, 방구防口의 민병을 조발해서 수비해야 한다."라고 했습니다. 살펴보건대 명나라의 1리는 지금 5쵸町에[518] 해당합니다. 3리는 15쵸 정도가 되니 돈대를 매우 조밀하게 설치했다고 할 만합니다. 이것이 모두 다른 나라에서 미리 대비한 것의 대략입니다. 이제 같은 부류에 적용해서 더 넓혀 나간다면[519] 충분히 참고할 만할 것입니다.】

이제 이를 따르되 더 수식修飾해서, 충분히 서로 호응할 수 있을 만큼 돈대를 조밀하게 연결해서 눈으로 보이고 귀로 들리게 하며, 호화號火와 주보走報에 반드시 법식을 마련하고, 점검을 엄격히 하고 상벌을 시행한다면 아마도 소홀함이 없을 것입니다. 반드시 서로 보고해야 하는 사정에 있어서는, 역체법驛遞法을 정밀하게 해야 합니다. 그 배치가 너무 성글면 부리는 사람이 적더라도 먼 길을 왕복하는 과정에서 사람과 말들

---

516 송응창(宋應昌, 1536~1606): 명나라 말기의 무장으로 산동순무(山東巡撫)로 있으면서 해방(海防)을 강조했다. 임진왜란 당시 병부좌시랑(兵部左侍郎)으로 경략(經略)이 되어 조선에 파견됐으며, 이여송(李如松)과 함께 일본군을 격퇴하고 평양성·개성·서울을 탈환했다.

517 굉뢰포(轟雷砲): 굉음을 내는 공포(空砲).

518 쵸(町): 일본의 길이 단위로 미터법으로 환산하면 109미터 정도이다.

519 같은 부류에…나간다면: 원문은 '觸類長之'이다. 『周易』「繫辭(上)」에 "이를 확대하여 같은 범주의 일에 적용해 나간다면, 천하에서 가능한 일은 모두 끝마칠 수가 있다.(引而伸之 觸類而長之 天下之能事畢矣)"라는 구절이 있다.

이 많이 피로할 것이요, 너무 촘촘하면 부리는 사람이 늘어나서 백성이 고통스럽고 잦은 교대로 일이 지체되기 쉽습니다. 지금 역체를 둔 것이 매우 조밀하고, 쓸데없는 사람이 걸핏하면 급하지 않은 일로 백성에게 시킵니다. 심지어는 시도廝徒와 양졸養卒에게[520] 기장器仗을[521] 풀고 파발마를 타게 하면서도 이상하게 여길 줄 모릅니다. 평소 무사할 때 농사철을 빼앗고 민력民力을 고갈시키는 것을 이루 다 말할 수 없는데, 급히 파발마를 보내야 하는 긴급한 일에도 단지 경마耕馬를 타고 견여肩輿에 올라서[522] 신속하게 쓸 수 있는 건장한 파발꾼과 날랜 파발마를 둔 적이 없으니 위급한 상황에서 시기를 놓칠까 우려됩니다. 【청나라 사람들은 스스로 말하길, "우리나라는 역체의 설비가 가장 우수하다. 서쪽 변경까지 5,000여 리를 9일이면 도착하고, 형주荊州·서안西安은 5일이면 갈 수 있다. 오삼계吳三桂가[523] 반란을 일으켰을 때 역보驛報가 신속하고 모략이 심원한 것을 듣고는, 하늘을 우러러 '이제 끝이로구나. 저들에겐 항쟁할 수가 없다!'라고 탄식했다."고 하였습니다. 또 말하길, "송나라 때는

---

520 시도(廝徒)와 양졸(養卒): 나무를 하고 밥을 짓는 등의 사소한 일을 담당하는 졸병.
521 기장(器仗): 병기(兵器)와 의장(儀仗). 병사가 마땅히 소지해야 할 물건을 버려두고 역마를 타게 한다는 의미다.
522 경마(耕馬)…올라서: 경마(耕馬)는 경작에 쓰는 노둔한 말, 견여(肩輿)는 끌채[轅]를 사람이 어깨에 메고 가는 가마를 말한다.
523 오삼계(吳三桂, 1612~1678): 명말청초의 무장으로 처음에 요동총병(遼東總兵)이 되어 산해관(山海關)에서 청나라 군대의 진입을 막았으나, 1644년에 유적(流賊) 이자성(李自成)이 북경을 함락하고 숭정제(崇禎帝)가 자결하자 청나라에 귀순했다. 이후 귀주(貴州)·운남(雲南)을 평정하고 두 성(省)의 행정·군사를 총관했으므로 그 세력이 막강했다. 1673년에 이를 위험시한 강희제(康熙帝)가 철수명령을 내리자, 광동(廣東)의 상가희(尙可喜), 복주(福州)의 경중명(耿仲明)과 함께 삼번(三藩)의 난을 일으켰으나 8년 만에 평정되었다.

급각체急脚遞를[524] 설치하고 금金나라 때는 급각포急脚舖를 두었는데 모두 하루에 300리를 갔다. 예로부터 우전郵傳이[525] 500리 이상을 넘지 못한 것은 본디 풍속이 편안한 것에만 익숙해져서 말을 빨리 달리는 법을 익히지 않았기 때문이요, 또한 윗사람의 입법立法이 좋지 않았기 때문이다. 그러나 국가제도가 옛날보다 크게 발전해서 우격羽檄을[526] 보낼 때는 역체驛遞가 600리에서 600리 이상이다. 아무리 멀리 떨어진 지역도 적절히 지시를 내려서 조금도 시기를 놓치지 않는다."라고 했습니다. 이를 보면 역체의 속도는 또한 제도 여하에 달려 있음을 알 수 있습니다.】

게이초慶長·겐카元和 이래로 해금海禁이 대단히 엄했는데, 최근에 와서 오랑캐들이 다시 몰래 변방 백성을 유혹하고 있습니다. 그러므로 어리석은 백성들이 거짓으로 은폐하는 것과 교활한 자들이 간악하게 접제接濟하는 실상을 적발하기가 매우 어려운 것입니다. 따라서 보임연급保任連及의 제도를[527] 완벽히 갖추고, 염문廉問과[528] 사찰査察에 모두 적임자를 얻지 못한다면 아마도 연해의 사정을 파악하기 어려울 것입니다. 그러므로 돈대의 설치, 역체의 방법, 은폐한 것을 간파하고 은닉한 것을 적발하는 방법 등 척후에 관계된 모든 일을 한가할 때 깊이 논의하지 않을 수 없는 것입니다.

---

[524] 급각체(急脚遞): 송나라 때 긴급문서를 전달하기 위해 설치한 역참제도(驛站制度)로, 평시엔 역마로 400리를 달렸으며, 위급시엔 금패(金牌)를 소지하고 역마로 500리까지 달렸다고 한다.

[525] 우전(郵傳): 역참으로 문서 등을 전함.

[526] 우격(羽檄): 급히 병사를 소집할 때의 격문(檄文).

[527] 보임연급(保任連及): 연좌제를 통해 국법위반에 대해 연대책임을 묻는 것.

[528] 염문(廉問): 백성의 사정이나 비밀 등을 정탐해서 알아냄.

이른바 수병을 정비한다는 것은 무엇입니까? 수전水戰과 해방海防의 관계는, 육전陸戰과 수성守城의 관계와 다를 바 없으니 당연히 포기할 수 없습니다. 지금 오랑캐는 거친 파도를 제 집처럼 편안히 여겨서 수상기술에 대단히 익숙합니다. 따라서 이를 막으려는 자가 선함船艦의 제도를 정밀히 하고 수군의 조련방법을 강구하지 않을 수 없음은 본디 논할 필요도 없습니다. 그런데 이제 수병을 정비하길 바란다면, 한곳에 모아서 날마다 전법을 가르칠 필요는 없습니다. 그 요체는 천하의 장사들을 평소 물에 익숙하게 하는 데 달려 있으니, 거함을 나룻배처럼 조종하고, 광란노도狂瀾怒濤를 마치 이불 위에 앉은 것처럼 편하게 만든 뒤에야 비로소 쓸 수 있는 것입니다. 그러므로 혹은 조운漕運으로, 혹은 어업으로 항상 물 위에서 일하게 해서 그 침로針路의 굽고 곧은 것,[529] 항만의 굽이, 조후潮候의[530] 방향, 점탁占度에[531] 필요한 일월성신日月星辰·풍우회명風雨晦明을 빠짐없이 숙지시켜야 하는 것입니다. 이것이 모두 장사들을 물에 익숙하게 만드는 방법입니다.

이제 방국邦國에 거함의 건조를 부과하되,[532] 그 공역工役은 군령軍令에

---

[529] 굽고 곧은 것: 원문은 '迂直'으로, 적에게는 짐짓 멀리 우회하는 것처럼 행동해서 방심하게 하고, 실제로는 지름길로 적보다 먼저 목적지에 도달해서 유리한 고지를 차지하는 전략을 말한다. 『孫武子』「軍爭」에 "용병하는 방법은 장수가 군주에게 명을 받아서, 군대를 모으고 무리를 모아서 군문(軍門)을 마주하여 대치할 때엔 군쟁(軍爭)보다 어려운 것이 없다. 군쟁의 어려움은 굽은 것을 곧은 것으로 만들고 환난을 유리함으로 바꾸는 데 있다. 그러므로 그 길을 우회해서 이로움으로 적을 유인하여 적보다 늦게 출발해서 적보다 먼저 도착해야 하니, 이는 우직(迂直)의 계책을 아는 자이다.(凡用兵之法 將受命于君 合軍聚衆 交和而舍 莫難乎軍爭 軍爭之難者 以迂爲直 以患爲利 故迂其途 而誘之以利 后人發 先人至 此知迂直之計者也)"라는 구절에서 인용했다.
[530] 조후(潮候): 밀물과 썰물의 시간.
[531] 점탁(占度): 나침반이나 사분의(四分儀) 등을 써서 해양에서 배의 위치를 측정하는 일.

따라 행해야 합니다. 【방국에 부과해서 공역에 이바지하게 하는 것은, 지금 세간에서 이른바 데쓰다이手傳라고533 하는 것과 같습니다.】그 선제船制는 반드시 오랑캐 함선을 감당할 수 있을 만큼 견고하고 정밀하게 해야 합니다. 그리고 유사시에 실제로 싸울 수 있는 방국의 병졸들을 승선시키고, 【영선령營繕令에534 관선官船이 있는 곳엔 병사들을 적절히 파견해서 간수하게 했습니다.】막부의 관리로 감독하되 인선은 엄중하고 책임은 무겁게 하며, 많은 병졸들을 통솔할 수 있는 작위와 청렴을 지킬 만큼 충분한 질록秩祿을 가진 사람이어야 합니다. 평소에는 이것으로 천하의 미곡과 각종 물건을 운송해서, 곡식을 매매하는 권한이 위에 있어서 방국이 장사꾼에게 앙급仰給하지 않도록 해야 합니다. 그렇게 한 다음에 매년 일정한 시기에 교련하고 열병閱兵해서 해상에서 오랑캐를 충분히 겪을 수 있어야 실제 전쟁에 임해서 겁을 먹지 않을 것입니다. 그리하면 오랑캐도 교만하게 제멋대로 하지 못할 것이니, 우리가 전쟁을 원할 때는 감히 피하지 못할 것이요, 전쟁을 원치 않을 때는 감히 다가오지 못할 것입니다. 이렇게 한 뒤에야 조종지권操縱之權을 우리가 제어할 수 있을 것입니다.

지금 논자들은 단지 "거총巨銃을 해안에 늘어놓고 외적이 오면 포격해서 물리친다."라고만 합니다. 거포巨礮와 대총大銃이 이기利器가535 아닌

---

532 방국(邦國)에…부과하되: 다이묘들에게 할당해서 큰 함선을 건조한다는 뜻이다. 에도막부에서는 1635년에 법령으로 상선(商船)을 제외하고 500고쿠(石) 이상의 큰 선박, 특히 군함의 건조를 금지시켰다.

533 데쓰다이(手傳): 막부에서 추진하는 축성(築城)이나 치수(治水) 등의 토목공사를 다이묘들에게 분담시키는 것.

534 영선령(營繕令): 「大寶律令」의 편명(篇名).

것은 아니지만, 장병長兵의 이점은 단용短用에 있고,[536] 화기를 사용하는 기술은 적을 동요시켜서 기세를 타는 데 있습니다. 만약 물 위에서 접근할 수 있는 전함과 신속하게 협공할 수 있는 총병銃兵도 없이 한갓 적의 군세를 멀리하면서 서로 대치하기만 한다면, 한 발의 총탄으로 견고한 적진을 함락하고 강적을 사로잡을 수 있겠습니까? 또 바다에 떠 있는 선박은 총포로 반드시 맞출 수 있는 것이 아니요, 오랑캐의 함선은 견실하기 때문에 설령 맞추더라도 한두 발의 탄환으로 격침시킬 수 있는 것이 아닙니다. 그런데 수전水戰을 익히지도 않고 도리어 멀리 육지에 편안히 앉아서 적을 꺾으려고 하니, 이는 들어본 적도 없는 일입니다. 그러므로 해안에 총포를 나열해서 견고해지면, 항만 내부의 정박지와 적선이 반드시 통과하는 길목에 바로 신기神器를[537] 설치해서 저들이 방심하지 못하게 해야 하는 것입니다. 저 만 리나 되는 연해에 어찌 총포를 나열한 것만 믿고서 바다를 방어하는 최선의 계책이라고 할 수 있겠습니까?【게이초慶長 연간에 아리마有馬 씨가 오랑캐 선박을 불태웠을 때 화선火船으로 접근하였고,[538] 교호享保 연간에 구로다黑田 씨가 오랑캐 선박

---

535 이기(利器): 정교하고 예리한 병기.

536 장병(長兵)…있고: 장병(長兵)은 활이나 대포처럼 원거리에서 쓰는 무기이고, 단용(短用)은 그것을 단거리에서 쓴다는 뜻이다. 즉, 원거리 무기를 단거리에서 사용하는 것이 전쟁에서 유리하다는 뜻인데, 『紀效新書』「長兵」에 "궁전(弓箭)과 화기(火器)는 모두 장병(長兵)이다. 그 힘이 100보(步)에 이를 수 있는 것을 50보의 거리에서 쏘고, 50보를 이를 수 있는 것을 25보에서 쏘는 것이 모두 장병단용(長兵短用)의 법이다."라고 하였다.

537 신기(神器): 화기(火器).

538 아리마(有馬) 씨가…접근했으며: 히젠(肥前)의 다이묘 아리마 하루노부(有馬晴信, 1567~1612)를 가리킨다. 아리마가 파견한 상선(商船)의 선원이 마카오에서 살해당한 사건이 있었는데, 아리마는 그 복수를 위해 1609년에 도쿠가와 이에야스의 허락을 얻어서 나가사키에 입항한 포르투갈 선박에 불을 질러서 침몰시켰다.

을 불태웠을 때도 대체로 비슷했다고 합니다.[539] 척계광戚繼光의 수채조

법水寨操法에[540] "불랑기포[發狼機大箭]는[541] 50보를 기준으로 삼는다."라고

하고, 또 "이는 적과 멀리 떨어져 있을 때지 가까이 있을 때가 아니다. 만

약 적과 마주하면 따로 선박 1척을 접근시켜서 표석標石과[542] 화약을 던

져서 근공近攻한다."라고 하였으니, 명나라 사람들의 수병전법水兵戰法

이 대체로 이러한 부류였습니다. 그런데 서양 오랑캐의 수전水戰도 대체

로 선박을 부딪친 뒤에 화포를 쏘거나 또는 각선脚船으로[543] 접근해서 공

격합니다. 정성공鄭成功이 홍이紅夷의 선박을 침몰시켰을 때도[544] 총창銃

窓을 통해 선복船腹에 들어가서 불을 질렀습니다. 그 접근해서 급공急攻

하는 것이 이와 같았으니, 적의 군세를 멀리하는 것만으론 승부를 결판

---

539 구로다(黑田) 씨가…합니다: 후쿠오카(福岡) 번주 구로다 쓰구타카(黑田繼隆)이다. 그는
    1720년에 자신의 영내인 히메시마(姬島) 앞바다에 온 중국선박을 밀무역선으로 간주해
    서 불화살을 쏴서 침몰시켰다.

540 척계광(戚繼光)의 수채조법(水寨操法): 수상에서의 훈련법이라는 뜻으로, 『紀效新書』「水
    兵」편에 나온다.

541 불랑기포[發狼機大箭]: 청동으로 만든 서양대포로 명나라 때 전래되었으며, 우리나라에
    는 임진왜란 당시 명나라 군사들이 가지고 들어왔다.

542 표석(標石): 전투에서 적에게 던지기 위한 돌덩어리. 표(標)는 표창(標槍)에서처럼 던진
    다는 의미이다.

543 각선(脚船): 본함에 부속된 작은 배. 보트(boat).

544 정성공(鄭成功, 1624~1662): 명말청초의 무장으로 명나라가 멸망한 이후 복건(福建)을 중
    심으로 명나라 왕실 부흥의 기치를 내걸고 청나라에 대항했다. 1658년에 17만 5천 명의
    대병력을 이끌고 남경(南京)을 공략했으나 결국 실패했다. 1661년에 청나라가 연안 5성
    (省)의 백성을 내륙으로 이주시켜서 그와의 관계를 두절시키는 천계령(遷界令)을 펴자,
    2만여 명의 군사를 이끌고 대만(臺灣)에 상륙해서 그곳을 점거하고 있던 네덜란드 군대
    를 축출하고 자신의 거점으로 삼았다. 이후 대만을 근거지로 항청복명(抗淸復明) 운동을
    지속했으나 1662년에 사망하였다. 홍이(紅夷)는 머리가 붉은 오랑캐라는 뜻으로 네덜란
    드인을 가리킨다.

낼 수 없음을 또한 알 수 있습니다.】

어떤 이는 말하길, "수전水戰은 오랑캐의 장기이지, 우리가 오랑캐를 제압할 수 있는 방법이 아니다. 따라서 반드시 육지로 끌어들여서 전투해야 한다."라고 합니다. 그 말이 참으로 옳기는 하지만, 오랑캐 또한 전쟁에 익숙하니 감히 경솔하게 스스로 장기를 버리고 자신이 서툰 것으로 다른 사람과 싸우진 않을 것입니다. 그렇다면 저들은 장차 대양 한가운데 정박해서, 운수運輸를 방해하면서 빈틈을 노릴 것입니다. 그리고 우리의 허실을 충분히 파악한 뒤에 바람처럼 왔다가 우레처럼 떠날 것이니, 끌어들이려고 해도 일정하게 머무는 곳이 없고 쫓아가려고 해도 종적이 없을 것입니다. 이는 오랑캐가 밖으로 두려워하는 바가 없고 안으로 믿는 바가 있는 것이니, 성동격서聲東擊西해서[545] 편안히 앉아 남을 제압할 것입니다. 그런데 우리 병사들은 작은 나룻배도 바다에 띄우지 못하고 빈손으로 육지에서 분주하여 피로를 자초하며, 적을 눈앞에 풀어놓고서도 화살 한 대도 쏘지 못하고 허둥댈 뿐입니다. 남에게 끌려 다니기에도 겨를이 없는데,[546] 어떻게 앉아서 적을 육지로 끌어들일 수 있겠습니까? 또 전쟁의 승리는 기세에 달려 있습니다. 안으로 믿는 바가 있고 밖으로 두려워하는 바가 없다면 사졸의 담력이 저절로 배가되는 법입니다. 만약 우리의 기량이 저들에게 미치지 못한다면 싸우기도 전

---

545 성동격서(聲東擊西): 한쪽에서 소리를 질러 적의 주의를 유도해 놓고, 실제로는 다른 쪽을 공격한다는 일종의 병법. 원문은 '東聲西撓'이다.
546 남에게…겨를이 없는데: 원문은 '致於人之不遑'이다. 『孫武子』「虛實」에 "그러므로 전쟁을 잘하는 자는 적이 오도록 만들고 적에게 끌려가지 않는 것이다.(故 善戰者 致人而不致於人)"라는 구절에서 인용했다.

에 기세가 먼저 꺾일 것이니, 어떻게 창검이 난무하고 군마가 치달리는 전장에서 오랑캐의 기세를 여유롭게 꺾을 수 있겠습니까?

선박의 사용은 신대神代로부터 시작해서 해외로 홍화弘化했으며,[547] 운수運輸라는 것은 백성이 비용을 줄이고 이익을 얻도록 스진崇神 천황이 창시한 것입니다. 100여 대가 지나도록 외부 오랑캐의 방해를 근심한 일이 없었는데, 이제 서양 오랑캐로 인해 하루아침에 주저하며 열국列國이[548] 조운漕運하는 선박조차 쉽게 바다에 띄우지 못합니다. 그런데도 시론時論은 간혹 도고쿠東國까지[549] 수로를 개통해서 해상운송을 폐기하려고 하고, 인정人情 또한 모두 이를 대수롭지 않게 여기니 그 비겁하고 나약함이 이미 이와 같습니다. 옛사람이 말하길, "우리가 한 걸음 물러서면 저들이 한 걸음 나온다."라고 했습니다. 그런데 이키壹岐 · 쓰시마對馬 및 다네種子 · 야쿠掖玖 · 하치조八丈 등 바다 한가운데 있는 외딴 섬들을 간혹 저 오랑캐가 차지해서 소굴로 삼는데도 팔짱만 낀 채 구원하지 않고 편안히 주위를 둘러보면서 "내 장기는 수전水戰이 아니다."라고 하면 되겠습니까? 어떤 이는 말하길, "운용의 묘는 장수의 판단에 달려 있으니, 비록 작은 배라도 승리를 얻지 못하는 것은 아니다."라고 합니다. 그 말이 참으로 옳기는 하지만, 그것은 천하의 장교들을 모두 운용의 묘에 통달하게 하고, 그들의 장기長技 또한 모두 한곳에 모을 수 있다면 가능

---

547 홍화(弘化): 덕화(德化)를 널리 펼친다는 뜻이다. 『書經』「周官」에 "삼공의 다음이 되어 홍화(弘化)하고, 천지를 공경히 밝혀서 나를 보필한다.(貳公弘化 寅亮天地 弼予一人)"라는 구절이 있다.
548 열국(列國): 번(藩)을 가리킨다.
549 도고쿠(東國): 간토(關東) · 가마쿠라(鎌倉) · 에도(江戶) 등 일본 동부지방의 옛 이름.

하거니와, 그렇지 않다면 취약한 소선小船으로 견실한 거함巨艦을 대적하는 것은 천하의 장교들이 모두 승리를 거두게 만드는 방법이 아닙니다. 그리고 사람의 재능 또한 각각 그 장점이 다르니, 앞으로 세상에 거함을 운용하는 데 빼어난 자가 나오지 않으리라고 어떻게 장담할 수 있겠습니까? 또 예로부터 소선으로 거함을 제압한 경우는 대부분 항만 내부의 좁은 해역이었습니다. 하지만 대양에서는 개미떼가 고래에 들러붙은 것과 같아서 고래가 지느러미를 움직여 한번 으깨 버리면 바로 침몰하고, 날개를 펼쳐서 포위해도 마치 양과 토끼가 큰 이무기를 만난 것과 같아서 머리와 꼬리를 둥글게 말아 한번 깨물어 버리면 그 자리에서 죽어 버립니다. 이는 모두 용맹이 부족하거나 실력이 졸렬해서가 아니라 선제船制가 그렇게 만드는 것입니다. 그렇다면 거함의 이로움을 어떻게 포기할 수 있겠습니까? 【명나라 도중률屠仲律은[550] 말하길, "왜倭가 육전에 능하고 수전에 서툰 것은 함선이 대등하지 않고 화기火器가 갖춰지지 않았기 때문이다."라고 하였고, 유대유兪大猷는[551] 수전水戰이 왜倭를 막는 급무라고 보고 거함의 준비를 강력히 요청했습니다. 척계광 또한 말하길, "복선福船은[552] 성처럼 크고 높은 반면에 왜주倭舟는 왜소하다. 그러

---

[550] 도중률(屠仲律): 명나라 가정제(嘉靖帝, 재위: 1507~1566) 때의 무장으로 강소(江蘇)·절강(浙江) 지역에서 왜구의 소요가 잦자 「禦倭五事疏」를 올렸다.

[551] 유대유(兪大猷, 1504~1580): 명나라의 무장으로 척계광과 함께 왜구를 격퇴하고 군도(群盜)를 평정하는 등의 군공을 세웠다.

[552] 복선(福船): 복건성(福建省) 연해에서 건조한 선박으로 선수(船首)가 좁고 선미(船尾)가 넓었다. 또 선저(船底)는 칼날같이 뾰족하고 갑판은 넓었으며, 백여 명의 병사들이 승선할 수 있었다. 선체의 중요한 부분에는 모두 날카롭게 깎은 대나무를 꽂아서 적들이 배에 기어오르는 것을 막았다.

므로 복선이 바람을 타고 아래로 짓누르면 마치 수레가 사마귀를 뭉개 버리는 것과 같은 것이다. 선력船力으로 싸우는 것이지 인력으로 싸우는 것이 아니다. 그러므로 항상 승리하는 것이다. 만일 왜선도 복선과 같다면 나는 반드시 이길 수 있는 계책을 모르겠다."라고 했습니다. 이것을 보더라도 수전의 승패가 선제船制의 우열에 달려 있음을 입증할 수 있습니다.】

그러므로 소선小船으로 거함을 격파하는 것은 일시적인 전략으로, 장수의 지략에 달려 있습니다. 따라서 그럴만한 능력이 있는 사람에게 맡길 수는 있지만, 해방海方의 제도를 계획할 수 있는 것은 아닙니다. 또 조총鳥銃으로 말하자면 원래는 서양 오랑캐가 제작한 것이지만, 중국이[553] 이를 채용하면서 구조가 몇 배나 더 정밀해졌으니, 명나라 사람들이 이를 두려워해서 왜총倭銃이라고 불렀습니다. 번총番銃이라고 하지 않고 왜총이라고 한 데서도 우리 백성의 솜씨를 알 수 있으니, 선제船制 또한 저들로부터 장점을 취해서 우리가 잘 응용한다면 어찌 유독 선박 제조의 정밀함만 남들에게 뒤처지겠습니까?【러시아鄂羅의 칸汗 표트르 伯得勒는[554] 일찍이 미복微服[555] 차림으로 선박목수로 가장한 후, 네덜란드로 잠행潛行해서 대박大船의 건조 방법을 익혔습니다. 러시아가 대박大

---

553 중국: 일본을 가리킨다.
554 러시아(鄂羅)의 칸(汗) 표트르(伯得勒): 러시아 황제 표트르 1세(1672~1725)를 가리킨다. 서구의 군사기술을 습득하기 위해 1697년부터 98년까지 네덜란드 및 영국에 가서 일개 직공(職工)으로서 조선술과 항해술을 배웠다. 후에 스웨덴을 격파해서 발트해까지 영역을 넓히고, 또 내정을 개혁해서 중앙집권적 정치체제를 완성했다. 칸(汗)은 5세기 이후 유목국가의 군주의 호칭인데, 러시아를 북방 유목민족처럼 봐서 이와 같이 쓴 것이다.
555 미복(微服): 지위가 높은 사람이 남의 눈에 띄지 않기 위해 입는 평민의 옷.

舶을 잘 사용하고 항해술에 정통하게 된 것이 대체로 이로부터 시작됐으니, 실로 겐로쿠元祿 연간의 일이었다고 합니다. 오랑캐가 마음을 쓰는 것도 이와 같거늘, 하물며 중국이 스스로 포기해서 하지 않을 수 있겠습니까?】그러므로 말하길, 거함으로 군대의 위용을 웅장하게 해서, 사졸들은 믿는 바가 있어서 두려워하지 않게 하고 오랑캐는 두려워하는 바가 있어서 감히 함부로 움직이지 못하게 하는 것이 마땅히 수병水兵이 서둘러야 할 일이라고 하는 것입니다. 그러므로 수군의 훈련법과 거함의 제도가 모두 해국海國의 급선무이니, 한가할 때 깊이 논의하지 않을 수 없습니다.

이른바 화기를 훈련한다는 것은 무엇입니까? 화기 또한 오랑캐의 장기이므로 우리가 오랑캐를 제압하는 데 의지할 수 있는 것은 아닙니다. 하지만 대포의 용도는 견고한 것을 깨뜨리는 데 있으니 공성攻城과 수성守城에 반드시 빠뜨릴 수 없습니다. 수전水戰이란 거함끼리 마주해서 마치 성과 성이 부딪히는 것과 같으니, 대포는 반드시 정밀하게 제작해야 합니다. 정밀한 대포는 아무리 먼 거리도 도달하고, 아무리 작은 것도 맞추니 참으로 장병長兵의 이로움이 여기에 있습니다. 그러나 장병長兵을 단용短用하는 기회를 결단하는 것은 사람에게 달려 있습니다. 대포 1발에 얼마나 많은 사람이 죽습니까? 또 그 포성은 맹렬해서 천지를 진동시킵니다. 따라서 만약 적들만 그것을 잘 사용하고 우리는 대응할 수단이 없다면, 칼날이 접하기도 전에 삼군三軍이 먼저 벙어리가 될 것이니 어떻게 잘 싸울 수 있겠습니까? 중국은 처음부터 화기가 있었지만 단지 조총을 쓰는 데 그쳤을 뿐이요, 대포의 경우엔 그 방법이 처음 전래되고 얼마 지나지 않아 세상이 승평昇平해졌습니다. 그러므로 그 주조鑄造가 매우 적었던 것이요, 총가자류銃家者流[556] 또한 그 방법을 비밀로 해서 장졸들이 총을 다루는 기술을 알 수 없었습니다. 총가銃家의 한정된 인원으로 동서의 수많은 전장을 뛰어다니게 한다면 분명 충분하지 않을 것입니다. 이제 방국에 명해서 거함을 많이 건조하고 사졸이 그 사용법에 통달하게 하지 않는다면 천하의 기氣를 굳세게 할 수 없으니, 이른바 이기利器라는 것 또한 나라를 지키는 수단이 되기에 부족할 것입니다. 그 제작과 탑재·발사 방법은 쉽고 간편해야지 어렵고 둔중해선 안 됩니다. 번잡해서 쉽게 이해할 수 없는 오묘한 비결은 의지해선 안 됩니다. 또 오랑캐가 거함을 타고 접근하는 것은 마치 물 위에서 성루城壘를 움직이는 것과 같습니다. 이는 수비로 공격을 하는 것이니, 저들을 막는 군세軍勢가 한 가지만 고집해서 변통하지 않아서야 되겠습니까? 그러므로 공총攻銃으로 적의 함선을 무찌르고, 수총守銃으로 항만의 정박지를 지키고, 전총戰銃으로 세차게 달려오는 것에 대비하며, 아울러 총을 보완할 수 있는 화전火箭·분통噴筒·화통火桶·화전火磚의 부류를 많은 이들에게 숙달시켜야 합니다. 임기응변으로 이것들을 활용해서 장병長兵의 이점을 충분히 발휘하는 것은 장수에게 달려 있습니다.

방패로 갑옷을 보완하고, 궁노弓弩로 총포를 따르게 하고, 쇠와 돌로 납과 구리를 보조 하는 것에도 설說이 있습니다. 전국시대에는 사졸들이 죽음을 가볍게 여겨서 방패를 들지 않는 경우도 있었지만, 또한 왕왕 사용해서 스스로 엄폐하기도 했습니다. 【성을 공격하는 자는 반드시 성 밖에 대나무 다발을 세워서 총탄을 막았으니, 이를 다케타바竹束라고[557]

556 총가(銃家): 총포를 다루는 기술을 가법(家法)으로 전승하는 무예 유파.

합니다. 조선역朝鮮役에서[558] 가토 기요마사加藤淸正 등이 귀갑龜甲을 쓴 것은 그 제도가 분온차轒轀車와[559] 같습니다. 이 밖에도 공전攻戰에서 스스로 차폐遮蔽하는 데 쓴 것들을 이루 다 열거할 수 없습니다. 총탄의 속도가 비록 관통하지 못하는 것이 없지만, 방패 1개를 관통하고 나면 반드시 철갑을 뚫을 수 있는 것은 아니니, 사졸들은 이를 믿고 용기를 낼 수 있습니다. 옛날 기요마사가 우토宇土를 공격할 때[560] 장졸들이 민가의 문짝을 떼어 스스로 몸을 가렸기 때문에 그래도 빗발치는 총탄 속에서도 겁을 먹지 않을 수 있었습니다. 하물며 방패의 견실함이 문짝에 비할 바가 아님에 있어서겠습니까? 또 오랑캐의 총은 한번 쏠 때 여러 발의 탄환을 장전하기 때문에 탄환 한 발만 장전하는 것에 비하면 그 힘이 조금 약합니다. 따라서 방패를 뚫은 뒤에 반드시 또 철갑을 관통하진 못할 것이니, 방패와 철갑에 시험해 봐야 할 것입니다. 하지만 방패의 효용은 그 관통 여부가 아니라 병졸들이 적의 총을 보지 못하게 하는 데 있습니다. 병기兵機에[561] 밝은 자는 필시 이를 알 것입니다.】이제 안일에 젖어서 나약해진 병사들이 하루아침에 일을 당해서 빗발치는 총탄과 화살

---

557 다케타바(竹束): 공성(攻城)할 때 왕대를 엮어서 화살이나 총탄을 막는 데 사용한 일종의 방패.

558 조선 역(朝鮮役): 임진왜란(壬辰倭亂).

559 분온차(轒轀車): 나무로 만든 공성병기(攻城兵器)로, 수레와 유사한데 적의 화살·돌·뜨거운 물이나 기름 등의 공격을 막기 위해 윗부분은 세모꼴로 경사지게 만들고 소가죽을 씌웠다. 분온차의 앞부분은 성벽에 도달했을 때 작전하기에 용이하도록 열려 있으며, 열린 정면을 방어하기 위해 방패를 가진 병사가 가장 앞에 탑승했다. 춘추전국시대에 출현했으며 화기(火器)가 발달해서 도태되기 전까지 공성전에서 가장 많이 사용되었다.

560 우토(宇土): 현재 구마모토 현(熊本縣) 우토 시(宇土市)로, 세키가하라(関ヶ原) 전투(1600) 당시 가토가 고니시 유키나가(小西行長)의 영토인 우토를 공략했다.

561 병기(兵機): 용병(用兵)하는 기략(機略).

속으로 뛰어드는데 스스로 몸을 가릴 것이 없다면 어찌 두려움이 없겠습니까? 그렇다면 갑옷으로 가리고 또 방패로 차단해서 병졸의 마음을 굳세게 해야 하는 것이니, 그 제도를 강구하지 않을 수 없습니다.

오랑캐는 해외 여러 나라를 두루 돌아다녀서 납·구리·동·철·초황硝黃[562] 등을 그 생산에서 얻으므로 아무리 써도 고갈되지 않습니다. 하지만 우리는 안으로 자수自守하기 때문에 반드시 산악의 광물자원을 발굴해서 써야 하니, 저들과 우리의 자원을 비교할 수 없음이 또한 분명합니다.【명나라 사람이 외적을 막기 위해 병사를 소집해서 주둔하고 있었습니다. 당시 왕여순汪汝淳이 말하길, "곤란한 점은 병사의 수는 날마다 느는데 갑옷과 기계는 이어지지 않고 화약이 다시 조달되지 않는 것"이라고 했습니다. 저처럼 화약을 쉽게 생산하는 나라도 부족함을 근심했는데, 하물며 지금 동·철·납·구리의 생산이 유한한 나라에 있어서겠습니까?】그러므로 때로는 궁노弓弩를 병용해야 하며, 오로지 화기에만 의존할 필요는 없습니다. 그 화기를 쓰는 자 또한 오직 동과 납에만 의지하지 말아서, 그 총신銃身은 철과 나무로 만들고, 그 탄환은 철과 돌을 쓰거나 혹은 동·철의 찌꺼기와 해상의 사철沙鐵 같은 것을 혼합해서 연환煉丸을[563] 만들어야 합니다. 썩은 노끈이나 쓸모없는 베, 찢어진 그물이라도 모아서 연조鍊造하는 데 쓰면 그 부족분을 보충할 수 있습니다. 버리는 물건을 저장해서 훗날의 용도에 대비하되, 평소에 그것들을 시험해서 사졸들에게 숙지시켰다가 유사시에 백방으로 혼용하면 아마도 갑

---

562 초황(硝黃): 초석(硝石: 질산칼륨)과 유황(硫黃). 화약의 원료가 된다.
563 연환(煉丸): 여러 가지 원료를 불에 녹이거나 짓이겨서 만든 탄환.

자기 소진되는 상황에는 이르진 않을 것입니다. 희소한 자원을 절약하는 것은 장차 크게 쓰기 위함입니다. 이것들을 이용해서 임기응변으로 승리를 거두는 데는 별도로 장수의 지략이 있습니다. 하지만 그것은 단지 병사兵事에 밝은 자를 위해서 논해야 할 뿐, 지상紙上에서 미리 논할 것은 아닙니다. 【예를 들어 척계광戚繼光의 수전법水戰法에 따르면, 궁노와 표석標石을 화기와 혼용하게 했습니다. 화기의 경우 선박 1척에 구비해야 하는 화약이 500근인데 납탄[鉛彈]은 300근에 불과했으니, 화약의 용도가 비단 납탄의 발사에만 그치지 않았음을 알 수 있습니다. 또 화전火箭·분통噴筒·약통藥桶 등 여러 병기를 병용하고 납탄만 쓰지 않게 했으니, 화기가 납탄에만 의존하지 않았다는 것 또한 알 수 있습니다.】그러므로 대포의 제도와 방패의 사용과 궁노의 기술과 쇠와 돌, 잡물雜物을 채집했다가 훗날 쓰게 하는 것이 모두 화기를 쓰는 방법이니, 한가할 때 깊이 논의하지 않을 수 없습니다.

이른바 자량資糧을 비축한다는 것은 무엇입니까? 군수품을 창고에 저장하면 성을 지키는 데는 대비할 수 있지만 전쟁터의 무궁한 수요를 대기엔 부족하고, 시전市廛에서 구하면 평소 연습할 때의 물자는 공급할 수 있지만 하루아침에 불우의 변고가 발생하면 대응할 수 없습니다. 그러므로 초황硝黃·교칠膠漆·피혁皮革·시마枲麻 등 수토水土에서 나는 모든 산물은 여러 구니國에서 많이 생산하게 해야지, 먼 변경지역에 의지할 필요가 없습니다. 갑옷·방패·도검刀劍·창삭槍槊[564]·궁시弓矢·총포銃礮 등 공장工匠이 제작하는 모든 물건은 한가할 때 많이 수선해야 하

---

564 창삭(槍槊): 삭(槊)은 자루가 긴 창(槍)이다.

니, 그 요체는 쓰면 쓸수록 더욱 고갈되지 않는다는 데 있습니다. 금·
은·동·철·납·구리·옥석 등 산악의 천연광물은 마땅히 절용해서 낭비
를 금해야 합니다. 지금 범궁梵宮과 장각裝閣,[565] 그밖에 진귀한 노리개로
부터 민간의 기물과 부녀자의 의대衣帶에 이르기까지 무엇 하나 금·은
으로 도말塗抹하지 않은 것이 없으니 소금銷金을[566] 엄금하지 않을 수 없
고,【서양 역사책에 따르면, 그 부중府中의 황금과 은으로 된 물건을 꺼
내서 군용軍用에 제공한 자가 있고, 금박·은박을 금지한 자가 있고, 직
성금織成金을[567] 금지한 자가 있으니, 옛사람들이 금·은을 사용한 방법이
여기에 있고 저기에 있지 않음을 알 수 있습니다. 『당육전唐六典』에 따르
면, 금을 세공하는 데 14개의 종류가 있었으니 소금銷金·박금拍金·도금
鍍金·직금織金·아금砑金·피금披金·니금泥金·누금鏤金·연금撚金·창금
戧金·권금圈金·첩금貼金·감금嵌金·이금裏金입니다. 송나라 때 금을 녹
여서 의복과 기구를 장식하는 것을 금지하고, 또 금은박선金銀箔線·첩금
貼金·소금銷金·축금선蹙金線으로[568] 집기·토목·노리개를 꾸미는 것을
금했습니다. 명부命婦가[569] 아니면 머리장식을 할 수 없었습니다. 송나라
군주의 물건을 녹여서 전부 관官에 보내고, 여러 주州의 사관寺觀에서[570]

---

565 범궁(梵宮)과 장각(裝閣): 범궁은 사찰이고 장각은 화려하게 장식한 건물이다.
566 소금(銷金): 금을 녹임.
567 직성금(織成金): 금실로 자수(刺繡)한 직물.
568 축금선(蹙金線): 금실로 자수를 해서 압축시킨 문양.
569 명부(命婦): 조정에서 관작을 받은 부인(夫人). 왕족을 모시고 궁중의 일을 보는 내명부
(內命婦)와 왕족·종친·고관의 처(妻)로서 그 남편의 직위에 따라 봉작을 받은 외명부(外
命婦)로 나뉜다.
570 사관(寺觀): 불교의 사원(寺院)과 도교의 도관(道觀).

금박으로 상像 따위를 수식한 것은 스스로 금은공가金銀貢價를[571] 사문원思文院에[572] 가져가서 환급했습니다. 또 승려가 금은주옥金銀珠玉을 시주받아서 그 가루를 섞고 진흙을 이겨서 탑塔과 상像을 만드는 것을 금지했습니다. 또 내정內庭에서 중궁中宮[573] 이하는 모두 소금銷金·첩금貼金·간금間金·인금戭金·해척금解剔金·함금陷金·명금明金·이금泥金·능금楞金·배영금背影金·반금盤金·직금織金·금선연사金線撚絲로 의복을 장식하거나 붙일 수 없었으며, 또한 금으로 장식할 수도 없었습니다. 그 외정外庭의 신하들의 집에서도 모두 금지했습니다. 그 밖에 역대의 신금申禁이[574] 이르지 않는 데가 없었으니, 그 자원의 발굴을 어렵게 여긴 뜻을 또한 볼 수 있습니다.】

자주 화폐를 개주改鑄하니 화로의 잿더미 속에서 훼손되는 것을 아끼지 않을 수 없고, 외국 선박과의 교역은 대부분 쓸모없는 데도 해외에 금·동을 내다 버리고 있으니 중단하지 않을 수 없고, 그 밖에 세속의 사치풍조로 인해 금석金石을 녹이는 것을 이루 다 꼽을 수 없으니 제한하지 않을 수 없습니다.【상하가 사치를 좇고 상공인은 편리함을 경쟁해서 가옥의 기물과 자재에 대나무와 나무 대신에 동과 철을 쓴 것이 적지 않습니다. 숫돌과 부싯돌은 군국軍國에[575] 반드시 필요한 물품입니다. 그런데 지금처럼 섬세한 가공품은 아침에 만들면 저녁에 망가져 버려서 한

---

571 금은공가(金銀貢價): 금은의 가공비(加工費).
572 사문원(思文院): 문사원(文思院)의 잘못이다. 문사원은 소부감(少府監)에 소속되어 금은 등의 공작을 관장한 관청이다.
573 중궁(中宮): 황후(皇后).
574 신금(申禁): 특정 활동의 금지를 선포함.
575 군국(軍國): 군대를 통솔하고 국가를 통치함.

갓 송곳·끌·칼·도끼를 닳아 없앨 뿐이니, 순수한 강철과 좋은 숫돌이 채취하자마자 전부 없어져 버립니다. 또 세속에서 자기磁器를 귀하게 여기고 칠기漆器를 선호하지 않으며, 초자硝子[576] 또한 세간에 성행해서 이 때문에 좋은 부싯돌을 녹이는 것이 적지 않습니다. 이처럼 금석을 녹여 없애는 사례를 이루 다 헤아릴 수 없으니, 소진되기 전에 낭비하는 요인을 깊이 조사해서 모두 제거해야 합니다.】그 무익한 것과 실용적인 것을 가려서 모두 제거할 수 있다면 산악의 자원은 아마도 빨리 고갈되지 않을 것이요, 바다 속의 신기神氣 또한 크게 소모되진 않을 것입니다.

미곡으로 말하자면 백성의 목숨과 관계되는 것으로, 군대에서는 양식보다 귀중한 것이 없습니다. 지금 도회에 남아도는 미곡은 환락에 빠진 쓸모없는 자들을 봉양하는 데는 쓸 수 있지만, 군대의 귀중한 식량으로는 지급할 수 없습니다. 그러므로 자량資糧을 비축하고자 한다면 앞으로 본업에 힘쓰고, 미곡을 귀하게 여기고, 백성과 구니國에 저장해야 함은 물론이요,【설명이 「국체國體」편에 있습니다.】쓸모없는 백성은 조금씩 농촌으로 돌려보내고, 술·떡·국수처럼 곡식을 낭비하는 것과 차언茶焉·홍천紅茜처럼 농사를 방해하는 것에 다소 제한을 두지 않을 수 없습니다.

상평창常平倉과 평준서平準署처럼[577] 오늘날에도 짐작斟酌해서 시행할 수 있는 것은 반드시 그 제도를 강구해야 합니다. 무게를 정확히 재고

---

576 초자(硝子): 유리(琉璃)
577 상평창(常平倉)·평준서(平準署): 상평창은 국가가 풍년에는 미곡을 많이 사들이고, 흉년에는 반대로 사들인 미곡을 풀어서 곡가(穀價)를 조정하는 기능을 하는 곡물저장소를 말한다. 일본에서는 8세기 중엽 이후로 중국의 제도를 모방해서 상평창을 만들었다. 평준서는 여러 구니(國)의 상평창을 관장하고 미가(米價)를 조정하기 위해 세운 관청이다.

미가米價를 안정시켜서 간교한 장사꾼들만 이익을 독점하고 행상인만 그 생업을 잃는 일이 없게 하며, 이익을 잘 개발해서 상하에 펼친다면[578] 방군邦君으로부터 사민士民에 이르기까지 그 곡식을 많이 저장할 수 있고 생계비 또한 마련할 수 있을 것입니다. 사민이 모두 부유해지면 장사꾼들도 따라서 이득을 볼 것입니다. 따라서 미곡 매매에 법도를 세워서 상하가 모두 편해지는 것이 개발한 이익을 두루 미치게 하는 방법입니다. 관부官府와 민간 간의 거래에는 주로 미곡을 사용하되 금과 비단을 겸용한다면 미곡이 민간에 유통되어 한쪽에서 썩지 않을 것입니다. 의창義倉과 사창社倉의 제도에[579] 기초해서, 묵은 곡식을 꺼내 농민을 먹이는 제도를 만들면 영세민이 궁핍하지 않을 것이요, 햇곡식과 묵은 곡식을 바꿀 수 있을 것입니다.

대체로 이와 같은 부류는 고금의 경제經制에 각각 그 적절한 바가 다르니, 흉황凶荒과 군대에 유익한 것들을 택해서 모두 시행할 수 있다면 가곡嘉穀이 해내海內에 가득 넘쳐서 그 원기元氣가 굶주리지 않을 것입니다. 【모든 재물과 미곡을 다스리는 방법에는 일면만 있는 것이 아닙니다. 이제 이를 행하려고 해서 이로운 것 하나를 일으키면 해로운 것 하나가 뒤따라 생길 것입니다. 따라서 그때그때 적절한 방법을 찾아야지 하나만 고집해서 논해서는 안 됩니다. 그 상세한 것은 장차 별도로 논술

578 이익을…펼친다면: 원문은 '善導利而布之上下'이다. 『國語』「周語(上)」에 "무릇 백성의 왕이란 장차 이익을 개발해서 상하에 펼치는 자이다.(夫王人者 將導利而布之上下者也)"라는 구절에서 인용했다.
579 의창(義倉)·사창(社倉): 의창(義倉)은 정부가 흉작이나 기근에 대비해서 비상식량을 저장하는 창고이다. 사창(社倉) 또한 이와 같은데, 농민들이 자치적으로 운영한다는 점만 다르다.

할 것입니다. 여기선 단지 일면만 들었을 뿐이며, 그 설명을 상세히 적진 않았습니다.】그러므로 수토水土의 산물과 인공人工의 제작과 산악의 자원과 미곡의 저장은, 그 낭비는 멈추고 생산은 늘리며, 해로운 것은 제거하고 이로운 것은 일으켜야 합니다. 심모원려深謀遠慮로 시세를 살펴 느슨하게 하거나 팽팽하게 해서 권형權衡을 행하고 제도를 설립하는 것은, 장차 그 적임자를 기다린 뒤에 행해야 합니다. 이것이 모두 자량資糧을 비축하는 방법이니, 한가할 때 깊이 논의하지 않을 수 없습니다.

둔병이 설치되고, 척후가 분명해지고, 수병水兵이 정비되고, 화기가 훈련되고, 자량資糧이 비축되면 마땅히 창립해야 할 것들의 대강大綱을 든 것입니다. 대강이 들리면 그 쇄세한 것들 또한 따라서 일어날 것입니다. 옛날에는 존재했지만 지금은 폐기된 경제經制와 옛날에는 팽팽했지만 지금은 느슨해진 강기綱紀를 모두 개혁해서 진기振起하고, 마땅히 세워야 하지만 아직 세우지 못한 규모와 마땅히 두어야 하지만 아직 두지 못한 금령禁令을 모두 창립해서 일으켜야 합니다.[580] 신이 계획한 수어지책守禦之策이 대략 이와 같습니다. 그런데 지혜로운 사람은 일을 할 때 반드시 이利와 해害가 뒤섞여 있음을 염려합니다. 그러므로 모의하고 획책할 때 이로운 점을 안 다음에는 그 해로운 점이 어디 있는지도 반드시 알아야 하는 것입니다. 마지막으로 이를 논하고자 합니다.

천하의 일은 이로운 점이 있으면 반드시 해로운 점이 있으니, 이 두 가지는 반드시 서로 붙어 있습니다. 『주역周易』에 이르길, "이利라는 것은 의義의 조화이다."라고[581] 했으니, 스스로 의義를 이롭게 여기지 않는

---

580 작흥(作興): 기운이나 정신을 일으켜 세움. 진흥(振興).

다면 그 이른바 이利라는 것이 정말로 이로운 이유를 알 수 없을 것입니다. 이제 사풍±風을 일으키려고 하는데 의義와 이利를 분변하지 않는다면, 충忠과 사邪가 뒤섞여서 그 상벌을 주는 것이 모두 타당성을 잃어 한갓 세상을 어지럽게만 할 뿐 풍속을 면려할 수 없을 것입니다. 또 사치를 금하려고 하면 상하가 태만해서 뇌물이 은밀히 횡행할 것이요, 만민을 편안히 하려고 하면 물정物情이 막혀서 상하가 반목하여 계신근고戒愼勤苦하는[582] 것이 진실이 아닐 것이요, 현명한 인재를 등용하려고 하면 청탁이 횡행할 것이요, 교만한 병사를 도태시키려고 하면 원망과 비방이 일어날 것이요, 군대를 늘리려고 하면 모진冒進이[583] 열릴 것입니다. 군대를 훈련하는 것은 겉치레에 불과할 것이요, 방국을 부유하게 만드는 것은 단지 교만한 마음만 낳을 뿐이요, 수비를 분담하면 그에 따라 배보다 배꼽이 더 큰 근심이 생길 것이요, 둔수屯戍를 설치하면 병졸들이 횡포를 부려서 백성을 좀먹고 풍속을 해칠 것이요, 돈대를 세우고 역체驛遞를 부지런히 하면 요역이 많아서 백성을 동요시킬 것이요, 거함巨艦을 건조해서 여러 물품을 운송하면 간란姦闌을[584] 단속하기 어려울 것이요, 대포를 주조하고 방패를 제작하고 궁노를 교육하면 천박한 기량을 팔고 다니는 무리가 나올 것이요, 자재를 생산하고 물품을 구비하면 남을 속여서 이익을 취하는 자들이 몰려들 것이요, 금석을 아끼면 백성

---

581 이(利)라는…것이다: 원문은 '利者 義之和也'으로 『周易』乾卦 文言傳에 나오는 말이다.
582 계신근고(戒愼勤苦): 계신은 경계하여 몸가짐을 신중히 하는 것이고, 근고는 수고롭게 힘쓴다는 뜻이다.
583 모진(冒進): 실력이 부족한 자가 벼슬을 구하기 위해 나오는 것.
584 간란(姦闌): 법을 위반해서 물건을 몰래 반출함.

이 간혹 그 생업을 잃을 것이요, 무게를 정확히 재고 물가를 안정시키면 무역을 통해 암매상이 나타날 것입니다. 대체로 이와 같다면 할 만한 일이 하나도 없을 것입니다. 『논어論語』에 이르길, "군자는 의義에 밝고 소인은 이利에 밝다."라고[585] 했으니, 참으로 의義와 이利를 분변하지 않아서 소인이 군자의 수레에 탄다면,[586] 천하의 이로운 것이 해로운 것으로 변하는 광경을 반드시 보게 될 것입니다.

신은 그러므로 수어지책守禦之策을 논함에 반드시 사풍士風을 일으킬 것을 가장 먼저 꼽는 것이니, 이는 장차 의義로 천하를 통솔하려는 것입니다. 의義로 천하를 통솔하고자 한다면 마땅히 천하의 공의公義에 기대서 그 호오好惡를 드러내야 합니다. 이제 양이령攘夷令을 천하에 포고해서 천하의 수오지심羞惡之心에 기대서 천하에 대의大義를 천명했으니, 천하는 어디로 향해야 하는지 알았을 것입니다. 그렇다면 마땅히 감분격려感憤激勵하여 서로 밤낮으로 권면해서, 지혜로운 자는 좋은 계책을 올리고 용맹한 자는 목숨을 바쳐 크게 진작振作하고 작흥作興하는 바가 있어서, 신속하게 교만한 오랑캐를 쫓아내서 천지에 대의를 세워야 할 것입니다. 하지만 투박하고 나태한 풍속이 아직 고쳐지지 않았기 때문에 반드시 목숨을 바치겠다고 스스로 결심한 자는 얼마 되지 않습니다.

안락을 버리고 고난으로 나가는 것은 본디 인정人情이 욕망하는 바가 아닙니다. 안락에 젖어서 편안한 거처를 그리워하는 마음이[587] 도도滔滔

---

585 군자는…밝다: 원문은 '君子喩於義 小人喩於利'로, 『論語』 「里仁」에 나오는 말이다.

586 소인이…탄다면: 『周易』 解卦 六三 爻辭에 "짐을 져야 할 소인이 군자의 수레에 탄 격이어서 도적을 초래하니, 마음이 곧아도 부끄러움을 당할 것이다.(負且乘 致寇至 貞 吝)"라고 한 구절을 인용했다.

하게 모두 이와 같습니다. 비록 양이령攘夷令을 포고했지만 세상에는 아직까지 실제로 양이攘夷를 하는 자가 없고, 수어책守禦策 또한 크게 개혁하고 창립했다는 소문이 들리지 않습니다. 그렇다면 백성은 그 명령이 반드시 신뢰할 수 있는 것임을 아직 알지 못할 것이니, 민심이 전쟁을 결심하지 못하고 천하의 병사들이 아직 위급한 지역에 깊이 빠진 것처럼 행동하지 않는 것이 또한 당연하지 않겠습니까? 병법에 이르길, "병사들이 위급한 지역에 깊이 빠지면 두려워하지 않는다."라고[588] 했습니다. 그러므로 호조北條 씨가 원나라 사신의 목을 베자 천하 병사들이 하루아침에 위급한 상황에 깊이 빠졌던 것이니, 그들을 어쩔 수 없게 만든 방법은 갑작스러움에서[589] 나왔던 것입니다. 이제 실제로 한번 양이攘夷를 하면, 천하의 나태한 자들이 깜짝 놀라 경계할 바를 알 것입니다. 그런 뒤에 완게세월頑揭歲月하는[590] 자들을, 마치 높은 곳으로 올라가게 한 다음에 사다리를 치워 버리듯 하는 것이[591] 그들을 달아날 데가 없는 지역에 두는 방법입니다. 병사들이 두려워하지 않게 하려면 이보다 더 긴

---

587 안락한…마음이: 원문은 '懷居'로, 『論語』 「憲問」에 "선비로서 편안한 거처를 그리워한다면 선비라고 할 수 없다.(士而懷居 不足以爲士矣)"라고 한 구절을 인용했다.

588 병사들이…않는다:『孫武子』 「九地」에 "병사가 위급한 지역에 깊이 빠지면 두려워하지 않고, 갈 곳이 없으면 견고해지고, 깊이 쳐들어가면 마음이 하나로 뭉치고, 부득이하면 싸운다.(兵士甚陷則不懼 無所往則固 深入則拘 不得已則鬪)"라고 한 구절에서 인용했다.

589 갑작스러움: 원문은 솔연(率然)으로 갑작스러운 모양을 뜻한다.

590 완게세월(頑揭歲月): 완세게일(玩歲愒日)과 같은 말로 무사안일하게 세월을 헛되이 보낸다는 뜻이다.

591 마치…것이:『孫武子』 「九地」에 "장수가 병사들과 기약하기를, 마치 높은 곳에 올라가게 한 뒤에 사다리를 제거하듯이 하고, 장수가 병사들과 함께 제후의 땅에 깊이 쳐들어가되 기지(機智)를 발동해야 한다.(帥與之期 如登高而去其梯 帥與之深入諸侯之地 而發其機)"라는 구절에서 인용했다.

요한 것이 없습니다.

또 옛날의 인군人君이 큰일을 하려고 할 때는 반드시 혁연赫然하게[592] 진노해서 직접 천하의 선두에 섰습니다. 새벽부터 한밤까지 외조外朝에 앉아서 날마다 천하의 대계를 모의謀議하고, 혹은 둔영屯營을 순시하면서 친히 어루만지고, 혹은 포의布衣를[593] 데려와서 궁정에서 계책을 바치게 해서, 개연慨然하게[594] 간담肝膽을 드러내어 큰일을 하려는 뜻이 있음을 천하에 보이고 천하와 근심과 슬픔을 함께했습니다. 이와 같이 한다면 천하의 지혜롭고 용맹한 선비들이 모두 분연히 적성赤誠을[595] 바치고 충력忠力을[596] 다해서 오랑캐와 같은 하늘 아래 살지 않을 것을 맹서하고 동서로 치달리며 앞다투어 은덕에 보답하려고 할 것입니다. 천하의 지혜롭고 용맹한 선비들을 묘당에 모은 뒤에 묘당에서 한번 지휘를 내리면, 그 명령이 마치 메아리처럼 신속히 이행되어 의기義氣가 천하에 흘러넘칠 것입니다. 그런 뒤에야 크게 진기振起하고 작흥作興하는 바가 있을 것입니다.

---

592 혁연(赫然): 벌컥 성을 내는 모양.
593 포의(布衣): 벼슬을 하지 않은 선비.
594 개연(慨然): 감정이 북받치는 모양.
595 적성(赤誠): 진심에서 우러나오는 정성.
596 충력(忠力): 충성과 역량.

守禦

凡守國家 修兵備 和戰之策 不可不先定 二者未決 則天下汎汎然莫知所向 紀綱廢弛 上下偸安 而智者不能爲謀 勇者不能爲怒 日又一日 坐使虜謀稔熟 拱手待敗者 是皆坐於內陰有所懼而不敢斷故也 昔者蒙古嘗加無禮於我 北條時宗斷然立戰其使 令天下將發兵征之 龜山帝以萬乘之尊 而祈身代國難 當是之時說以犯難 民忘其死 天下孰敢不以必死自期 故億兆一心 精誠所感 能起風浪 殲虜海上 是所謂置之死地而後生者也 古人有言 使朝野常如虜兵之在境 乃國家之福也 臣故曰 和戰之策先決於內 斷然置天下於必死之地 然後防禦之策可得而施也 今虜但請通市 未至戰 和戰之策 似非所論 然世不知通市之害者 其心畏戰 其策必出於和者也 能痛拒絶通市者 雖其勢至於戰而不畏者也 凡事豫則立 二者得不豫決哉 今攘夷之令布天下 和戰旣決 天下知所向矣 臣請陳守禦之策

夫天下宜釐革者有四 其一曰修內政 其目四 興士風也 禁奢靡也 安萬民也 擧賢才也

夫士風之敗 由國無廉恥 而所以勵廉恥者 則在賞罰之用
也 故其制刑賞豫奪 必原父子之親 立君臣之義以權之 苟
可賞也 雖卿相之位國郡之封不吝 可罰也 雖貴戚權勢不避
道之所存 義之所在 則雖無法之賞無政之令 無行而不可
而其平居所以激勵士大夫者 雖一顰一笑 而未嘗不足興起
惰頑 故其勸勉懲戒之 必如東照宮及當時名賢磨勵士衆者
則士風有不興乎

奢靡之於國 士民不得不貧 風俗不得不壞 請謁以行 怨
讟以興 故理財正辭 量入爲出 邦用有常 尊卑有分 身自率
先群下 治宮壼 清府務 損冗官 除煩苛 省土木玩好無用之
費 此古今之通論也 今如必欲息奢靡 則當使人去虛飾而尚
至誠 欲人去虛飾 則當使人相憂恤如同舟遇風 欲人相恤
則當示以天下之大患 勵以嘗膽坐薪之誠也 簡練兵旅 修備
軍實 上下黽勉 常如臨戰陣之日 天下知所警戒 然後奉制
度尚勤儉 則奢靡之習有不革乎【建治初 旣斬元使 將伐其
國 下令省公事 行儉約 休民庶 以備軍實 其令民如是 則上
下決意備豫 而後勤儉之政 可得行也】

農者民命之所係 故抑末貴本 制産頒職 時使薄斂 均田
里 除兼倂 去姦民 懲罷惰 通情好 恤患難 明其什伍 敎之
保任 富庶而孝弟 使老幼孤寡有所收養 皆所以安民 古人

所論具矣 今欲必施行之 則當使上下知恤 欲上下知恤 則
當動民以實事 而不可喻之以空言 故修戰備 峙軍實 其重
儲糧 常如凶荒之後 相勸勉勤苦 如保聚避寇之日 同心一
力 無或懈怠 然後發政施仁 萬民有不安乎

　賢才之在國 古人譬之虎在山 其所在 隱然人畏之 故舉而
措之廊廟 則內重而外輕 逸而在草野 則草野重 在邦國則邦
國重 外有重者 則天下將有輕視廊廟者焉 是以聖賢拔天下
俊豪 收天下重望 而措之廊廟 盡天下之謀議 使天下仰廊廟
如騃子之慕父母 然後大業可得成也【古者舉賢才 不限以
門流 至大寶制令 亦使國學得入大學試用 且如虞夏商周 學
制亦備矣 而諸侯亦有貢士之法 皆所以旁羅天下俊賢而不
遺也 天下之事 固不一端 而取士止於一國一都 則其國都之
間 俗所慣習 風尚素同 而其所謀議布陳 亦不甚相遠 言多
雷同 其於天下之事 偏舉一端 而不能兼天下之善 故聖賢於
所以致天下賢俊者 尤盡心焉 故禹曰 萬邦黎獻 惟帝時舉
帝不時 敷同日奏罔功 苟能致思於此 則舜之所以取於人以
爲善者 與其所以無爲而治者 亦可見也】今欲必致天下賢
才 取士之法 不可不得其要 取士之法曰 敷納以言 明庶以
功 車服以庸是而已 天下之士皆得有所敷納 以盡其所蘊 泄
平生鬱勃之氣 誰敢不感激爭陳其言 明庶以功 則言可底行

而智愚賢不肖能否以判 空疎之士 不得冒進 而謙讓廉退之
風興矣 車服以庸 則實才者立實功 而受其榮 天下誰不敬應
於其大有爲之志 如此則天下賢才盡集廟堂 兼天下之善 以
布於天下 天下誰敢不知廟堂之重而敬戴之也

其二曰 飭軍令 其目有三 汰驕兵也 增兵衆也 精訓練也
夫兵之貴精也固矣 而驕兵之於國 居則蠹民傷俗 戰則怔
怯喧噪 動犯軍律 取敗之道也 故謹察其驕奢淫佚不可用者
盡沙汰之 使兵皆精銳 然後可以守 可以戰也

兵皆聚都城 坐銷穀祿 所以不得多養 故善察古今兵制之
沿革 兼用土着之制 使兵數衆多 用之不竭 則可以應無窮
之變也 且夫外寇之與内患必相因者 古今之常勢也 今無行
之民 帶長刀提銃鎗 鳥聚星散 飮博劫盜 以賊害良民者 充
斥村野 流賊之形成矣 或有水旱疾疫 其變未可測 若使外
虜乘機投間 引以爲聲援 則變之又變 可爲寒心焉 今善通
其變 土有兵 地有守 則流賊之漸可息 外虜之應可絶 然後
可以防不測之變也

訓練兵旅者 非花法兒戲之謂 而其可施於實用之宜講也
故教以陣營之法 習以旗鼓之節 悉除去無用之虛文 至易至
簡 易知易從 而試之田獵 用之追捕 勞之工役 狃之險阻艱
難風雨寒暑負重走遠之事 使士卒習進退輕險阻 不以軍旅

爲難事 所以練其膽 膽練而後遇事不懾 得臨機應變 如此
然後緩急可用也

其三曰 富邦國 天下人牧 率皆怠傲驕奢 誅求無常 用財
無制 以自致貧困 是皆由其長宮掖婦人之手 生則逸 目唯
令色 耳唯巧言 未嘗知艱難也 今列國各守封疆 大小相維
以藩屏國家 勢如百足之蟲 足以免土崩之患 如能因而勸勉
激勵 分以天下之憂 責以方面之任 使之戒勅繕修 常如與
虜兵對壘 而時視察其勤惰 以行黜陟 輕重有權 不拘以常
格 要使邦國盡知所憂恤 乃使之亦興士風禁奢靡安百姓舉
賢才 而節以制度 不傷財 不害民 其國豈有不富且強乎

且邦國所困 羅羈之權在商賈 而不得不仰給焉 百需皆資
於市 而每患物價之貴 歲時所獻幕府 除其國土所產外 魚
蝦餌餅之屬 多出市人手 其爲物 非如銅鐵鉛錫箭幹膠漆有
益實事者之比 而必待賈豎印封 以驗其信 騶從必雇於市井
置之前行 宴飲待市人刀匕 然後盡其歡 及他宮室衣服婦女
玩好 凡奢侈之所以糜財者 視以爲故常 謂之大名役 雖其
君相 謹守舊習 不或敢易之 而邦君皆空其國 以家江戶 鍾
天下膏血於都下 則其民亦爭離鄉土 徙而家之 野荒民散
國得不貧乎 今欲轉貧爲富 固不得拘習俗 俗以爲不可廢
而有不可不廢者 以爲不必興 而有不可不興者 斟酌損益

去虛文而就實功 亦英雄所以相時弛張之權衡也

其四曰 頒守備 天下大名聚會共守江戶 其重內輕外之意
則有在焉 然兵常無事而食 驕奢淫佚 足以弱天下之力 而天
下要害 有所不守 則亦非所以待夷狄之備也 夫京師者天下
之首領 而江戶者其胸膈也 大阪者其咽喉 而相模及房總者
江戶之牙唇也 伊勢熱田者神器之所在 而天下神氣之所寓
也 皆宜嚴設守備焉 而守兵之規未盡立 救應之約未甚明 有
有城壘者 有無城壘者 皆非所以聳動天下使知所警 守備之
方 不可以不議定也 長崎者番舶所輻湊 守備素設焉 如今日
則虜無所不可至 而擧海內皆爲長崎矣 其所以守之者 亦與
長崎何異也 且如海外諸島及蝦夷地方 亦自非時遣官員率
兵往來巡視 則無以察聲息 無以宣威信 無以固人心也【蝦
夷之地 自世俗視之 如得之無益棄之無損者 然我棄則彼取
必然之勢也 異日使虜盤據以爲巢窟以逼松前 則奧羽必騷
動 往來寇沿海 則天下亦騷動 故我棄彼不取 特以爲棄地
則猶未爲大害 使虜有之 則彼有大利 而我有大害 所以不得
不盡力而守之也】若能立之經制 使沿海諸國及諸島無所
不守 則兵之坐食於江戶者有所分 而粉華奢淫之習可革 邦
國君臣 往來守海上寥落之地 不得耽宴安於都下 兵卒亦日
習勞苦於征役 庶幾緩急可用 而要害之地 守備始全也

夫內政修 軍令飭 邦國富 守備班 則天下所宜釐革者 大
綱擧矣 大綱擧 則其瑣瑣者亦將隨而振起焉 夫英雄相時處
變 昔時所未設 而今日所宜創立者 亦安得不熟思而講明之
也 以臣策之曰 設屯兵 曰明斥候 曰繕水兵 曰練火器 曰峙
資糧 是五者 不可以不創立也

所謂設屯兵者何也 方今濱海之地 無一區非虜衝 一旦有
事 發兵奔赴 徒自罷弊 固已靡及矣 故保障之設 屯戍之兵
不得不豫講其制也 慶元以來 令天下大名 勿得國過一城
是所以抑强梗塞禍源 號令畫一 不可得變者也 然今欲備夷
虜之變 而緣邊之民 無障塞以自保聚 則無恃以固其心 無
保甲以管轄 則無恃以用其力 兵之爲道 進退有節 鼓舞有
術 苟善用之 雖婦女可以助防守之用 可以赴水火 否則雖
壯夫而崩潰離散 莫得而用之 寇至則民逃散山谷 爲狗羯所
蹂 誰能救之也 故古者邊郡有城堡之設【軍防令 凡三邊諸
郡人居 皆於城堡內安置 其營田之所 唯置莊舍 至農時 堪
營作者 出就莊田 收斂訖勒還 其城堡崩頹者 役當處居戶
隨闕修理 義解云 堡者高土以爲保障防賊也】今其制雖不
可盡用 而斟酌商議 必將有適時宜者也

兵之不地着 所以弱天下杜釁端 然緣邊無屯戍 非所以待
外寇之備也 今分城邑之兵往守之 則兵卒罷勞 而沿途騷擾

募民充兵 則民習奢惰 唯知貪厚俸 且特備寇而非臨陣 進
無以博奇功 退無以畏重誅 故所得者 非老廢跛蹇之卒 則
惰遊無行之民 固不可用 欲以屯田 則田皆永業 不可奪彼
而授此 且如要衝之地 其利亦隨而有焉 民亦未甚貧 而間
田亦不甚多 地不足給 養卒以俸米 則先稅於民 而又頒之
取與之間 其費數倍於授田 不可以多養之【授田佃之 一夫
除五六石之地稅 亦足以給兵役 今諸國其制或有如此者 如
給以俸米 則非五六石之稅所能給 五石之入 以公四民六率
之 所得不過二石 無田而食二石米 其不能給一家終歲之衣
糧 固亡論已 故二石之米 不足以給兵 五石之田 可以養卒
田與米之差如之】如此者 皆議者之所困也 今因民之所利
而設之制 則其費可省 而民可收焉 田之廢者 必稅重而地
薄者也 地之空閒者 必土瘠而少利者也 二者雖要衝區所不
多有 而濱海地亦未不往往有之 使兵卒就而佃之 稅重者或
除其稅 少利者或授之田器及他什器 如其土民應募入伍者
就其田量猷除其租 如是則屯田之意可用也

　利之取而不竭者海也 爲之舟楫 給其網罟之費 則水戰之
用 可得而寓也 是資利於海 以敎吾兵 因糧於地 以食吾兵
苟得其人 而講其制度 壯强之夫 素練之卒 未必不可得也
然防海之備 不可獨責之防海之卒 欲兵之可用 則當均其勞

佚也 屯戍之卒 耕田漁海 暇日則講武 寇至先鬪 豈不勞乎
而其在城邑者 飽食煖衣 驕樂終歲 則誰獨樂於防海也 故
磨勵士衆 訓練兵旅 習之以田獵追胥行役土功之勞 不得獨
受奢淫之樂 使農工商賈亦皆知四方有事 勤儉趨令 如新免
兵禍之日 使防海之卒知天下莫不勞 攘臂奮身 如臨陣爭功
之秋 然後兵可得而用也 故堡障之制 保甲之令 屯戍之兵
勞佚之用 皆防海之要務 不可不及間暇而審議之也

　所謂明斥候者何也 今濱海之地 非無候望也 然其布置甚
稀疎 而無列墩之以相應 無燧燧旌旗號砲之以相望相聽 器
械不備 號令不明 雖有瞭卒 而不過用以望風帆遠洋 及虜
近地方 則報告以脚力 虜舶瞬息數十百里 而徒步報告 其
不及事也固矣 古者邊郡置燧 號令明備 分丁守瞭 置長檢
校 載在令條【軍防令 凡燧從便宜安置 但使得相照見 置
長二人檢校 晝夜分時候望 晝狼烟 夜放火 前燧不應者 即
差脚力往告前燧 問知失候所由 申所在官司 其賊衆多寡
燧燧節級 具有式 放燧有參差者 告所在國司 勘當知實 發
驛奏聞 明戚繼光晝守哨法 每墩以軍五名守瞭 備碗口銃
小手銃火箭大白旗草架等器械 每日分三人 巡邏極外海邊
遇有警 晝則搖旗放銃 夜則放起火放銃 墩上即便應接 如
天晴 則車起大白旗 隣墩亦如之 一路只至總督所在之處

止 一路至本衛所城地而止 如天陰 則將草架舉火 寇到之
墩 一面差一人 徑到本衛所幷陸路官處 報敵多寡登犯時日
情由 而墩軍失候者 治以軍法 備録條約事件 每墩一本 付
軍讀誦 背記誦熟 限一月外考背 生一句打一棍 官司查點
或繳來查考 或途暗往親驗 治罪連坐具有法 什物軍器 補
修有式 極爲詳密 宋應昌亦議 緊要海口 每三里築一墩 以
兵十名 輪班瞭守 又每一里設轟雷砲二座 撥防口民兵守之
按明一里當今五町許 三里則十五町許 其置墩可謂密 此等
皆異邦備豫大略 今觸類長之則可以備參考矣】

　　今如仍而加修飾 連墩足以相應 目有相望 耳有相聽 號
火走報必有法 點檢必謹 賞罰必施 則庶得以無疎虞矣 夫
事情之宜彼此相報告者 則驛遞之法 不可不精 凡置舖甚疎
則役民雖少 而往反遶路 人馬多疲倦 甚密則役民稠 而百
姓疾苦 遞替頻數 而事亦易遲緩 今置驛多密 而無用之人
不急之事 動役使百姓 甚者廝徒養卒釋器仗乘驛馬 而莫之
訝 平居無事 其奪農時竭民力 不可勝言 而至於飛驛急遽
之事 亦只跨耕馬乘肩輿 曾無健夫快馬 以供迅速之用 緩
急恐失事機【清人自謂我朝驛遞之設最善 西邊五千餘里
九日可到 荊州西安五日可到 吳三桂反 及聞驛報神速機謀
深遠 乃仰天歎曰 休矣 未可與爭也 又謂宋時設急脚遞 金

置急脚舖 並日行三百里 自古郵傳無至五百里以上者 固由
俗狙便安不習馳驟 亦在上者立法未善也 國家制度 超越于
古 羽檄飛馳 驛遞六百里至六百里以上 絶域所至指授機宜
不爽晷刻 據此則驛遞之遲速 亦在立制之善否可以見也】

　慶元以來 海禁極嚴 而至近時 虜復漸潛誘邊氓 故蠢蚩
隱欺之蔽 狡黠接濟之姦 發之甚難 自非保任連及備得其制
廉問司察悉得其人 恐難以審邊海事情 故墩臺之設 驛遞之
法 破蒙蔽發隱匿之術 皆事之關斥候者 不可不及閒暇而審
議之也

　所謂繕水兵者何也 水戰之於防海 猶陸戰之於守城 其不
可以已也固矣 今虜以海濤爲家 於水技最熟 而其拒之者
船艦之制 不可不精 水操之法 不可不講 固亡論已 今欲繕
水兵 不必團聚一處 日教戰法 要在於使天下將士平居習於
水 其操巨艦 如行短航 視狂瀾怒濤 如坐衽席上 然後乃可
用也 故或漕運 或捕魚 宜常有事於水上 而其針路之迂直
港嶴之曲折 潮候之逆順 日月星辰風雨晦明 凡占度之用
莫不諳熟 是皆所以使將士習於水也

　今宜賦邦國興造巨艦 其工役以軍令從事【賦邦國供工
役 如今世所謂手傳者是也】其制堅緻精密 必使可當虜船
配以邦國之卒 臨事可以戰【營繕令 凡有官船之處 量遣兵

士看守】監以幕府之吏 重其選 厚其責 爵位足以御衆 祿
秩足以養廉 無事則以運天下米穀及諸物 使羅羅之權在於
上 邦國不仰給商賈 然後以歲時訓練敎閱 使足以截虜海上
庶機臨事不憚 虜者亦不得驕傲自肆 我之欲戰也 虜不敢避
不欲戰也 則不敢逼 如是然後操縱之權可由我而制也

今論者則止曰 列巨銃於海岸 寇至擊却之 夫巨礮大銃
非不利器也 然長兵之利在短用 而用火之術 則在於擾敵乘
勢 苟無戰艦以相迫水上 無銃兵以速應之 徒以遠勢而相持
則一發之銃 足以陷堅陣拉勁敵乎 且船之在洋中 銃發不必
中 而虜艦堅實 雖能中之亦非一二彈丸所能摧破 今水戰之
不講 乃欲遙遙居陸地安坐而摧之 非所聞也 故列銃海岸以
爲固 則港奧停泊之處 賊船必由之徑 正可設神器 以使彼
不得肆鼾睡耳 若夫沿海萬里 豈可悉恃列銃 而以爲防海之
至計哉【慶長中 有馬氏燒虜舶 用火船逼之 享保中 黑田
氏之燒虜舶 蓋亦如之云 戚繼光水寨操法 發狼機火箭 以
五十步爲準 猶謂此遠勢 非逼近勢 如臨敵 則自有一船逼
近用標石火藥擲傾近攻 凡明人水兵戰法 大率是類也 而西
夷水戰 亦大抵船舶相觸 而發火砲 或用脚船而相逼攻 至
如鄭成功之摧紅夷船 則從銃窓突入船腹 而焚燼之 其逼近
急攻如是 則遠勢之不足以決勝 亦可見也】

或曰 水戰者虜之長技 非我所恃以制虜 必致之陸地 然
後可戰也 其言固是矣 然虜亦習戰 不敢妄自捨長技 而與
人角其所短 則彼將停泊洋中 妨害運輸 以伺可乘之間 熟
視虛實之處 風至電去 邀之無方 逐之無蹤 是虜外無所忌
內有所恃 東聲西擾 安坐制人 而我兵寸板不能下海 徒手
奔走陸地 自取罷勞 縱虜眼前 不能發一矢 倉皇狼狽 致於
人之不遑 何以能坐致敵於陸地也 且戰勝在氣 內有恃 而
外無忌 則士卒膽氣自倍 若使我技有不與彼抗者 則未戰而
氣先阻 猶何能從容挫虜氣於擊刺馳突之表乎

夫船舶之用 昉於神代 以弘化海外 而海運者 則崇神天
皇之所新創 以爲百姓省費興利 歷百餘世 未嘗患外虜妨害
今以洋夷之故 而一朝逡巡 雖列國所遭者 不得容易下海 而
時論亦或至欲開渠東國 以廢海運 人情亦皆安之 其畏懦恇
怯 既已如此矣 古人有言 我退一步則彼進一步 而孤島之
在海中 如壹岐對馬及種子掖玖八丈等 或使虜進而據之以
爲巢窟 而拱手不救 安然環視曰 吾長技不在於水戰 可乎
或曰 運用之妙存一心 雖小船亦莫不可用以制勝也 其言固
是矣 然此使天下將校悉曉妙處 而其長技亦皆出一途 則可
也 不然則以脆小之船 而當堅實高大之舶 非所以使天下將
校悉得制勝 而人之才能 亦各殊所長 將安能保世無長於用

巨艦者哉 且自古以小船制巨艦者 多在港嶼狹隘之處 若其
在大洋 則如螻蟻付鯨鯢 鰭鬣旋轉 一磀輒沈沒 其張翼相
圍 如羊兎之遇巨蟒 頭尾繚繞 一嗑立盡 是皆非勇怯巧拙
然殊 而船制使之然 則巨艦之利 其可廢乎 弘安之於蒙古
文祿之於朝鮮 其或失利者 不在陸戰而多在水軍 是其將士
非不勇也 而所因者船制低小 不能以抗巨艦大舶耳【明屠
仲律云 倭長於陸戰 短於水鬪 以船不敵而火器不備也 俞大
猷以水戰爲禦倭之急務 請修備巨船尤力 戚繼光亦云 福船
高大如城 倭舟矮小 故福船乘風下壓 如車碾螳蜋 鬪船力
而不鬪人力 是以每每取勝 設使倭船亦如福船 則吾未見其
必濟之策也 此亦可以證水戰之利害在船制之得失也】

故用小船以摧巨艦者 一時戰略 在主將方寸 可付之其人
而非所以盡防海規制也 且如鳥銃 原西夷所製 及中國採而
用之 其制之精更倍之 明人畏之 號爲倭銃 其不稱番銃而
稱倭銃 亦可以見我民之巧 則如船制 亦善取於彼以爲己之
用 製造之精 何獨在於他人之後哉【鄂羅汗伯得勒者 嘗微
服爲船匠 間行到荷蘭 習造大舶 鄂羅善用大舶 精航海之
術 蓋是爲始 實元祿年間之事云 夷虜用心 猶尚如之 況中
國而反自棄不爲乎】故曰 用巨艦以壯軍容 使士卒有所恃
而不懾 虜有所忌而不敢肆 此水兵之宜急者也 故水操之法

巨艦之制 皆海國之先務 不可不及閒暇而審議之也

所謂練火器者何也 火器亦虜之長技 非我所恃以制虜也
然大礮之用 所以摧堅 在攻城守城 必不可闕 而水戰者以
巨艦相當 猶兩壘相抵 大礮之製 不得不精 精者莫遠而不
達 莫微而不中 固長兵之利 然長兵短用 決機在其人 夫大
礮一發 所殺幾人 而其聲猛烈 震天裂地 若使敵獨善用之
我無以應之 則兵刃未接 三軍先讋 何能鬪乎 中國自始有
火器 其用之止於鳥銃 至大礮 則其法始傳 未幾而世屬升
平 故鑄造之極尠 而銃家者流亦皆秘其法 發放之術 將卒
不得知 以銃家有限之人 而奔走於東西百戰之地 其不給也
明矣 今自非令邦國大鑄造巨礮 士卒能通曉用法 則莫以壯
天下之氣 而所謂利器者 亦不足以爲守國之用也 若其制作
與架法放法 宜易簡便捷 而不宜繁巧遲重 如其奧秘妙訣煩
難不易曉者 不足恃也 且虜之駕大艦以逼人者 運城壘於水
上也 以守爲攻者也 拒之之勢 可執一而無變乎 故攻銃以
摧賊艦 守銃以扞港隩 戰銃以備馳突 及他火箭噴筒火桶火
磚之類 凡所以與銃相參用者 宜使衆人習熟 而至其臨時活
用以盡長兵之利則在其人也

若夫干鹵以輔甲冑 弓弩以副銃砲 鐵石以佐鉛銅者 抑亦
有說焉 戰國之世 士卒輕死 有不待干鹵者 然亦往往用之

以自扞蔽【攻城者 必束竹樹之城外 以遮銃丸 號曰竹束
朝鮮役 加藤清正等用龜甲者 其制如轒轀車 其他攻戰所
以自遮蔽者 固不可枚擧也 銃丸之迅 雖莫不洞徹 而既洞
一盾 其末力未必貫鐵甲 則士卒可恃以壯其膽 清正嘗遣兵
攻宇土 將士撤民舍戶扇 以自遮蔽 猶得以立於飛丸之下而
不慴 況干鹵之堅實 非戶扇之比乎 且虜銃一發裝數丸 比
之單裝一丸者 其力稍微 未必一洞堅盾而又更貫鐵甲 亦試
之其物可也 然干鹵之用 不在其洞與不洞 而在使兵卒不見
敵銃 曉兵機者 必能知之矣】今以習安脆弱之卒 一旦臨事
挺身於飛丸逆箭之間 無自遮蔽 而能無慴乎 則其既蔽以甲
冑 又遮之以干鹵 以固士卒心 其制不可以不講也

　　虜周流海外諸國 鉛錫銅鐵硝黃之屬 資之諸國之産 其用
固不窮 而我内自守 必發山嶽之秘以用之 則彼此多寡之
數 其不較也亦審矣【明人防寇 招集屯駐 當時汪汝淳云
所苦 人日衆而衣甲器械不繼 火藥更不敷 則此火藥之易生
者 亦猶患不敷 況今銅鐵鉛錫 其生有限者乎】故或參用弓
弩 不必專恃火器 其用火器者 亦不專恃銅與鉛 其銃身或
鐵或木 其彈或鐵或石或餅 或和以銅鐵之滓海上沙鐵之類
而以爲餅 雖朽繩敗布爛網破罟 亦採以供鍊造 無不可補其
乏者 收藏棄物 以待有用 試之平素 使士卒習知之 臨事百

方參用 庶急遽以不致匱乏也 嘗用其所希生者 將以有所大
用 至其用以應機制勝 則自有將略而存焉 此特可爲曉兵機
者論而非所豫論於紙上也【如戚繼光水戰法 弓弩標石與
火器相參 而如火器 亦其一船應備火藥五百斤 而鉛彈不過
三百斤 火藥之用 不止發鉛彈可見 而參以火箭噴筒藥桶諸
器 不專用鉛彈則火器之不必恃鉛彈亦可見】故大礮之制
干鹵之用 弓弩之技 與夫鐵石雜品可採以供用者 皆用火之
術 不可以不及間暇而審議之也

　　所謂峙資糧者何也 凡軍之所需 貯之府庫者 可以備守城
之用 而不足待戰陣無窮之需 資之市廛者 可以供平居演習
之用 而不足應一旦不虞之變 故硝黃膠漆皮革枲麻 凡水土
所産 宜使諸國多生之 而不容仰之遠境也 甲冑干鹵刀劍槍
槊弓矢銃礮 凡人工所作 宜及間暇多繕之 要在愈用愈不竭
也 金銀銅鐵鉛錫玉石 凡山嶽所藏 宜愨其用而禁其靡焉
今梵宮裝閣 及他玩好諸物 以至閭閻用器婦女衣帶 莫不塗
金抹銀 則銷金之禁 不可不嚴也【西土史書所載 有出其府
中黃金銀物以供軍用者 有禁金銀薄者 有禁織成金者 古人
所以用金銀者 在此而不在彼可見 唐六典有十四種金 曰銷
金拍金鍍金織金砑金披金泥金鏤金撚金戧金圈金貼金嵌金
裹金 宋時禁靡金以飾服器 又禁金銀箔線貼金銷金蹙金線

裝貼什器土木玩用之物 非命婦不得以爲首飾 冶宋主所用
悉送官 諸州寺觀 以金箔飾像者 自齎金銀工價 就思文院
換給 又禁僧求丐金銀珠玉錯末和泥以爲塔像 又禁内庭自
中宮以下 並不得銷金貼金間金金解剔金陷金明金泥金楞
金背影金盤金織金金線撚絲 裝着衣服 並不得以金爲飾 其
外庭臣庶家 悉皆斷禁 是他歷代申禁 無所不至 其重發天
地之藏之意 亦可見也】

　屢改貨幣 爐炭所燬損 不可不愛也 番舶交易 多屬無用
而棄金銅海外 不可不停也 其他由俗之奢麗致銷鑠金石者
指不勝屈 不可不爲之限制也【上下尚奢 工商競便 室屋器
財 以銅鐵代竹木之用者 爲不尠焉 礪砥燧石 軍國必用之
物 而細作纖巧 朝成夕毀 錐鑿刀鋸 徒致磨磷 眞鋼之精者
礪砥之良者 發掘將盡 俗貴磁器 不好漆器 硝子亦盛行於
世 而燧石之佳者 爲之銷鑠亦不尠 如是之類 其所以銷鑠
金石者 不可勝計 宜及其未盡而審求其所糜者 悉去之也】
能擇其無益實用者而盡去之 山嶽之秘 庶不速竭 而海内之
神氣 亦不甚耗也

　至米穀 則民命所係 在軍旅而糧食莫重焉 今其狼戾都會
者 可以充浮冗佚樂之奉 而不可給兵行不資之糧也 故欲峙
糧食 其務本業貴米穀 藏之民儲之國 固亡論【説見國體

篇】而浮冗之民 不可以不漸歸於農 酒餠餌餻之銷穀者 茶
蔫紅茜之妨農者 不可以不銷制其節

如常平之倉平準之署 其有可斟酌以行於今者 不可以不
講其制也 輕重得其權 米價得其平 使姦商猾賈無專操利柄
販夫販婦無獨失其業 善導利而布之上下 則邦君以及士民
其穀可多藏 而經費亦可以給焉 士民俱富 則商賈亦隨受其
利 䋫䋫有制 而上下俱便 所以導利者周也 官府及民間所
取豫貿易 多用米穀 而與金帛相參 則米穀流通人間 而不
腐陳於一方也 本於義社之倉 因以爲取陳食農之制 則細民
不乏 而其穀新舊可相換也

凡如是之類 古今經制 各有所宜 能擇其有益凶荒軍旅者
而盡行之 嘉穀盈溢海内 海内元氣 可以無餒也【凡理財穀
其術不一端 今欲行之 興一利 則一害隨生 臨時制宜 不可
執一論之 故如其詳 則將別有所論述 今特舉其一端 不詳
載其説也】故水土之産 人工之作 山嶽之秘 米穀之儲 息
其糜 廣其生 害者除之 利者興之 深謀遠慮 相時弛張 設之
權衡 立之制度 將待其人而後行 凡此皆資糧之峙 不可不
及間暇而審議之也

夫屯戍設 斥候明 水兵繕 火器練 資糧峙 則其所宜創立
者 大綱舉矣 大綱舉 則其瑣瑣者 亦將隨而作興焉 經制之

昔存而今廢 紀綱之昔張而今弛者 盡釐革而振起之 規模之
宜立而未立 禁令之宜設而未設者 盡創立而作興之 臣所畫
守禦之策 大略如此矣 然而智者之舉事其慮之也 必雜於利
害 故謀議畫策 既知其利 亦不可以不知其害之所在也 請
竟論之

　　夫天下之事 有是利必有是害 二者莫不相倚 易曰 利者義
之和也 苟自非以義爲利 則所謂利者 未見其爲利也 今欲興
士風 而義利不辨 則忠邪混淆 其所以賞罰與奪者 皆失其當
可以擾世 而不可以勵俗 欲以禁奢靡 則上下怠慢 貨賂潛行
而勤儉之風難致 欲以安萬民 則物情壅蔽 上下相睽 而所
以戒愼勤苦 非其實 欲舉賢才 則請託以行 沙驕兵 則怨讟
以作 增兵衆 則冒進以開 訓練兵旅者 不過用以爲文具 富
邦國者 適足以生驕心 班守備 則隨成尾大之患 設屯戍則兵
卒橫暴 蠹民傷俗 立墩臺謹驛遞 則徭役繁多 以擾百姓 製
巨艦運諸物 則姦闌難詰 鑄大銃製干鹵敎弓弩 則空疎術技
之徒進 生材備物 則欺罔釣利者聚 保齒金石 則民或失其業
權輕重平物價 則貿易生姦詐 夫若此 則事無一可爲者矣 語
曰 君子喩於義 小人喩於利 苟使義利不辨 小人而乘君子之
器 則天下之利 未見其不變爲害也

　　臣故論守禦之策 必首於興士風 欲其以義而率天下也 欲

以義率天下 則宜仗天下公義 以示其好惡也 今攘夷之令布
天下 因天下羞惡之心 以明大義於天下 天下知所向矣 固
宜感憤激勵 日夜相勸勉 智者獻謀 勇者致死 大有所振起
作興 速驅除驕 慮以立大義於天地也 而偸惰之俗未改 其
能以必死自期者 蓋無幾也

　夫去佚樂而就憂苦 本非人情所欲 習安懷居 滔滔皆是
攘夷之令雖布 而世未有實攘夷者 守禦之策 亦未聞大有所
鑿革創立 則民未知號令之必可信 其衆心未決於戰 而天下
兵士未甚陷 不亦宜乎 兵法曰 兵士甚陷則不懼 故北條氏
之剋元使 天下兵士一朝甚陷 其所以使之不得已者 出於率
然也 今實一攘夷 則天下泄泄者 聳然知所警矣 然後使玩
愒歲月者如登高去其梯 所以投之無所往 而其欲使兵士不
懼 莫要焉

　且古之人君欲大有爲 必赫然震怒 以身先天下 夙夜坐外
朝 日謀議天下大計 或巡視屯營 躬親撫循 或引布衣 庭陳
謀猷 慨然漓瀝肝膽 示天下以大有爲之志 與天下共其憂戚
夫如是則天下智勇之士 亦皆奮然輸赤誠宣忠力 誓不與虜
生 東西馳騁 爭自報効 萃天下之智勇於廟堂 廟堂一揮 令
行如響 義氣溢天下 然後可以大有所振起作興也

장
계
(長計)

영웅이 거사할 때는 반드시 먼저 천하를 대관大觀하고 만세萬世를 통시通視해서 일정하여 변하지 않는 장책長策을 세웁니다. 안으로 먼저 규모가 정해진 다음에 밖으로 무궁한 변고에 대응하기 때문에 변고가 생겨도 놀라지 않고 일이 어긋나도 곤경에 빠지지 않는 것입니다. 천백 번 꺾이고 좌절해도 결국엔 성공으로 귀결되는 것은, 그 지나온 길은 비록 만 갈래라도 그 향하는 바는 시종 한결같아서 간단間斷이 없기 때문입니다. 옛날에 신성神聖께서 오랑캐를 몰아내고 토우土宇를 개척하신 것이 모두 이 도道를 따랐습니다. 그러므로 중국은 항상 일정한 방략이 있어서 오랑캐를 제어하고, 변치 않는 기업基業을 세워서 황화皇化를 널리 펼치는 것입니다. 오랑캐라는 것은 커질 때도 있고 작아질 때도 있어서 반란과 복종을 반복합니다. 하지만 결국에는 우리 판도에 귀속되고 마는 것은 저들에게는 스스로 기업基業을 세울 만한 원대한 계획이 없어서 처음부터 중국이 장책長策에 의지하는 것에 대항할 수 없기 때문입니다.

천하를 잘 경략經略하는 자는 지기志氣가 광대해서 반드시 대세를 먼저 관찰합니다. 지형地形과 인정人情, 병모兵謀와 전략戰略을 마치 손바닥 위에 놓은 것처럼 환히 파악한 다음에 조치와 계획을 차례대로 시행하므로, 천하의 형세가 참으로 내 손아귀 안의 물건이 됩니다. 태조太祖가 중주中州를 평정했을 때 군대를 일으키기도 전에 그 지형이 천업天業을 넓히기에 충분하다는 것을 알았습니다. 또 천하를 경략하는 방법은 본래 밝았습니다. 계획을 먼저 정한 다음에 움직였기 때문에 정패旌斾가[597] 향하는 곳마다 순순히 명을 받들었던 것입니다. 스진천황崇神天皇이 국위를 선양해서 해외에 광휘를 입히려고 할 때,【천황의 꿈에 신이 나타나서 말하길, "해외의 국가도 응당 귀화할 것이다."라고 했으니,[598] 천황의 이 꿈도 아마 우연은 아니었을 것입니다.】긴키近畿에 아직 평정하지 못한 지역이 있었습니다. 그것을 초멸剿滅하기 전에 우선 천하를 사도四道로 제정해서[599] 사방을 경영했으니, 이는 대세를 읽었기 때문입니다.

---

597 정패(旌斾): 황제의 수레.

598 천황의 꿈에…했으니: 『日本書紀』의 기록에 따르면, 스진천황의 꿈에 오모노누시노카미(大物主神)가 나타나서 "천황은 이제 근심하지 마시오. 나라가 다스려지지 않는 것은 내 뜻이오. 내 아들 오타타네코(大田田根子)를 시켜서 나에게 제사를 지내면 곧 평온해질 것이오. 또한 해외의 나라들이 스스로 와서 엎드릴 것이오."라는 말을 했다고 한다.(『日本書紀』 제5권, 崇神紀 7년 2월조)

599 천하를…제정해서: 『日本書紀』에 "스진천황 10년 가을에 여러 경(卿)들에게 조칙을 내리길, '백성을 인도하는 근본은 교화에 있다. 이제 신기(神祇)에 제사를 올려서 재해가 모두 사라졌다. 그러나 먼 변방에 있는 사람들은 여전히 정삭(正朔)을 받지 않으니, 이는 왕화(王化)에 익숙하지 않은 것이다. 너희는 여러 경(卿)을 간택해서 사방에 파견하여 짐의 법을 알려라.'라고 하고, 오비코노미코토(大彦命)·다케누나카와와케(武渟川別)·기비쓰히코(吉備津彦)·다니하노치누시노미코토(丹波道主命)를 각각 사방에 파견했

그러므로 가까이 있는 자들이 먼저 평정되고, 멀리 있는 자들이 잇따라 와서 마침내 중흥의 대업을 이뤘던 것입니다. 그 뒤로 열성列聖이 계승 해서 기업基業에 기대어 황속荒俗을[600] 복속시키자 강토가 날마다 넓어지 고 해외가 가지런히 귀의했습니다.[601] 겐쇼조元正朝에[602] 이르러 말갈靺鞨 에 사신을 보내서 풍토를 살폈으니, 또한 아직까지 원략遠略을 잊지 않 았던 것입니다. 【요로養老[603] 연간에 와타리시마度島・쓰가루津輕의 쓰시 津司 모로키미노쿠라오諸君鞍男를 파견했습니다.】신성神聖께서 대세를 관찰해서 천하를 경략하심에 규모가 굉원宏遠했습니다. 대대로 준봉해 서 남은 공렬功烈이 아직도 이와 같았으니, 신성의 지기志氣가 뒤덮는 범 위를 또한 알 수 있습니다. 【당요唐堯가 기업基業을 개창했을 때 먼저 희 화義和에게 명하여 사방의 가장 먼 지역에 있으면서 일월성신日月星辰을 역상曆象해서 백성에게 농사철을 알려주게 했습니다.[604] 천지를 경위經緯

다"는 기록이 있다.(『日本書紀』제5권, 崇神紀 10년 9월조)

600 황속(荒俗): 오랑캐의 거친 풍속.

601 가지런히 귀의했습니다: 원문은 '海外有截'로, 有는 어조사, 截은 가지런하다는 뜻이 다. 『詩經』「商頌・長發」에 "해외가 가지런하게 귀의하였다.(海外有截)"라는 구절을 인 용했다.

602 겐쇼조(元正朝): 제44대 겐쇼천황(元正天皇, 재위기간: 715~724) 치세를 가리킨다. 겐쇼천 황은 다섯 번째 여성 천황이었는데, 그때까지 여성 천황이 황후나 황태자비였던 것에 반해 처음으로 독신으로 즉위한 여성 천황이었다.

603 요로(養老): 일본의 연호(서기 717~724).

604 희화(義和)에게…알려주게 했다: 희화(義和)는 요임금의 신하인 희씨(義氏)와 화씨(和氏) 이다. 중국 전설에 따르면 요임금이 희중(義仲)과 희숙(義叔), 화중(和仲)과 화숙(和叔) 두 형제에게 각각 사방에 머물면서 천상(天象)을 관측하고 역법(曆法)을 제정하게 했다고 한다. 이로부터 후대엔 역법과 천문을 관장하는 관리를 희화라고 하였다. 또 『書經』「堯 典」에 "이에 희씨(義氏)와 화씨(和氏)에게 명하여 호천(昊天)에 공경히 순응해서 일월성 신의 운행을 책력(冊曆)으로 만들고 측후기(測候器)로 살펴서 백성에게 농사의 때를 알 려 주게 하셨다.(乃命羲和 欽若昊天 曆象日月星辰 敬授人時)"라는 구절이 있다.

해서 그 원대한 것을 다한 뒤에 순舜·우禹의 공업功業을 차례대로 시행했으니, 먼저 그 대세를 살피지 않았더라면 할 수 없었을 것입니다. 『주례周禮』「천관天官」의 첫머리에 "육전六典으로605 방국邦國의 관부官府와 만민萬民을 총괄한다."라고 한 것은 하늘이 만민을 덮고 있기 때문이요, 「지관地官」의 첫머리에 "천하의 토지의 지도와 인민의 수를 관장한다."라고 한 것은 땅이 만민을 싣고 있기 때문입니다. 주공周公은 낙읍洛邑을606 건설할 때 처음 도착하자마자 만사를 제치고 희생을 써서 교郊제사를 바쳤습니다. 이는 하늘은 만백성을 덮는 것이므로 마땅히 가장 우선해야 하기 때문입니다. 한고조漢高祖는 진秦나라에 들어왔을 때 먼저 지도와 호적을 챙긴 덕분에 마침내 지형을 환히 파악해서 항적項籍의607 세력을 위축시킬 수 있었습니다. 이는 대세를 관찰해서 진취進取의 여부를 결정하는 것이므로 마땅히 서둘러야 했던 것입니다.】

후세에 중국에 사고가 많아서 먼 데 있는 자들이 조공을 오지 않았습니다. 그런데 묘당에 원대한 방략이 없어서 강토가 날마다 축소되어 신성神聖께서 천하를 경영하신 뜻이 종식되었습니다. 심지어 최근에는 오랑캐와 포악한 무리가 대세를 보고서 평소 정해둔 계략에 따라 300여년

605 육전(六典): 치전(治典)·교전(敎典)·예전(禮典)·정전(政典)·형전(刑典)·사전(事典)이다. 『周禮』「天官·大宰」에, "태재의 직분은 나라의 육전을 관장해서 왕을 보좌하여 나라를 다스리는 것이다.(大宰之職 掌建邦之六典以佐王治邦國)"라고 하였다.
606 낙읍(洛邑): 주나라 성왕(成王) 때 주공(周公)이 상(商)나라의 유민을 동원해서 건설한 도시. 훗날의 낙양(洛陽).
607 항적(項籍): 항우(項羽)를 가리킨다. 羽는 자(字)다. 숙부 항량(項梁)과 회계군(會稽郡) 오중(吳中)에서 거병하여 진(秦)나라 군대를 격파하고 스스로 초패왕(楚覇王)이라고 칭했으나, 한고조(漢高祖) 유방(劉邦)과 천하를 다투다가 해하(垓下)에서 패하여 사망했다.

동안 다른 나라를 제멋대로 집어삼키다가 감히 오만하게도 신주神州에서 겨를 핥아서,[608] 신성께서 오랑캐를 제어하신 계략을 역으로 써서 도리어 중국을 넘보고 있습니다. 그런데도 중국은 아직도 일정한 대책을 세우지 못하고, 조야朝野의 논의가 일시일비一是一非해서[609] 인순因循과 구차苟且를 면치 못하고 고식적인 생각에만 빠져 있습니다. 찬란히 빛나는 신명神明의 방국으로서 비린내 나는 이류異類가[610] 우리 변경에서 날뛰는 것을 좌시하고 있으니 어찌 수치스럽지 않겠습니까? 대체로 군사君師와[611] 억조의 기氣가 충분히 세상을 뒤덮고 가슴이 사해를 포용해서 여유 있게 천하의 일에 대처하는 자는 남을 제압하고, 소견이 목전의 이해利害에 불과한 자는 일이 대부분 생각하지 못한 데서 발생해서 천하를 가슴 속에서 운용하지 못하므로 남에게 제압을 당합니다. 해외의 일은 아직 눈으로 보지 못했습니다. 그러므로 교활한 오랑캐가 우리가 미처 생각하지 못한 것으로 우리를 업신여기고 희롱하는 것 또한 이상할 것이 없습니다.

이제 일정한 방책을 결정하고자 한다면, 천하대세를 관찰해서 피차의 허실을 깊이 살펴야 합니다. 사해만국四海萬國의 형세를 신이 이미 대략 말씀드렸습니다. 이제 그 대세를 관찰했으니, 다음으로는 마땅히 팔주八洲를[612] 성으로 삼고 창해滄海를 해자[池]로 삼아서 천하의 전체적인

---

608 겨를 핥아서: 『史記列傳』「吳王濞傳」에 "겨를 핥다가 쌀에 미친다.(舐糠及米)"라고 한 말을 인용한 것으로, 토지를 조금씩 잠식하다가 결국 나라를 무너뜨리는 것을 비유한다.

609 일시일비(一是一非): 한 사람은 옳고 한 사람은 그르다고 함. 어떤 사안에 대해 가부를 결정하지 못하고 의론이 분분한 모양을 비유한다.

610 이류(異類): 이민족(異民族).

611 군사(君師): 군주(君主).

형세에 따라 전수戰守의 방략을 세워야 합니다. 피차의 허실虛實을 파악
하려면 주객主客의 형세를 살펴서 조종지권操縱之權을 장악해야 합니다.
오랑캐는 만리萬里를 건너와서 남을 넘보는 자이니 객客이요, 우리는 안
으로 자수自守하는 자이니 주主입니다. 하지만 오랑캐가 매번 장책長策
으로 나와서 여유 있게 남을 제압한다면 객客이 주主로 바뀔 것입니다.
저들이 객客이면서도 궤량饋糧의[613] 노고가 없는 것은 어업이나 상업으
로 인량因糧의[614] 전술을 활용하기 때문이요, 수레가 부서지고 말이 피폐
해지는[615] 비용이 없는 것은 거함巨艦에 올라 큰 바람을 타고 오기 때문입
니다. 저들이 앉아서 우리 백성으로 하여금 명을 좇느라 피로하게 만드
는 것은 싸우지 않고도 남의 군대를 굴복시키는[616] 계모計謀요, 이교夷敎
로 우리 백성을 유혹하는 것은 적국을 온전히 하는 상책上策입니다.[617] 또
병법에 "병력이 10배가 되면 포위한다.[十則圍之]"라고[618] 했습니다. 지금

---

612 팔주(八洲): 오야시마(八大洲)라고 해서 일본전역을 뜻한다.

613 궤량(饋糧): 군량의 수송.

614 인량(因糧): 군량을 적에게서 조달한다는 뜻으로, 『孫武子』「作戰」에 "병력과 장비는 제
나라에서 가져다 쓰되 식량은 적의 것을 이용한다. 그러므로 군량이 풍족할 수 있는 것
이다.(取用於國 因糧於敵 故軍食可足也)"라는 구절에서 인용했다.

615 수레가…피폐해지는: 『孫武子』「作戰」에 "국가가 군대로 인해 빈곤해지는 것은 군량을
멀리 수송하기 때문이니, 멀리 수송하면 백성이 빈곤해진다…국가의 비용은 수레가 부
서지고 말이 피폐하며 갑옷과 투구, 활과 화살, 창과 방패, 갈고리창과 큰 방패, 구우(丘
牛)가 끄는 대거(大車)까지 10분의 6을 잃는다.(國之貧于師者遠輸 遠輸則百姓貧…公家之費
破軍罷馬 甲冑矢弩 戟盾蔽櫓 丘牛大車 十去其六)"라고 한 구절을 인용했다.

616 싸우지…굴복시키는: 『孫武子』「謀攻」에 "그러므로 백전백승은 전쟁을 잘하는 자 중에
잘하는 자가 아니요, 싸우지 않고 적군을 굴복시키는 것이 잘하는 중에 잘하는 자인 것
이다.(是故百戰百勝 非善之善也 不戰而屈人之兵 善之善者也)"라고 한 구절을 인용했다.

617 적국을…계책입니다: 원문은 전국위상지책(全國爲上之策)이다. 『孫武子』「謀攻」에 "용병
하는 방법은 적국을 온전히 유지시키고 이기는 것이 상책이요, 적국을 파괴하는 것이
그 다음이다.(凡用兵之法 全國爲上 破國次之)"라고 한 구절에서 인용했다.

오랑캐는 바다를 건너왔으니, 설령 저들이 갑자기 대거 들이닥치더라도 그 형세는 우리를 포위할 정도는 되지 않을 것입니다. 그럼에도 우리가 팔면八面에서[619] 적의 공격을 받아서 마치 포위된 것 같은 상황을 면치 못하는 것은, 저들은 뭉쳐 있고 우리는 나눠져 있기 때문입니다. 우리 연해에 수비하지 않는 곳이 없습니다. 그러므로 열로 나뉘는 것입니다. 오랑캐는 홀로 왕래해서 하고 싶은 대로 하기 때문에 언제 어디서 싸울지를 매번 저들이 결정합니다.[620] 그러므로 저들은 온전히 하나가 되는 것입니다.[621] 그러다가 가끔 한두 척의 배를 보내서 해상에서 오가게 하면 우리 백성을 충분히 소요시킬 수 있습니다. 사정이 이와 같으니, 과연 누가 허虛하고 누가 실實한지는 지혜로운 자가 아니더라도 알 수 있습니다.

이제 참으로 허虛를 떠나 실實로 나아가고자 한다면 저들이 가려는 곳

---

[618] 병력이…포위한다: 『孫武子』「謀攻」에 "그러므로 용병하는 방법은 아군이 적군의 10배가 되면 포위하고, 5배가 되면 공격하고, 2배가 되면 적을 분산시키는 것이다.(故用兵之法 十則圍之 五則攻之 倍則分之)"라는 구절이 있다.

[619] 팔면(八面): 사방(四方)과 사우(四隅), 즉 동·서·남·북과 동북·동남·서북·서남의 여덟 방위.

[620] 언제…결정합니다: 원문은 '知戰地知戰日 每在彼之掌握'이다. 『孫武子』「虛實」에 "그러므로 전투할 지역을 알고 전투할 날짜를 알면 천리 떨어져서도 적과 회전(會戰)할 수 있는 것이다.(故知戰之地 知戰之日 則可千里而會戰)"라고 한 구절을 인용했다.

[621] 저들은…것입니다: 『孫武子』「虛實」에 "그러므로 적은 형체를 드러내게 하고 우리는 형체를 숨기면 우리는 전일(專一)하고 적은 분산될 것이니, 우리는 전일하여 하나가 되고 적은 분산되어 열이 되면 이는 열로 나누어진 부대를 갖고 하나로 뭉친 부대를 공격하는 것이니 우리는 군대가 많아지고 적은 군대가 적어지는 것과 같다. 많은 병력으로 적은 적을 공격하면 우리가 상대해서 싸워야 할 자들이 적어진다. 우리가 전투할 지역을 적이 알지 못하게 해야 하니, 알지 못하면 적이 대비해야 할 곳이 많아지고, 적이 대비할 곳이 많아지면 우리가 상대해 싸울 자들이 적어진다.(故形人而我無 則我專而敵分 我專爲一 敵分爲十 是以十攻其一也 則我衆而敵寡 能以衆擊寡者 則吾之所與戰者 約矣 吾所與戰之地 不可知 不可知 則敵所備者多 敵所備者多 則吾之所戰者 寡矣)"라고 하였다.

을 어긋나게 하는 것이 최선이요,[622] 저들이 가려는 곳을 어긋나게 하고
자 한다면 저들로 하여금 우리를 대비하게 만드는 것이 제일입니다. 공
격과 수비는 하나입니다. 옛 사람이 말하길, "공격은 수비의 기틀"이라
고 했습니다. 우리가 공격하는 형세를 갖추면 오랑캐는 필시 우리를 대
비할 것이니, 주도권이 우리에게 있을 것입니다. 이제 만약 수비를 정비
한 뒤에 기회를 노려서 오랑캐를 외양外洋에서 막는다면, 오랑캐가 비록
변경에서 소동을 일으키려고 해도 어찌 감히 적은 선박과 부족한 병사
를 나눠서 공공연히 해상에서 위세를 과시할 수 있겠습니까? 저들이 만
약 무리지어 움직이고 감히 선박과 병사를 분산시키지 못한다면, 또한
여기저기서 출몰해서 사람들을 소요시킬 수 없을 것이니 우리가 수비
할 곳이 줄어들 것입니다. 저들이 한곳에 오래 모여 있으면 어업과 상업
으로 이익을 얻지 못해서 형세상 지금처럼 항상 정박할 수 없을 것이니,
의지할 술책을 잃어서 거리낌 없이 제멋대로 하려는 마음이 그칠 것입
니다. 또 우리가 내지內地에서 적을 기다리는 것은 산지散地요,[623] 오랑캐
가 아직 깊이 들어오지 않은 것은 경지輕地입니다.[624] 병법에 이르길, "산

---

622 저들이…최선이요: 『孫武子』「虛實」에, "우리가 싸우길 원치 않으면 비록 땅을 긋고
지키더라도 적이 우리와 싸울 수 없는 것은, 적이 가려는 곳을 어긋나게 하기 때문이
다.(我不欲戰 雖畫地而守之 敵不得與我戰者 乖其所之也)"라고 한 구절에서 인용했다.

623 산지(散地): 『孫武子』「九地」에 "제후가 그 영지에서 스스로 전쟁하는 것이 산지이다.(諸
侯自戰其地 爲散地)"라고 하였다. 산지(散地)는 제후가 자기의 영지 내에서 작전을 하면
그 병사들이 지형에 익숙하고 처자를 생각하는 마음이 커져서 위급한 일이 닥치면 쉽
게 도망치기 때문에 이곳에서는 전쟁을 하지 말라고 하였다.

624 경지(輕地): 『孫武子』「九地」에 "남의 땅에 들어갔으나 깊이 들어가지 않은 것이 경지이
다.(入人之地而不深者 爲輕地)"라고 하였다. 적의 영토에 깊이 들어간 군대는 단결해서 싸
움에 전념하지만 얕게 들어갔을 때는 분산되어 흩어질 수 있기 때문에 경지에서는 멈
추지 말고 계속 진군하라고 했다.

지에서는, 나는 병사들의 마음을 하나로 뭉치게 할 것이다."라고[625] 했습니다. 이제 일정한 방책을 결정해서 백성에게 향할 바를 알게 하고, 한 마음으로 산지에 있는 자들을 공격한다면 격파하기가 매우 어렵진 않을 것입니다. 무엇을 꺼려서 저들을 꺾을 수 있는 술책을 강구하지 않는 것입니까?

또 이른바 공격의 형세라는 것이, 어찌 반드시 군대를 무너뜨리고 성읍을 다투어야만 '공격'이라고 하겠습니까? 요는 우리 스스로 '적이 이길 수 없는 형세'를 만들어서, '적을 우리가 이길 만하게 만들기'를 구할 뿐입니다. 참으로 능히 지기志氣를 넓혀 대세를 관찰해서, 밖으로는 벌모伐謀・벌교伐交하여 형격세금形格勢禁의[626] 방략을 행하고 안으로는 수어守禦의 대비를 크게 갖춰서 병력은 충분히 오랑캐를 제압할 수 있고 정교政敎는 오랑캐를 변화시킬 수 있게 해서, 장차 저들이 변방에서 엿보려고 하면 분격섬멸奮擊殲滅해서 만 리에 위엄을 떨치고 저들이 귀순하려고 하면 동점서피東漸西被로[627] 사예四裔에[628] 홍화弘化해서, 에조蝦夷의 여러 섬들과 산단山丹의[629] 여러 오랑캐들이 줄지어 와서 복속하고, 날마다 오랑캐를 물리쳐서 토우土宇를 개척하는 것이 곧 '적이 이길 수 없는 형세'를 만드는 방법입니다. 그리하면 비록 싸우기 전이라도 반드시 은연중에 저들의 마음을 충분히 공격할 수 있을 것입니다. 그런 다음에 비

---

625 산지에서는…할 것이다: 원문은 '散地 吾將一其志'로, 『孫武子』 「九地」에 나오는 말이다.
626 형격세금(形格勢禁): 형세가 적들의 예상과 같지 않아서 자유롭게 움직이는 데 제약을 당함.
627 동점서피(東漸西被): 동쪽에 무젖고 서쪽에 입혀짐. 즉 사방으로 전파됨.
628 사예(四裔): 사방의 먼 끝 지방. 또는 거기에 거주하는 오랑캐.
629 산단(山丹): 현재 흑룡강 하류 지역.

항도허批亢擣虛하고[630] 기회를 노려서 마치 하늘에서 뚝 떨어진 것처럼 공격하는 것이 '적을 우리가 이길 만하게 만드는 것'에 해당합니다. 그렇게 하면 오랑캐는 우리를 대비하지 않을 수 없어서 객客이 주主로 변하는 술책이 바닥날 것입니다. 이것이 이른바 '적이 가려는 곳에서 어긋나게 하는' 방법이니, 실實이 허虛로 변하고 허虛가 실實로 바뀔 것입니다. 이와 같이 한다면 신성神聖께서 오랑캐를 막은 방략을 저들이 역으로 사용할 수 없고, 저들이 우리를 소요시킨 술책을 우리가 거꾸로 쓸 것이니, 그런 뒤에야 조종지권操縱之權을 우리가 장악할 것입니다. 묘당의 계책이 일단 정해졌으니, 상하가 한마음이 되어 천만 갈래의 길이 반드시 변치 말고 이 길을 따라야 합니다. 그제야 우리가 오랑캐를 제어하는 방법이 곧 신성께서 오랑캐를 다스리셨던 방법과 같아질 것입니다. 안으로 일정한 방략이 있고 밖으로 오랑캐가 이용할 만한 허점이 없다면, 비록 교활한 오랑캐 수천이 모여서 우리를 엿보더라도 어찌 우리 변경에서 제멋대로 날뛸 수 있겠습니까?【대유공大猷公이 전에 역관 시마노 겐료島野兼了라는 사람을 천축天竺에 보냈습니다.[631] 겐료는 네덜란드 상선을 타고 여러 나라를 떠돌다가 마침내 동해東海 3,000리까지 가서 한 대

---

630 비항도허(批亢擣虛): 요해처(要害處)를 제압하고 허점을 공격함. 『史記』 「孫子吳起列傳」에 나오는 말이다.

631 대유공(大猷公)이…보냈습니다: 대유공(大猷公)은 에도막부 제3대 쇼군 도쿠가와 이에미쓰(德川家光, 재위: 1623~1651)이다. 도쿠가와 이에미쓰는 나가사키의 네덜란드어 통역 시마노 겐료(島野兼了)에게 불교의 성지 기원정사(祇園精舍)의 시찰을 명했다. 그런데 당시 캄보디아의 프놈펜 일본인 마을에 거주하던 일본인들은 앙코르와트를 기원정사로 잘못 알고 있었다. 네덜란드 상선을 타고 건너간 시마노 겐료 또한 이 잘못된 정보에 따라 앙코르와트를 인도의 기원정사라고 생각해서 그곳을 시찰하고 「祇園精舍圖」라는 그림을 그렸다고 한다.

국을 발견했습니다. 그리고는 이 나라는 마땅히 신주神州에 속해야 한다고 생각해서 '일본국중日本國中'이라고 쓴 비석을 세웠으니, 당시 규모의 굉원宏遠함을 알 수 있습니다. 동해 3,000리라는 것은 아마도 서양 오랑캐가 말하는 아메리카亞墨利加인 듯합니다.】

우리에게 일정한 책략이 있어서 오랑캐를 통제한다면 충분히 민지民志를 하나로 만들 수 있습니다. 이제 만약 그것을 더욱 분발시켜서 군건히 결속시키고자 한다면, 감격분려感激奮勵해서 당장 공을 세우려는 사람이 있고, 점마적루漸磨積累해서[632] 먼 미래에 성공을 기약하는 사람이 있을 것입니다. 당장 공을 세우는 일은 투기응변投機應變이니[633] 장수의 능력에 달려 있거니와, 먼 미래에 성공을 기약하는 일은 천만세를 달관達觀하고 장시長視해서 흔들리지 않는 공업功業을 세워 황화皇化를 널리 펼치는 것이 아니라면 할 수 없습니다. 그러므로 경상慶償과 위벌威罰로 일시一時를 고동鼓動시키고, 전례典禮와 교화敎化로 영세永世에 기강을 세우는 것입니다. 그러므로 말하길, "선정善政은 백성이 두려워하고, 선교善敎는 백성이 사랑한다."라고 한 것이니, 백성을 두렵게 만드는 것은 한때의 위엄이요, 사랑하게 만드는 것은 영세永世의 군건함입니다. 그러므로 또 말하길, "선교善敎는 민심을 얻는다."라고 한 것입니다.[634]

---

632 점마적루(漸磨積累): 점마(漸磨)는 교육으로 차츰 감화시킨다는 뜻이고, 적루(積累)는 조금씩 쌓아나간다는 뜻이다. 『漢書』「董仲舒傳」에 "백성을 인(仁)으로 조금씩 물들이고 의(誼)로 조금씩 숫돌에 갈아나간다.(漸民以仁 摩民以誼)"라는 구절이 있다.

633 투기응변(投機應變): 임기응변(臨機應變).

634 선정(善政)은…것입니다: 『孟子』「盡心(上)」에 "선정(善政)은 백성이 두려워하고, 선교(善敎)는 백성이 사랑한다. 선정은 민재(民財)를 얻고 선교는 민심(民心)을 얻는다.(善政民畏之 善敎民愛之 善政得民財 善敎得民心)"라는 구절이 있다. 민재는 백성의 재산인데, 백성이

만세를 잘 유지하는 자는 염려가 장구하고 원대해서 반드시 먼저 그 대경大經을 세웁니다. 천명인심天命人心과 물칙민이物則民彝를[635] 불을 보듯 환하게 밝힌 뒤에 교훈教訓과 화도化導를[636] 순서대로 시행하므로 만세의 전상典常이[637] 참으로 내 가슴 속의 일이 됩니다. 옛날에 천조天祖께서는 신도神道로 교教를 세우고 충효를 밝혀서 사람의 기강을 세우셨으니, 만세를 유지할 수 있었던 이유가 참으로 명료합니다. 태고로부터 시작해서 무궁한 후세에 드리우심에 천손天孫이 받들어 황화皇化를 넓힌 것이 무엇 하나 천조天祖께서 교教를 세우신 유의遺意가[638] 아닌 것이 없습니다. 태조太祖가 정전征戰할 때 매번 신위神威에 기대서 무공武功을 이뤘고,【태조가 중토中土를 평정할 때 먼저 신기神祇에 예제禮祭를 올려서[639] 태양신의 위광을 등에 업고 전쟁에 나갔습니다. 이를테면 후쓰미타마노쓰루기師靈劍와[640] 야타가라스頭八咫烏를[641] 길안내로 삼은 것은 모

부유해지면 왕도 따라서 부유해진다는 의미를 함축한다.

635 물칙민이(物則民彝): 물칙(物則)은 물건의 법칙이고 민이(民彝)는 인간의 본연의 도리 또는 본성이다. 『詩經』 「大雅·蒸民」에 "하늘이 사람을 내셨으니 물건이 있으면 법칙이 있다. 사람은 그 본연의 도리를 갖기 때문에 이 아름다운 덕을 좋아한다.(天生蒸民 有物有則 民之秉彝 好是懿德)"라는 구절이 있다.

636 화도(化導): 교화해서 인도함.

637 전상(典常): 상도(常道), 상법(常法).

638 유의(遺意): 옛사람이 남긴 뜻.

639 태조가…예제(禮祭)를 올려서: 태조(太祖)는 초대 진무천황(神武天皇)이며, 신기(神祇)는 하늘의 신인 천신(天神)과 땅의 신인 지기(地祇)를 가리킨다. 『日本書紀』 제3권에 진무천황이 "이제 나는 태양신의 자손으로서 태양을 마주하고 오랑캐를 정벌하는 것은 천도(天道)를 거스르는 일이다. 뒤로 물러나서 약한 모습을 보이고, 신기(神祇)에 예제(禮祭)를 올린 다음에 태양신의 위엄을 등에 업고 적을 습격하는 것이 나을 것이다. 그렇게 하면 칼에 피를 묻히지 않아도 오랑캐는 필시 스스로 패망할 것이다."라고 했다는 기록이 있다.

640 후쓰미타마노쓰루기(師靈劍): 『日本書紀』 제3권에 다케미카즈치노카미(武甕雷神)가 진

두 천신天神의 가르침을 받든 것이요, 뉴카와丹生川 기슭에서 천신天神과 지기地祇에게 제사를 바치고 도신道臣에게 명하여 다카미무스비高皇産靈尊에게 제사를 드리게 한 것은 모두 신위神威에 기댄 것입니다.】중주中州를 평정한 뒤엔 도미鳥見에[642] 영치靈畤를[643] 세우고 황조皇朝의 천신께 보제報祭를 올려서 대효大孝를 폈습니다.【처음에 나가스네히코長髓彥를 공격할 때 히도노미쓰鵄瑞를 얻어서 마침내 그를 이겼습니다. 그러므로 그 땅을 히도노무라鵄邑라고 부른 것입니다. 그곳이 바로 도미鳥見이니, 그렇다면 거기에 영치靈畤를 세운 데는 대략 이유가 있는 것입니다.】

스진천황崇神天皇의 즉위 초에 간혹 배반하는 자들이 있었습니다. 당시 상고上古의 풍속을 답습해서 전내殿內에서 천조天祖께 제사를 바쳤는데, 천황의 경외敬畏하는 마음에 스스로 편치 않았습니다. 이에 이어移御해서 신기神器를 가사누이笠縫에 봉안하고, 분명히 보이도록 밖에서 제사를 지내서 천하가 우러러 보게 했습니다. 그 경사존봉敬事尊奉하는 뜻을 천하와 공유하자 천하가 모두 천조天祖를 높이고 조정을 공경할 줄을 알았습니다.【전내殿內에서 제사를 올린다면 안에서는 성경誠敬을 극진

무천황의 신하인 다카쿠라지(高倉下)의 꿈에 나타나 영검(靈劍)인 후쓰미타마노쓰루기를 내려주었는데, 다음날 창고에 가서 보니 과연 그 검이 있어서 천황에게 진상했다는 기록이 있다.

641 야타가라스(頭八咫烏): 『日本書紀』 제3권에 따르면, 진무천황이 동정(東征)할 때 다카미무스비노카미(高皇産靈尊)가 세 발 달린 까마귀 야타가라스(頭八咫烏)를 보내주었는데, 이 까마귀가 구마노쿠니(熊野國)부터 야마토노쿠니(大和國)까지 길안내를 했다고 한다.

642 도미(鳥見): 나라현(奈良縣) 사쿠라이시(桜井市) 도비(外山)에 있는 산으로 진무천황이 여기서 미오야노아마쓰카미(皇祖天神)에게 제사를 바쳤다고 한다.

643 영치(靈畤): 원래 제단 따위의 터를 뜻하는 말인데, 일본에서는 다이조사이(大嘗祭)를 거행하는 장소를 가리킨다.

히 할 수 있지만, 그 존경하는 대의를 천하에 밝힐 수는 없습니다. 천황이 이에 밖에서 제사를 올려서 공공연히 천하와 함께 공경히 섬기자 성경의 뜻이 천하에 드러나서 말하지 않아도 천하가 깨달았습니다. 한 사람이 성경을 다해도 신명神明을 감동시킬 수 있는데, 하물며 천하의 성경을 모아서 신을 섬김에 있어서겠습니까? 옛사람이 말하길, "천하로 봉양했으니 최고로 봉양한 것이다."라고[644] 했으니, 또한 이러한 대의를 분명히 한 것입니다. 주나라 사람은[645] 어버이가 돌아가셨을 때 온 사해四海의 신민이 각기 직분에 따라 함께 모여서 제사 지내는 것을 위대하게 여겼습니다. 그러므로 문왕文王을 명당明堂에서 제사 지내고 구주九州와[646] 함께 공경히 모셔서 비단 사당에서 배향配享하는 데 그치지 않았던 것이니, 이 또한 아마도 같은 뜻일 것입니다.】

오모노누시大物主와 야마토노쿠니타마倭國魂에게[647] 제사를 바친 것은 지방의 백성이 공경하는 대상이라서 그 제사의 격식을 정한 것이었습니다

---

644 천하로…봉양이다: 원문은 "以天下養 養之至也"으로, 『孟子』「萬章(上)」에 나오는 구절을 인용했다.

645 주나라 사람: 『孝經』「聖治」에 "옛날에 주공(周公)은 후직(后稷)에게 교(郊) 제사를 지내서 하늘에 배향하시고, 문왕을 명당(明堂)에서 종사하여 상제와 함께 제사를 지냈다. 그러므로 온 사해의 신민이 각자 그 직분에 따라 와서 함께 제사를 지낸 것이다.(昔者周公 郊祀后稷以配天 宗祀文王於明堂以配上帝 是以四海之內各以其職來祭)"라고 한 구절을 인용했다.

646 구주(九州): 고대에 중국을 지리적으로 기주(冀州)·연주(兗州)·청주(靑州)·서주(徐州)·예주(豫州)·형주(荊州)·양주(揚州)·옹주(雍州)·양주(梁州)의 9개 주로 구분했는데, 후대에는 중국 그 자체를 가리키는 말이 되었다.

647 야마토노쿠니타마(倭國魂): 일본신화에 등장하는 신인 야마토노오쿠니타마노카미(倭大國魂神)를 가리킨다. 쿠니타마(倭國魂)는 신도(神道)의 한 가지 관념으로, 구니(國) 또는 그 땅 자체를 신격화하는 것을 말한다.

다. 그러자 기전畿甸의[648] 민심에 계속繫屬되는[649] 바가 생겨서 다함께 조정을 받들었습니다. 【오모노누시노카미大物主神가 처음 국토를 평정할 때 공을 세우자 백성이 그를 높이 받들었습니다. 그러므로 그 후손을 등용해서 제사를 주관하게 하자, 백성은 조정이 민심과 하나임을 깨닫고 조정에 기대와 희망을 가졌던 것입니다. 이 제사의 의의는 곧 주나라 사람의 이른바 태사太社라는 것과 유사합니다. 『예기禮記』에 "왕이 백관과 뭇 백성을 위해 세운 사社를 태사라고 한다."라고[650] 한 것이 이것입니다. 사社라는 것은 토지신土地神의 제사를 지내는 것인데 유공자有功者도 함께 배향합니다. 즉, "공공씨共公氏에게 구룡句龍이라는 아들이 있는데 후토后土가 되었다. 후토의 제사를 지내는 것이 사社이다."라는[651] 것이 이것입니다. 야마토노쿠니타마倭國魂라는 것은 야마토大和[652] 지역을 진무鎭撫한 신입니다. 당시 야마토에 도읍을 정했기 때문에 특별히 이 신의 제사를 지내는 것입니다. 그 의의는 주나라 사람의 이른바 왕사王社와 또한 매우 유사하니, 『예기禮記』에 "왕이 자신을 위해 세운 사社를 왕사라고 한다."라고[653] 한 것이 이것입니다. 토지는 백성이 의탁하는 것이요,

---

[648] 기전(畿甸): 수도의 인근 지역.

[649] 계속(繫屬): 말이나 소에 고삐와 굴레를 씌우고 새를 우리 안에 가둔다는 뜻으로, 통제를 의미한다.

[650] 왕이…태사(太社)라고 한다: 원문은 "王自立社曰王社"으로, 『禮記』「祭法」에 나오는 말이다.

[651] 공공씨(共公氏)에게…사(社)이다: 『春秋左氏傳』昭公二十九年條에 나오는 말로, 원문은 "共公氏有子 曰句龍 爲后土 后土爲社"이다. 후토(后土)는 여러 가지 뜻이 있는데, 토지, 토지신(土地神), 고대에 토지를 관장하던 관원 등을 뜻한다. 구룡(句龍)은 토지를 관장하는 직책을 맡았는데, 물길과 땅을 잘 다스려서 그를 토지신으로 봉사(奉祀)했다고 한다.

[652] 야마토(大和): 일본의 옛 지명으로 현재 나라현(奈良県)에 해당한다.

[653] 왕사(王社): 천자가 토신(土神)과 곡신(穀神)에게 제사를 지내는 장소로, 『禮記』「祭法」에

토지의 신은 백성이 공경하는 대상입니다. 따라서 천황이 제주祭主가[654] 되어 제사를 지내면 민심이 통속統屬될[655] 것입니다. 이것이 민심을 하나로 하는 방법입니다.】 이러한 의의를 사방에 전파해서 아마쓰야시로天社와 구니쓰야시로國社를[656] 정하면 천하의 신사神祠가 모두 통합될 것이요, 천하의 민심에도 계속繫屬되는 바가 생겨서 함께 조정을 받들 것입니다.【옛날 여러 신들의 칭호는, 천조天祖의 자손과 그 조정朝政을 보좌한 것을 아마쓰카미天神라고 통칭하고, 구족대성舊族大姓[657]으로 국토國土를 평정한 것을 구니쓰카미國神라고 하니, 이것이 바로 아마쓰야시로天社와 구니쓰야시로國社입니다. 『영의해令義解』에서[658] "아마쓰카미라는 것은 이세伊勢・야마조노카모山城鴨・스미요시住吉・이즈모노구니노미야쓰

"왕이 백관과 만민을 위해 세운 사(社)를 태사(太社)라고 하며, 왕이 자신을 위해 세운 사(社)를 왕사(王社)라고 한다.(王爲群姓立社曰大社 王自爲立社曰王社)"는 구절이 있다.

654 제주(祭主): 제사를 주관하는 사람.

655 통속(統屬): 통할(統轄), 예속(隷屬).

656 아마쓰야시로(天社)・구니쓰야시로(國社): 각각 아마쓰카미(天津神)와 구니쓰카미(國津神)를 모시는 신사(神社)를 말한다. 아마쓰카미와 구니쓰카미는 일본신화에 등장하는 신을 분류하는 방법으로, 전자는 다카아마하라(高天原)에 있거나 그곳에서 강림한 신, 후자는 지상에 현현한 신을 통칭하는 말이다. 오늘날의 학설에 따르면, 야마토 왕권에 의해 평정된 지역의 토착민들이 신봉하던 신이 구니쓰카미로, 황족이나 유력한 씨족이 믿는 신이 아마쓰카미로 되었다고 한다. 아마쓰카미는 천신(天神), 구니쓰카미는 지기(地祇)와 같다.

657 구족대성(舊族大姓): 구족(舊族)은 오랫동안 높은 지위를 차지한 일족이고, 대성(大姓) 또한 세가(世家), 명문(名門)의 뜻이다.

658 『令義解』: 고대 일본에서 제정된 법률인 양로령(養老令)에 대한 주석서로서 833년에 준나천황(淳和天皇)의 칙명에 따라 편찬되었으며, 법적 효력을 갖고 있었다. 양로령은 원래 중국 당나라의 율법을 수용한 이른바 계수법(繼受法)이었다. 그런데 당나라의 율법이 현재 전해지지 않기 때문에『令義解』는 고대 동아시아의 법률과 제도를 연구하는 데도 중요한 자료가 된다.

코出雲國造의 제신祭神[659] 등의 종류이며, 지기地祇라는 것은 오카미大神·오야마토大倭·가쓰라기카모葛木鴨·이즈모노오나무치노카미出雲大汝神 등이다."라고 했으니, 또한 아마쓰야시로天社와 구니쓰야시로國社를 말한 것입니다.】

신치神地와 간베神戶를[660] 정해서 모든 신에 대한 공봉供奉을 일정하게 하면 백성은 조정이 신기神祇를 공경함을 알 것이요, 병기兵器로 신에게 제사를 올리고 이로써 군령軍令을 맡기고 험요險要한 지역을 수비하면 백성은 조정을 범할 수 없음을 깨닫고 더욱 외경할 것입니다.【「수인기垂仁紀」에 보면 궁시弓矢와 횡도橫刀를 여러 신사에 들여놓았다는 기록이 있으니, 병기兵器로 신기神祇의 제사를 지내는 것이 여기서 유래됐습니다.[661] 그런데 스진천황崇神天皇 때 이미 방패와 창으로 스미사카黑坂·오사카大坂의 신에게 제사를 바쳤습니다.[662] 이는 두 언덕[坂]이 모두 험요險

---

659 제신(祭神): 신사에서 모시는 신(神).
660 신치(神地)·간베(神戶): 신치는 신사에 지급된 전답이고, 간베는 신사에 속한 백성으로 조세와 부역을 바치는 것을 말한다.
661 「수인기(垂仁紀)」에 보면…시작됐다: 『日本書紀』 제6권에 "[스이닌천황] 27년 가을 8월 계유삭(癸酉朔) 기묘(己卯)에 사관(祠官)에게 명하여 병기(兵器)를 신에게 예물로 바치는 일을 점쳤더니 점괘가 길하다고 나왔다. 그러므로 활·화살·횡도(橫道)를 여러 신사에 봉납했다. 이에 다시 신치(神地)와 간베(神戶)를 정해서 제때에 제사를 지내게 했다. 대체로 병기를 갖고 신기(神祇)에 제사를 지내는 것은 이때 처음 시작됐다."라는 구절이 있다.
662 스진천황(崇神天皇) 때…제사를 지냈다: 『日本書紀』 제5권에 "[스진천황] 9년 봄 3월 갑자삭(甲子朔) 무인(戊寅)에 천황의 꿈에 신인(神人)이 나타나 '붉은 방패 8매, 붉은 창 8자루를 봉납해서 스미사카카미(黑坂神)에게 제사 지내십시오. 또 검은 방패 8매, 검은 창 8자루를 봉납해서 오사카카미(大坂神)에게 제사 지내십시오.'라고 가르쳐 주었다. 4월 갑오삭(甲午朔) 기유(己酉)에 꿈에서 가르쳐 준 대로 쿠로사카카미와 오사카카미에게 제사 지냈다."라는 구절이 있다.

要한 지역인데, 제사를 통해 융기戎器를⁶⁶³ 정비하고 은연중에 험요한 지역을 견고히 하는 뜻을 붙인 것이었습니다. 스이닌천황垂仁天皇 때도 이러한 뜻을 답습했던 것입니다.】 백성이 조정을 높이 받들고 경외하면 반란을 일으킨 자들은 저절로 평정되니, 하니야스埴安와 후루네振根⁶⁶⁴ 같은 무리는 미처 발걸음을 돌리기도 전에 도륙당했습니다. 신도神道가 밝아진 뒤로 열성列聖이 계승해서 사전祀典을 사방에 널리 나눠주고 기록에 없는 것까지 질서 있게 제사를 지냈습니다.⁶⁶⁵ 【『엔기시키延喜式』에 기재된 신명神名에 따르면, 궁중과 경사京師, 기내칠도畿內七道에⁶⁶⁶ 총 3,100여 좌座가 있습니다. 대사大社는 492좌가 있는데, 그 가운데 304좌는 기넨新年⁶⁶⁷·쓰키나미月次⁶⁶⁸·니나메新嘗⁶⁶⁹ 등의 제사에서 안상관폐를⁶⁷⁰ 받고, 특히 71좌는 아이나메노마쓰리相嘗祭에도⁶⁷¹ 참여합니다. 나머지 대사大

663 융기(戎器): 병기(兵器).

664 하니야스(埴安)·후루네(振根): 하니야스는 다케하니야스히코(武埴安彦)로 스진 10년에 처 아타히메(吾田媛)와 함께 반란군을 일으켰고, 후루네는 이즈모노후루네(出雲振根)로 스진 60년에 이즈모(出雲)의 신보(神寶)를 조정에 헌상하는 것에 반대하다가 주륙당했다.

665 기록에…제사를 지냈습니다: 원문은 '咸秩無文'이다. 『書經』「洛誥」에 "주공이 이르길, '왕께서는 비로소 성대한 예를 갖춰서 신읍에 제사를 지내시되 사전(祀典)에 없는 것까지도 모두 질서 있게 하소서.(周公日 王肇備殷禮 祀于新邑 咸秩無文)"라고 한 구절을 인용했다.

666 기내칠도(畿內七道): 오기칠도(五畿七道). 주 327) 참조.

667 기넨(祈年): 매년 2월 4일에 폐백(幣帛)을 올려서 그해의 풍년을 기원하는 제사.

668 쓰키나미(月次): 매년 두 차례, 6월과 12월 11일에 폐백을 올리는 제사.

669 니나메(新嘗): 주석 27) 참조.

670 안상관폐(案上官幣): 신기관(神祇官)에서 대사(大社)에 봉헌하는 폐백을 제사상 위에 두는 것이다. 소사(小社)의 폐백은 제사상 아래에 두고 제사를 지낸다.

671 아이나메노마쓰리(相嘗祭): 매년 11월 상묘일(上卯日)에 니나메사이(新嘗祭, 11월 下卯日에 거행)에 앞서 교토 및 야마시로(山城)·야마토(大和)·가와치(河內)·셋쓰(攝津)·기이(紀伊) 등 5개 구니(國)에 있는 71개 신사에서 햇곡식을 바치는 제사로서 다이진구(大神

社 188좌는 모두 기넨사이祈年祭에서 고쿠헤國幣를[672] 받습니다. 소사小社는 2,640좌가 있는데, 그중에 433좌는 기넨사이에서 안하관폐案下官幣를 받고, 2,207좌는 모두 기넨사이에서 고쿠헤를 받습니다. 그 제사의 등급이 대개 이와 같은데, 천하의 제사가 모두 포함되어 있습니다.】정토征討를 하면 공종功宗을 기록해서[673] 그 지역을 안정시키고,【옛날엔 정토를 하면 지방에서 공렬功烈이 있는 자의 제사를 지내고, 그 자손에게 제사를 주관하게 해서 백성과 만물을 안정시켰습니다. 이를테면 가시마노카미鹿島神는[674] 무공武功으로 동방을 진무했는데 상오常奧[675] 지역에 그 신의 분사分祀가[676] 가장 많습니다. 『엔기시키延喜式』에 따르면 무쓰노쿠니陸奧國에 가시마鹿島 및 가시마노미코鹿島の御子라는 사호社號를 가진 신사가 8좌이며, 『엔기캬쿠延喜格』에[677] 따르면 무쓰노쿠니에 가시마鹿島 뵤에이신苗裔神의[678] 신사가 38좌입니다. 이는 다케미카즈치노미코토建雷命와 그 자손이 이 지역을 평정하는 데 공을 세웠기 때문에 대대로 제사를 지

宮)의 간나메사이(神嘗祭)에 해당한다.
672 고쿠헤(國幣): 고쿠시(國司)가 대행(代行)하는 폐백.
673 공종(功宗)을 기록해서: 원문은 '記功宗'인데, '功宗'은 으뜸가는 공이라는 뜻이다. 『書經』 「洛誥」에 "공종을 기록해서 공에 따라 원사(元祀: 하늘과 땅에 지내는 큰 제사)를 지냈다.(記功宗 以功作元祀)"라는 구절을 인용했다. 이는 공신을 원사(元祀)에 배향한다는 뜻인데, 본문에서는 공신을 신(神)으로 섬긴다는 뜻으로 인용되고 있다.
674 가시마노카미(鹿島神): 이바라키현(茨城縣) 가시마쵸(鹿島町)에 위치한 가시마신궁(鹿島神宮)의 제신(祭神)인 다케미카즈치노미코토(武甕槌命, 建雷命)를 가리킨다.
675 상오(常奧): 히타치노쿠니(常陸國)와 무쓰노쿠니(陸奧國).
676 분사(分祀): 본사(本祀)와 같은 제신(祭神)을 별도의 신사를 만들어서 모시는 것. 또는 그 신사.
677 『延喜格』: 907년에 완성되어 이듬해 12월부터 시행된 법령집이다. 일본 율령제에서 캬쿠(格)는 율령의 수정·보충을 위한 부속 법령을 의미한다.
678 뵤에신(苗裔神): 부자 관계에 있는 신이 신사에 합사(合祀)되는 경우 그 자식에 해당하는 신.

내는 것입니다. 오나무치노미코토大己貴命는 이즈모出雲를 평정하고 도요키노미코토豊城命는 게노毛野를 평정했는데, 자손들이 모두 그 지역을 지키며 대대로 그 제사를 주관합니다. 이러한 신들의 사례가 여러 구니國에 매우 많을 것입니다. 백성이 우러러 보는 대상을 이용해서 풍속을 안정시키기 때문에 만민에게 공경심을 갖게 하는 것입니다. 주나라 사람이 낙읍洛邑을 건설할 때 사전祀典에 없는 것까지도 모두 질서 있게 제사를 지내고 종공宗功을 기록해서 공에 따라 원사元祀를 지냈는데, 그 뜻이 또한 우리 조종祖宗의 법도와 매우 유사합니다.】이로써 민심을 순일하게 해서 오랑캐를 물리치고 난폭한 풍속을 변화시켰습니다. 그러므로 덕화德化가 날마다 더욱 무젖어서 백성이 시옹時雍했던[679] 것입니다. 그 경기京畿와 여러 구니國에서 지방을 수호하던 신과 제사를 백성이 지금까지 우러러보고 예를 다해 공경하고 있으니, 이를 통해 충분히 보본반시報本反始의 의의를 다시 깃들일 수 있습니다.

신성神聖께서는 대경大經을 세워서 만세를 유지하셨습니다. 전례典禮가 분명해진 뒤로 대대로 준수해서 아직까지 남은 구물舊物이[680] 이와 같으니, 신성의 염려가 미친 범위를 또한 알 수 있습니다. 그런데 후대에 이르러 이단異端이 한꺼번에 일어나서 대도大道가 분명하지 않은데도, 묘당에 장구한 사려가 없어서 조정朝政이 쇠퇴하고 민심이 날로 흩어져 신성께서 만세를 유지하신 뜻에서 벗어났습니다. 심지어 최근에는 흡

---

679 시옹(時雍): 화목(和睦). 『書經』「堯典」에 "만방을 화합하여 융화하게 하시니 백성이 아! 변하여 이에 화목해졌다.(協和萬邦 黎民於變時雍)"라고 한 데서 유래한 말이다.
680 구물(舊物): 과거의 전장제도(典章制度).

사 대경大經을 세운 것처럼 보이는 교활한 오랑캐가 좌도左道로[681] 민지民志를 좀먹고 있습니다. 비록 선교善教는 아니지만 또한 교敎라는 이름이 붙어서 민심을 얻기에 충분하니, 가는 곳마다 사우祠宇를 불태우고 호신胡神에게 첨례瞻禮해서[682] 민지民志를 무너뜨립니다. 그러므로 역염逆焰에 선동된 무리가 육합六合에[683] 거의 가득해서, 이제는 감히 제멋대로 신주神州에 한번 독毒을 끼치려고 합니다. 신성께서 오랑캐의 풍속을 변화시키신 방법으로 도리어 중국을 변화시키려고 하거늘, 중국은 아직까지 흔들리지 않는 기업基業을 세우지 못해서 민심이 이합취산離合聚散하는 데도 미봉책으로 일관하며[684] 하루의 계책을 삼는 데 불과합니다. 찬란한 신명神明의 나라로서 누린내 나는 이류異類가 우리 인민을 기망期罔하는 것을 좌시하고 있으니 어찌 수치스럽지 않겠습니까?

하늘보다 위엄스러운 것은 없습니다. 그러므로 성인은 하늘을 엄숙히 공경하고 받들어서 사물死物이 되지 않게 하고, 백성에게 그것을 외경畏敬하고 송복悚服하는[685] 마음을 갖게 하는 것입니다. 또 사람보다 영묘한 것은 없습니다. 그 혼백은 정강精强해서 초목이나 금수와 같이 소멸하지 않으니, 그가 죽고 태어날 때 또한 막연히 아무 생각이 없을 수 없습니다. 그러므로 성인은 제사 의례를 밝히고 유명幽明을[686] 다스려서, 죽

---

681 좌도(左道): 사도(邪道). 이단(異端).
682 첨례(瞻禮): 우러러보며 예배함.
683 육합(六合): 사방(四方)과 천지(天地). 온 세상.
684 미봉책으로 일관하며: 원문은 가루견보(架漏牽補)로, 새는 곳을 막고 해진 데를 깁는다는 뜻이다.
685 송복(悚服): 두려워서 복종함.
686 유명(幽明): 저승과 이승, 죽음과 삶, 귀신과 인간.

은 자에게는 기댈 곳을 주어 그 신神을 위안하고, 산 자에게는 죽음에도 의지할 바가 있음을 알게 해서 그 뜻이 흔들리지 않도록 하는 것입니다. 백성이 일단 하늘의 위엄을 외경하고 송복하면 하늘을 더럽히는 사설邪 說에 미혹되지 않을 것이요, 유명幽明에 대해 불안감이 없으면 사후의 화 복禍福에 현혹되지 않을 것입니다. 보제기양報祭祈禳을,[687] 위에서 이 일을 담당하고 백성은 위의 말을 듣는다면 마치 하늘을 받드는 것처럼 군주 를 공경하고 추원신효追遠申孝할 것입니다. 사람들이 자신의 일족을 모 아서 안에서 정情이 극진해지면, 마치 어버이를 사모하듯이 선조를 추 념追念할 것입니다. 그리하면 민심이 아래로부터 순일해져서 괴망불경 怪妄不經의[688] 설이 들어올 길이 없을 것입니다.

제사의례가 폐기되면 하늘과 사람이 단절돼서 민생이 안이하고 오만 해집니다. 유혼游魂은 편안히 쉬지 못하고 산 자는 사후세계를 두려워 해서 백성이 굳은 의지를 잃을 것이니, 명복음화冥福陰禍의[689] 설이 이로 부터 들어올 것입니다. 사후의 요행을 바라고 생전의 의義를 잊어서, 마 치 도적을 피하듯이 정령政令을 피하고 자애로운 어머니를 흠모하듯이 기이한 언설을 흠모해서 마음이 밖으로 치달아 안에서 줏대가 없어질 것입니다. 사후의 화복禍福은 눈으로 본 일이 없습니다. 그러므로 사악 한 무리가 민심이 두려워하는 것을 이용해서 위협하는 것도 괴이할 것

---

687 보제기양(報祭祈禳): 하늘의 은덕에 보답하고[報], 선조의 제사를 지내고[祭], 좋은 일이
　　오길 바라고[祈], 나쁜 일을 물리치길[禳] 기원한다는 뜻이다.
688 괴망불경(怪妄不經): 괴상하고 허망하며 상도(常道)에서 벗어남.
689 명복음화(冥福陰禍): 명복은 죽은 뒤에 저승에서 받는 복이고, 음화는 신령한 힘에 의해
　　내려지는 사람의 생각으로는 예측할 수 없는 재앙을 말한다.

이 없는 것입니다.【정精과 기氣가 물物이 되고 유혼游魂이 변變이 됩니다.[690] 그러므로 그 소명昭明하고 훈호焄蒿하고 처창悽愴한 것을[691] 따로 제사 지내서 위안하지 않으면 죽은 자가 기댈 수 없는 것입니다. 죽은 자가 기댈 데가 없으면 산 자의 마음에도 불안감이 없을 수 없습니다. 일반백성의 경우, 비록 스스로 그 소이연所以然은 알지 못하더라도 명명冥冥한[692] 것에 대해 불안감을 갖는 것은 어쩔 수 없는 인정人情입니다. 게다가 산 자 또한 자신의 죽음에 대해 위안을 얻을 수 없어서 안으로 무언가를 믿고 스스로 강해질 수 없으니 사후의 설에 미혹되지 않을 수 없습니다. 그러므로 제사를 지내서 이들을 안심시키는 것입니다. 아비와 할아비, 아들과 손자는 본디 일기一氣를 공유합니다. 아비와 할아비는 곧 전신前身이요 아들과 손자는 후신後身이니, 그렇다면 그 유혼游魂이 아들과 손자 말고 어디로 가겠습니까? 그러므로 아들과 손자가 아비와 할아비의 제사를 지내면 항상 감응이 있어서 소명昭明하고 훈호焄蒿하고 처창悽愴한 것이 그것에 기대어 안식하는 것입니다. 하늘은 반짝이는 것들이 많이 모인 것인데,[693] 인간은 천지天地 사이에 있으므로 천지의 기氣

---

690 정기(精氣)가…됩니다:『周易』「繫辭(上)」에 "정(精)과 기(氣)가 물(物)이 되고 유혼이 변(變)이 되니, 이 때문에 귀(鬼)와 신(神)의 정상(情狀)을 안다.(精氣爲物 游魂爲變 是故知鬼神之情狀)"라고 하였다.

691 소명(昭明)하고 훈호(焄蒿)하고 처창(悽愴)한 것:『禮記』「祭義」에 "그 기운이 발산해서 위로 날아 올라가 소명하고 훈호하고 처창함이 된다.(其氣發揚于上 爲昭明焄蒿悽愴)"라는 구절이 있다. 이에 대해 주자(朱子)는 "귀신이 밝게 드러나는 것이 소명이고, 그 기운이 위로 퍼져 올라가는 것이 훈호이고, 사람의 정신을 오싹하게 하는 것이 처창이다.(鬼神之露光處是昭明 其氣蒸上處是焄蒿 使人精神竦動處是悽愴)"라고 풀이했다.

692 명명(冥冥): 아득하고 그윽한 모양. 인간세계의 화복을 주재하는 혼령의 세계를 비유한다.

693 하늘이라는 것은…것인데: 원문은 '天者 昭昭之多'이다.『中庸』제26장에 "지금 저 하늘

가 항상 온몸에 잠행潛行해서 그것으로 생활합니다. 그러므로 인간과 천지 또한 일기一氣를 공유하는 것입니다. 그 원기元氣는 본디 천지와 통하기 때문에 인간이 천지에 제사를 지내면 또한 반드시 감응이 있어서 '반짝이는 것들이 많은 것'이 이를 통해 드러납니다. 그러므로 성인이 하늘을 섬기고 선조에게 제사를 바치면 유명幽明에 불안감이 사라져서 천하가 복종하는 것입니다. 그런데 후세엔 사려가 심원하지 못해서 하늘을 섬기고 선조에게 제사를 바치는 일을 허례虛禮로 간주했습니다. 그러자 백성은 외경할 대상을 잃고, 또한 죽었을 때 기댈 데가 있음을 알지 못해서 의구심이 생겨났습니다. 의구심이 생기자 민심에 줏대가 없어졌습니다. 이에 서양 오랑캐는 음화명복陰禍冥福의 설로 백성을 겁줄 수 있었으니, 이것이 이른바 "스스로 업신여기게 만든 뒤에야 남이 그를 업신여긴다."라는[694] 것입니다.】

이제 변치 않는 기업基業을 열고자 한다면, 마땅히 그 대경大經을 세워서 하이夏夷의 사정邪正을[695] 밝혀야 합니다. 신성神聖께서 건국하신 대체大體를 신이 이미 대략 말씀드렸습니다. 이제 대경大經을 세운 다음에는 마땅히 사해四海를 일가一家로, 만세萬世를 하루로 만들며,[696] 열성列聖의

은 반짝이는 것들이 많이 모인 것이니, 그 무궁한 것으로는 일월성신이 매여 있고 만물이 덮여 있다.(今夫天 斯昭昭之多 及其無窮也 日月星辰繫焉 萬物覆焉)"라고 한 구절을 인용했다.

[694] 스스로…업신여긴다:『孟子』「離婁(上)」에 "사람은 반드시 스스로 업신여기게 만든 뒤에야 남이 그를 업신여긴다.(夫人必自侮 然後人侮之)"라고 한 구절을 인용했다.

[695] 하이(夏夷)의 사정(邪正): 중화[夏]의 정도(正道)와 오랑캐[夷]의 사도(邪道).

[696] 만세(萬世)를 하루로 만들며: 고대의 풍습과 제정(祭政)을 완벽히 복구하고 유지해서, 만세(萬世)의 시간이 흐른 뒤에라도 마치 하루밖에 지나지 않은 것처럼 느껴지게 해야 한다는 의미이다.

유서遺緒를[697] 따르되 시의에 맞는 조처를[698] 도모해야 합니다. 하이夏夷의 사정邪正을 밝히고자 한다면, 마땅히 천인天人의 대도大道를 천명해서 행동의 기준으로 삼아야 합니다.

신주神州는 대지의 머리에 위치하므로 아침의 기운[朝氣]이며 바른 기운[正氣]입니다. 【신주神州는 본래 태양신께서 개창하신 곳입니다. 한인漢人은 동방을 일역日域이라고[699] 불렀으며, 서양 오랑캐들도 신주를 비롯해서 청淸·인도天竺·몽고蒙韃를 아세아亞細亞라고 부르기도 하고, 조국朝國이라고도 하니 이는 모두 자연의 형체에 따라 그렇게 호칭하는 것입니다.】아침의 기운과 바른 기운은 양陽이 됩니다. 그러므로 그 도道는 정대광명正大光名해서 인류를 밝혀서 천심天心을 받들며, 천신天神을 존숭해서 인사人事를 극진히 하며, 만물을 발육해서 천지의 생양지덕生養之德을 체행하는 것입니다. 오랑캐라는 것은 사지四肢에 병거屏居하니[700] 저녁의 기운[暮氣]이며 부정한 기운[邪氣]입니다. 저녁의 기운과 부정한 기운은 음陰이 됩니다. 그러므로 색은행괴索隱行怪해서,[701] 인도人道를 멸렬滅裂하고 유명幽冥의 설을 강구하며, 하늘을 더럽히고 귀신에게

---

697 유서(遺緒): 유업(遺業).
698 시의(時宜)에 맞는 조처: 원문은 '時措之宜'이다. 『中庸』제25장에 "성(誠)이란 스스로 자신을 완성할 뿐만 아니라 만물을 완성해 주는 것이다. 자신을 완성함은 인(仁)이고 만물을 완성함은 지(知)다. 본성의 덕(德)이며 내외에 모두 적용되는 도(道)이니, 그러므로 언제나 상황에 맞는 것이다.(誠者 非自成己而已也 所以成物也 成己仁也 成物知也 性之德也 合內外之道也 故時措之宜也)"라고 한 구절을 인용했다.
699 일역(日域): 해가 뜨는 곳.
700 병거(屏居): 세상을 멀리하고 홀로 거처에 틀어박혀 있음.
701 색은행괴(索隱行怪): 숨겨진 궁벽한 이치를 추구하고 일부러 괴이한 행동을 함. 『中庸』제11장에 "색은행괴를 후세에서 칭술(稱述)하는 자가 있으나 나[공자]는 그것을 하지 않는다.(索隱行怪 後世有述焉 吾弗爲之矣)"라는 구절이 있다.

아첨해서 황당한 말을 좋아하며, 만물을 적멸寂滅해서[702] 오로지 음회陰晦하고[703] 상서롭지 않은 길만 따르는 것입니다. 이제 참으로 그 도를 뒤집어서 적멸寂滅을 생양生養으로, 음회陰晦를 광명光明으로 변화시키며, 찬란하여 바꿀 수 없는 천명과 인심의 대도大道로 황당한 유명幽冥의 설을 바꾸며, 태양의 위명威明을 높이 들어서 사해만국에 밝게 임한다면 그 찬란한 횃불을 어떻게 꺼뜨릴 수 있겠습니까? 이와 같이 한다면 저들이 여러 나라를 집어삼키기 위해 의지하는 근본 책략이 어긋날 것입니다. 저들에 의해 변화된 것을 역전시키고 저들을 변화시키는 도道를 따르는 것이 어찌 대경大經을 세우는 급선무가 아니겠습니까? 저 오랑캐는 자기들의 도를 스스로 도라고 여기고 있습니다. 상정常情으로 보자면 모른 척해도 안 될 것이 없지만, 저들은 지금 분수에도 맞지 않는 희망을 크게 펼쳐서 반드시 오랑캐의 풍속[夷]으로 중화문명[夏]을 변화시켜 정도正道를 소멸시키고 신명神明을 모욕해서 하늘과 인간을 속이려고 하니, 남의 백성을 쓰러뜨리고 남의 나라를 빼앗은 뒤에야 그칠 것입니다. 궤술詭術과 정도正道는 마치 얼음과 숯불처럼 상반됩니다. 망망한 우주에서 오랑캐의 도가 종식되지 않으면 신성神聖의 도는 밝아지지 않을 것이요, 신성의 도가 밝아지지 않으면 오랑캐의 도는 종식되지 않을 것입니다. 저들을 변화시키지 않으면 저들에게 변화를 당하게 되니, 형세상 서로 용납할 수 없습니다. 그렇다면 심모원려를 가진 사람이 어찌 정도를 높이 받들어 궤술을 종식시켜서 영원히 그 해독을 제거하지

---

702 적멸(寂滅): 만물을 멸망시켜서 세상을 적막하게 만듦.
703 음회(陰晦): 어두침침함.

않을 수 있겠습니까?

태양의 여광餘光이 닿는 곳은 모두 어진 사람의 박애博愛가 미치는 곳입니다. 비록 사해만국이라도 모두가 인류입니다. 요교妖敎가 만연하여 천륜天倫을 어지럽히고 인기人紀를 소멸시켜서 선량한 백성을 현혹하고 빠져들게 하여 그들이 서로 이끌며 금수禽獸와 귀역鬼蜮이[704] 되는 광경을 어진 사람이 어찌 차마 볼 수 있겠습니까? 그러므로 남김없이 덮어주어[705] 중화[夏]로 오랑캐[夷]를 변화시켜서, 하늘과 인간으로 하여금 오랑캐 풍속과 무망誣罔을 면하게 하는 것이 참으로 어진 사람의 뜻이요, 성인의 교화를 행하고 무위武威를 떨쳐서[706] 사표四表에 광휘를 입혀서 그 밝은 빛을 뵈옵고 큰 공렬功烈을 드날리는 것이[707] 어진 사람의 사업인 것입니다. 【옛날에 성교聲敎가 사해四海까지 미친 것은 신우神禹의 공인데도[708] 요堯·순舜의 은택을 입지 못한 백성이 있는 것을 마치 자기가 도랑에 밀어 넣은 것처럼 생각한 것은 이윤伊尹의 지志요, 홍수가 요

---

704 귀역(鬼蜮): 몰래 남을 해치는 요괴. 악한 마음을 갖고 남에게 피해를 주는 소인을 비유한다.

705 남김없이 덮어주어: 원문은 '覆幬無外'이다. 『中庸』 제30장의 "비유하면 하늘과 땅이 만물을 실어주고 덮어주는 것과 같다.(辟如天地之無不持載 無不覆幬)"라는 구절에서 인용했다.

706 문교(文敎)를…떨쳐서: 원문은 '揆文奮武'이다. 『書經』「禹貢」에 "후복(侯服) 밖 500리 땅이 수복(綏服)이니, 그 300리 이내에선 성인의 교화를 행하고 나머지 200리에선 무위를 떨쳤다.(五百里綏服 三百里揆文敎 二百里奮武衛)"라고 한 구절을 인용했다.

707 밝은…드날리는 것이: 원문은 '觀耿光揚大烈'이다. 『書經』「立政」에 "장차 능히 왕의 전투복과 병기를 다스려서 우왕(禹王)의 옛 자취에 올라 사방 천하를 두루다니며 해외에까지 다 복종하지 않는 자가 없게 해서, 문왕의 밝은 빛을 보고 무왕의 큰 공렬을 드날리소서.(其克詰爾戎兵 以陟禹之迹 方行天下 至于海表 罔有不服 以觀文王之耿光 以揚武王之大烈)"라고 한 구절을 인용했다.

708 옛날에…공이었는데도: 성교(聲敎)는 성위(聲威)와 교화(敎化)라는 뜻이고, 신우(神禹)는 하(夏)나라를 세운 우(禹)임금의 경칭이다.

堯임금 때문에 일어난 것이 아닌데도 자신을 경계하는 뜻으로 받아들인 것은 요임금의 인仁이요, 평성平城의 환난이 한무제韓武帝를 위해 남긴 것이 아닌데도 고제高帝가 자신에게 남긴 것으로 여긴 것은[709] 한무제의 의義입니다. 이와 같은 예를 보면 옛 사람이 자임한 바를 알 수 있습니다.】

그 뜻을 견지하고 그 사업을 넓히기 위해서는 국체國體를 밝히는 데 힘써서, 대변大卞을[710] 따라 고금을 통일해서 광대하고 유구하게 중화[夏]와 오랑캐[夷]에 밝게 임해야 합니다. 구와시호코細戈라는 이름에 걸맞게 이를 실현하는 것이 군대를 충분히 기르는 방법이요, 미즈호瑞穗라는 이름에 걸맞게 이를 실현하는 것이 양식을 풍족히 하는 방법이요, 충효를 밝혀서 천하를 담금질하는 것이 백성을 신뢰하게 만드는 방법입니다. 이 세 가지가 모두 행해져서 양식이 풍족하고, 군대가 충분하고, 백성이 신뢰하면[711] 충효가 밝아질 것입니다. 천인天人이 합일해서 유명幽明에 불안감이 없으며, 정도正道로 궤술詭術을 바꾸고 중화[夏]로 오랑캐[夷]를 변화시켜서 만세토록 그치지 않는 것이 변치 않는 기업基業입니

---

709 평성(平城)의 환난이…여긴 것은: 평성의 환난이란, 한고조(漢高祖)가 평성의 백등산(白登山)에서 친히 군사를 거느리고 흉노(匈奴)의 묵특(冒頓)을 공격하다가 도리어 포위되었는데, 진평(陳平)의 계략대로 미인계를 써서 7일 만에 겨우 탈출한 고사를 가리킨다. 고제(高帝)는 한고조 유방(劉邦)이다.

710 대변(大卞): 대법(大法)과 같다. 『書經』「顧命」에 "주나라에 군림해서 신하들을 이끌고 대변을 따랐다.(臨君周邦 率循大卞)"라고 한 구절에서 인용했다.

711 양식이…신뢰하면: 『論語』「顏淵」에 따르면, 자공(子貢)이 정치에 대해 묻자 공자는 "양식을 충분하게 하고 군대를 충분히 기르면 백성이 신뢰할 것이다.(足食 足兵 民信之矣)"라고 대답했다. 다시 자공이 그중에서 한 가지씩 버려야 한다면 무엇부터 버려야 할지 묻자, 공자는 먼저 군대를 버리고, 그 다음에 양식을 버려야 하니 통치에 있어선 백성의 신뢰가 가장 중요하다고 말했다.

다. 이제 이를 시행하고자 한다면 마땅히 백성을 따르게 하되 그 이유를 알게 해서는 안 됩니다.[712] 백성을 따르게 만드는 방법으로 말하자면 예禮일 따름입니다. 예의 종류엔 다섯 가지가 있는데,[713] 백성에게 경敬을 가르치는 데는 제사만큼 위대한 것이 없습니다.【『주관周官』에, "제사의 예로 경敬을 가르치면 백성이 구차해지지 않는다."라고 하였습니다.[714]】 제사의 예에는 형식과 의의가 있는데, 그 형식을 진설하기 전에 먼저 그 의의를 밝혀야 합니다.

천자는 천신天神과 지기地祇에게 제사를 바칩니다. 천조天祖께 공경히 제사를 올리는 것은 하늘에 보은하고 조상을 존숭하기 위함이요, 지누시地主와[715] 우케모치노카미保食神에게[716] 제사를 바치는 것은 국토를 안정시키고 민생을 풍요롭게 하기 위함입니다.【당우삼대唐虞三代에 사전祀典의 등급을 매길 때 상嘗·체禘·교郊·사社를 중시했습니다. 상嘗은 햇곡식을 맛보는 것이요, 체禘는 그 시조가 나온 곳에 큰제사를 올려서 선조를 배향配享하는 것이요, 교郊는 하늘에 제사를 올려서 그 조상을 배향하는 것이요, 사社는 후토后土의 유공자有功者에게 제사를 드리는 것

712 마땅히…안 됩니다: 원문은 '宜使民由之 而不可使知之'이다. 『論語』「泰伯」에 "백성은 옳은 도리를 따라 행하게 할 수 있을 뿐이요, 그 도리의 소이연을 알게 할 수는 없다.(民可使由之 不可使知之)"라고 한 구절을 바꿔서 인용했다.

713 예(禮)의…있는데: 길례(吉禮)·흉례(凶禮)·빈례(賓禮)·군례(軍禮)·가례(嘉禮)를 오례(五禮)라고 하며, 제사는 길례에 해당한다.

714 제사의 예로…않는다: 원문은 '以祀禮敎敬 則民不苟'로, 『周禮』「地官·大司徒」에 나오는 말이다.

715 지누시(地主): 일반적으로는 토지신의 의미인데, 여기선 천손강림(天孫降臨) 이전부터 야마토(大和) 지역을 지배하고 있던 야마토노오쿠니타마노카미(倭大國魂神)와 오모노누시노카미(大物主神)를 뜻한다.

716 우케모치노카미(保食神): 음식물을 관장하는 신이다. 주석 28)과 137) 참조.

입니다. 또 전정田正의 유공자에게 드리는 제사를 직稷이라고 합니다.[717]
『중용中庸』에서는 "교郊・사社의 예禮는 상제上帝를 섬기는 것이요, 종묘
의 예는 그 선조에게 제사를 올리는 것이다. 교郊・사社의 예禮와 체禘・
상嘗의 의의에 밝으면 국가의 통치가 마치 손바닥 위에 올려놓은 것처
럼 쉬울 것이다."라고[718] 하고, 『논어論語』에서는 "체禘의 설을 아는 자는
천하의 일에 대해서 마치 손바닥 위에 올려놓고 보는 것처럼 쉽다."라
고[719] 했으며, 『효경孝敬』에서도 주공周公이 후직后稷에게 교郊・사社를 올
리고 문왕文王을 종사宗社한 것을 갖고 부친을 가장 공경한 일이라고 했
습니다.[720] 그 뜻이 모두 동일하니, 가장 중시한 바가 여기에 있음을 알
수 있습니다. 그런데 천조天朝의 다이조大嘗의 예禮는 천조天祖에게 제
사를 올리는 것이니, 하늘[天]을 섬기는 것과 조상[祖]에게 제사를 올리는
뜻이 모두 갖춰져 있습니다. 따라서 또한 교郊・체禘의 의의와도 같습니
다. 햇곡식을 맛보고 그것을 하늘에 바치는 것이 바로 상嘗의 의의입니
다. 그러므로 다이진구大神宮의[721] 사社는 종묘宗廟이자 명당明堂이자 교郊
이니, 하나의 제사에 몇 개의 의의가 병존하는 것입니다. 그리고 도시누
시노카미地主神에게 제사를 올리는 것은 사社와 같고, 우케모치노카미保

---

717 사(社)란…합니다: 사(社)와 직(稷)은 각각 토지신과 곡물신에게 바치는 제사이다.
718 교(郊)・사(社)의 예(禮)는…쉬울 것이다: 『中庸』제19장.
719 체(禘)의 설을…쉽다: 『論語』「八佾」.
720 주공(周公)이…했습니다: 『孝經』「聖治」.
721 다이진구(大神宮): 이세신궁(伊勢神宮)을 가리킨다. 이세신궁은 천황가의 조상신이자 일
    본의 건국신인 아마테라스오미카미를 모시는 신궁으로, 제11대 스이닌천황(垂仁天皇)
    의 명으로 건립되었다고 한다. 혼슈(本州) 미에현(三重縣) 동부 이세(伊勢)에 있으며, 도
    쿄의 메이지신궁(明治神宮), 오이타(大分)의 우사신궁(宇佐神宮)과 함께 일본의 3대 신궁
    으로 꼽힌다.

食神는 직직稷과 같으며, 오미와大神·오야마토大倭 등은 바로 사社이고, 와
타라이渡會·이나리稻荷 등은 직稷이니, 교郊·묘廟·사社·직稷 등 하늘
과 땅에 지내는 큰 제사들이 마치 부절符節처럼 꼭 들어맞습니다. 이 또
한 신주神州와 한토漢土의 풍기가 서로 같기 때문이니, 그 일이 은연중
들어맞는 것이 이와 같습니다.】산악山嶽·하해河海·풍우風雨·초목草木
등 만물의 신과【야마쓰미山祇·미즈하罔象·와타쓰미少童·시나토級長·
하니야마埴山·가야노草野·구쿠노치句句迺馳 등이 모두 그 신입니다. 그
리고 천하의 명산에서 이자나기伊弉諾·오나무치大汝·오야마쓰미大山祇
와 같은 신들의 제사를 많이 지내는 것은 모두 국토를 진무鎭撫하는 것
들이기 때문입니다. 연해에서 스미요시住吉 등의 제사를 지내는 것은 해
신海神이기 때문이요, 가제노카미風神·야마노쿠치山口·미쿠마리水分 등
이 모두 사전祀典의 반열에 든 것은 모두 백성을 위해 재앙을 없애고 풍
작을 기원하기 위한 것입니다. 당우삼대唐虞三代에도 사망四望[722]·산천山
川·백신百神의 제사가 있었으니 그 의의가 또한 대체로 같습니다.】황자
皇子·황손皇孫·명현名賢·공렬功烈 등 세상에 유익한 일을 한 자는【예
를 들면 오토리大島·후타라二荒·가시마鹿島·가토리香取·가스가春日·
기타노北野 등입니다. 한토漢土의 풍속에도 백성에게 공렬功烈이 있는 자
의 제사를 지내니, 주柱·구룡句龍·순舜·우禹·직稷·설契[723] 등입니다.】

---

722 사망(四望): 고대 중국에서 천자가 사방을 향해 멀리 산천을 바라보며 지내는 제사이다.
『周禮』「春官·大宗伯」에 "나라에 큰일이 생기면 상제 및 사망(四望)에 여제(旅祭)를 지낸
다.(國有大故 則旅上帝及四望)"라고 하고, 정현(鄭玄)의 주석에 따르면 사망(四望)은 오악
(五嶽)·사진(四鎭)·사독(四瀆)이라고 하였다.

723 주(柱)·구룡(句龍)·직(稷)·설(契): 주(柱)와 구룡(句龍)은 사직(社稷)의 신이다. 주(柱)는
여산씨(厲山氏)의 아들로 직(稷)에서 제사지내고, 구룡(句龍)은 공공씨(共工氏)의 아들로

그 제법祭法에 자세히 영전令典이[724] 있어서 덕이 있으면 반드시 보답하고 공이 있으면 반드시 칭송하며, 천지의 귀신 중에 빠지는 것이 없고 아무리 멀고 외진 곳이라도 모두 진좌鎭坐합니다. 궁중의 미칸노코御巫와[725]【신대神代에 온갖 일을 담당했던 신들의 제사를 지냅니다.】이카스리座摩,【오미야도코로大宮地의[726] 영靈을 제사지냅니다. 이노카미井神 또한 여기에 참여합니다.】이쿠시마生島【여러 구니國와 섬의 영靈을 제사지냅니다.】등의 제사는 천손天孫을 보호해서 국가를 다스리기 위한 것입니다.【궁중의 제신祭神 외에 또 궁내에서 소노園·가라韓의 신을 제사지내고, 다이젠大膳이[727] 식신食神·화신火神을 제사지내고, 미사즈쿠리造酒가 주신酒神을 제사지내고, 모이토리主水가 뇌신雷神을 제사지내는 것 또한 천손을 보호하려는 것입니다.[728] 한토漢土에도 오사五祀가 있었는데 그 의의가 또한 서로 유사합니다.】

사전祀典의 항목은, 천조踐祚의[729] 다이조大嘗가 대사大祀가[730] 됩니다.

사(社)에서 제사지낸다. 직(稷)과 설(契)은 순(舜) 임금의 두 현신인 농관(農官) 기(棄)와 사도(司徒) 설(契)인데, 각각 농업과 백성의 교화를 담당했다.

[724] 영전(令典): 명령과 법전.

[725] 미칸노코(御巫): 고대 율령제 하에서 신기관(神祇官)에 소속되어 신사(神社)에서 봉사한 여자아이.

[726] 오미야도코로(大宮地): 황거(皇居)의 소재지.

[727] 다이젠(大膳): 궁내성(宮內省)의 오료(五寮) 중 하나로 신하 등에게 하사되는 향선(饗膳) 등을 관장했다.

[728] 미사즈쿠리(造酒)·모이토리(主水): 궁내성(宮內省)에 속한 오사(五伺)로, 미사즈쿠리는 술을 빚는 기관이고, 모이토리는 마실 물을 관장했다.

[729] 천조(踐祚): 천황의 즉위.

[730] 대사(大祀): 「大寶律令」에 따르면, 제사를 대·중·소의 3개 등급으로 구분했는데 대사(大社)에는 다이조사이(大嘗祭)만 포함되어 있었다. 3등급의 구분은 결재(潔齋)의 정도에 따른 것으로, 대사는 전후 1개월, 중사는 3일, 소사는 1일 동안 재계해야 했다.

천황이 즉위할 때 천조天祖께 크게 보답하는 것이므로 마땅히 가장 공경을 다해야 합니다. 도시고이祈年는 시령時令이[731] 순조롭기를 천하의 신사에서 기도하는 것입니다.

쓰키나미月次는[732] 아마쓰야시로天社와 구니쓰야시로國社에 폐백을 바치는데, 마치 일반백성의 다쿠신사이宅神祭와[733] 같습니다.【천자는 사해四海를 일가一家로 삼습니다. 그러므로 비록 다쿠신宅神과 같다고 해도 여러 구니國의 신사神社들에 폐백을 반사頒賜하고, 또 그 제사의 대상이 이쿠시마生島·다루시마足島 등의 신까지 포함하는 것입니다. 그 다이진구大神宮의 축사도 "빛이 멀고 가까운 데 모두 입혀지도다."라고 하니, 비단 일가를 위해서 제사지내는 것이 아닙니다.】니나메新嘗의 의의는 다이조大嘗와 같은데, 매년 시행합니다. 이상의 제사가 모두 중사中祀입니다. 만민을 기르고 국가를 편안히 하고 천신께 보답하는 것이니 또한 마땅히 공경해야 합니다. 다이진구大神宮에는 별도로 간미조노마쓰리神衣祭가 있어서 봄·가을에 신의神衣를 공봉供奉하며, 또 간나메노마쓰리神嘗祭가 있어서 9월의 간미조노마쓰리 날에 거행합니다. 이는 천조天祖께서 가곡嘉穀을 나눠주고 양잠을 가르쳐주신 은덕에 보답하기 위한 것이니, 또한 모두 중사中祀입니다. 이 밖에 오이미大忌·가제노카미風神·하나시즈메鎭華·히시즈메鎭火 등은, 혹은 수택水澤을 기원하고 혹은 여풍沴風을[734] 물리치며, 역신疫神을 진정시키고 화재를 막기 위한 것입니다.

---

731 시령(時令): 절기(節氣), 연중행사.
732 쓰키나미(月次): 매년 6월과 12월 11일에 신기관(神祇官)에서 행하는 제사로, 304좌(座)의 제신(祭神)들에게 폐백을 바치고 국가의 안녕과 천황의 장수를 기원한다.
733 다쿠신사이(宅神祭): 가주(家主)를 수호하는 신에게 제사지내는 것.

이와 같은 부류가 모두 소사小社이니, 또한 모두 나라와 가정을 위해 재앙을 물리치고 복을 기원하는 것입니다. 【주나라 사람들에게도 기년祈年·오사五祀·증상蒸嘗이 있었고, 풍사飄師·우사雨師·산림山林·천택川澤의 제사가 있었습니다. 그 의의가 또한 앞에서 말한 여러 제사들과 유사합니다.】 어떤 제사가 있으면 반드시 그 의의가 있습니다. 조정에서 행해서 사방에 널리 알리되, 보본반시報本反始의 뜻과 백성을 위해 기양祈禳하는[735] 뜻을 들어서 모두 천하와 함께합니다. 위에서 이 일을 담당함에 백성은 위의 말을 듣고 오직 묘당만을 공경히 우러러봐서 신간神姦이 횡행하지 못하니, 민지民志가 이 때문에 순일해지는 것입니다.

옛날에 다이조사이大嘗祭를 지낼 때는, 시기가 되면 유키悠紀와 스키主紀의 고쿠군國郡을 복정卜定하고, 미야누시宮主와 우라베卜部를 보내서 고쿠시國司 이하 서민들을 거느리고 논에 가서 그 벼이삭을 뽑아 자성粢盛을[736] 공봉供奉했습니다. 사방의 구니國가 빠짐없이 천신天神께 봉사하고, 백성은 모두 복식卜食을[737] 통해 유키悠紀와 스키主紀 중에 포함되어 대제大祭에 사용할 물품의 준비하는 데 참여할 것을 기대했으니, 천황이 하늘을 섬기고 선조에게 제사를 올려서 대효大孝를 펼치고 민명民命을 중시하는 뜻이 사방에 전해졌습니다. 고쿠시國司는 그 부하들을 거느리고 호송하는데, 연도의 백성들이 모두 이 일에 부역하므로 그 뜻이 또 길가에 전달됐습니다. 구니國들은 별도로 1만 속束을 조세로 거둬서

---

734 여풍(沴風): 요기(妖氣)를 띤 바람.
735 기양(祈禳): 복을 기원하고 재앙을 물리침.
736 자성(粢盛): 제사에 쓰는 정결한 곡식.
737 복식(卜食): 복정(卜定).

잡용雜用에 충당했는데, 여러 구니國들이 모두 그 미곡의 수송에 참여할 수 있었으므로 천하가 모두 그 뜻을 알았습니다. 오하라에노쓰카이大 祓使를 여러 길에 파견함에 천하가 몸을 청결히 해서 신을 섬길 줄 알았고, 천하의 여러 신사에 폐백을 나눠줌에 천하는 국토의 신들이 모두 천조天祖께 통솔된다는 것을 알았습니다. 이는 천황이 이미 하늘을 섬기고 선조에게 제사를 바치며 효孝를 펼치고 백성을 아끼는 뜻을 들어서 천하와 함께한 것입니다. 어떤 뜻이 있으면 반드시 그에 해당하는 의례가 있습니다. 그러므로 백성이 날마다 이를 행해서, 가르쳐주지 않아도 환하게 깨달았던 것입니다. 그리고 각자 자신이 섬기는 군주에게 충성을 바쳐서 한 사람도 빠짐없이 천조天朝를 받들었으니, 민지民志가 여기서 하나가 되었던 것입니다.

그런데 후세에 이르러 일에 간편함을 추구해서, 유키悠紀와 스키主紀를 담당하는 구니國를 정하고 긴키近畿로 한정했습니다.[738] 그 의식이 경사京師에서만 행해지자 사방의 백성은 천황의 뜻과 이 의례의 의의를 알지 못했습니다. 호송이 수십 리에 그치자 길가에서 알지 못하고, 잡용雜用을 여러 구니國에서 취하지 않자 고쿠군國郡이 알지 못했습니다. 오하라에노쓰카이大祓使와 교헤이노쓰카이供幣使가 폐지되자 청결을 다하는 뜻과 천조天祖께서 여러 신을 통솔하는 의의를 세상이 알지 못했습니다. 그렇다면 그 공경하고 중시하는 뜻을 설령 집집마다 돌아다니며 가르친다고 한들 천하가 어찌 알겠습니까? 비록 그 의례는 남아 있지만 그 효용은 이미 폐기됐으니 어찌 탄식을 금하겠습니까?

---

[738] 유키(悠紀)…한정했습니다: 주 31) 참조.

옛날에 게키京畿 및 여러 구니國의 명사名祠와 대사大社에서 제사 지 낸 신들은 모두 천조天祖와 천손天孫을 보좌해서 큰 공을 세운 자들이었 습니다. 그리고 산천의 신들은 모두 백성과 만물을 안정시키고 풍우風雨 를 일으켜서 천신天神의 공을 보좌한 자들이었습니다. 그러므로 그 지역 의 백성은 참으로 그 공덕에 보은하지 않을 수 없고, 천조天朝 또한 보답 이 없을 수 없는 것입니다. 이 때문에 간페官幣가 있고 고쿠헤國幣가 있 어서, 도시고이祈年·쓰키나미月次·니나메新嘗를 할 때마다 반드시 그것 들을 나눠주고,【간페官幣와 고쿠헤國幣를 나눠주는 여러 신사는 앞에서 서술했습니다.】그 제사들을 조정에서 통괄하므로 사방의 모든 신들이 계속係屬되는 것입니다.【지금 여러 구니國에서 음력 11월에 우카노미 타마稻魂 등의 신에게 제사를 드리는 것은, 아마도 고대에 니나메新嘗를 할 때 폐백을 나눠주고, 여러 구니國 또한 각각 그 지역의 신에게 제사 를 지내던 유풍遺風이 아직까지 남아 있기 때문일 것입니다. 이날은 민 가에서 술을 빚고 음식을 만들어서 서로 축하했으니, 주나라 사람들이 사제蜡祭를[739] 드린 뜻과 같습니다. 사蜡라는 것은 농부와 만물을 쉬게 하 는 것이니, 빈송豳頌을 연주하고 토고土鼓를 두들기는 것은 고대의 풍속 을 보존한 것입니다.[740] 이날은 노인을 봉양하고 연배의 서열을 정리해

---

739 사제(蜡祭): 음력 12월에 농사가 잘 되게 해준 여덟 신의 은혜에 보답하기 위해 지내는 제사이다. 여덟 신(八蜡)은 선색(先嗇)·사색(司嗇)·농(農)·우표철(郵表畷)·묘호(貓虎)· 방(坊)·수용(水庸)·곤충(昆蟲)이다. 하나라에서는 청사(淸祠), 은나라에선 가평(嘉平), 주 나라에선 사(蜡), 진나라에선 납(臘)이라고 했다. 『禮記』「郊特生」에 "사(蜡)라는 것은 찾 음[索]이니, 매년 12월에 만물을 모아서 그 공이 있는 신들을 찾아서 제향한다.(蜡也者 索 也 歲十二月 合聚萬物而索饗之也)"라는 구절이 있다.

740 사(蜡)라는 것은…보존한 것입니다: 『周禮』「春官·籥章」에 "나라에서 사제(蜡祭)를 올리

서 백성에게 효제孝弟를 가르쳤습니다. 팔사八蜡로 사방의 풍년과 흉년을 기록하되 사방에 흉년이 들었으면 팔사를 올리지 못하게 했으니, 이는 백성의 재물을 아끼려는 것이었습니다.[741] 노인을 봉양하고 술을 마시며, 백성들이 배불리 먹고 취하며 함께 흥겨워해서 마치 온 나라가 미친 듯했습니다. 이를 두고 공자는 "100일 동안 수고한 뒤에 사제蜡祭하는 날 하루 은택을 받는 것이다. 한번 당기고 한번 풀어주는 것이 문왕과 무왕의 도道"라고[742] 했습니다. 대체로 옛사람이 백성들로 하여금 기뻐하며 화락和樂하게 한 것이 이와 같았습니다. 이러한 의의 또한 제사에 깃들일 수 있습니다.】신고神庫라는[743] 것은 신보神寶 및 병기·문서·자량資糧 등 여러 물품을 저장해서 제사에 대비하는 것인데, 신의 위엄을 이용해서 민사民事를 처리하면 이용후생利用厚生의 뜻을 실천할 수 있고, 군국軍國의 불우의 대비를 의탁할 수 있습니다.【옛날에 정교政敎를 제사

면 빈송(豳頌)을 연주하고 토고(土鼓)를 치면서 농사꾼과 만물을 쉬게 한다.(國祭蜡 則龡豳頌 擊土鼓 以息老物)"라고 하였다. 빈송은 『詩經』 「豳風·七月」의 시를 말한다.

741 팔사로…위해서였습니다: 『禮記』 「郊特牲」에 "팔사(八蜡)로 사방의 풍년과 흉년을 기록한다. 사방에 수확이 순조롭지 못할 때는 팔사를 올리지 못하게 하니, 이는 백성의 재물을 아끼려는 것이다.(八蜡記四方 四方年不順成 八蜡不通 以謹民財也)"라고 한 구절을 인용했다.

742 100일 간…도이다: 『禮記』 「雜記(下)」에 따르면, 자공(子貢)이 납향제사(臘享祭祀)를 구경할 때 공자가 "사야. 즐거우냐?(賜也樂乎)"라고 물었다. 자공은 "온 나라 사람이 모두 미친 듯이 열광하니, 저는 즐거운 줄을 알지 못하겠습니다.(一國之人皆若狂 賜未知其樂也)"라고 대답했다. 그러자 공자는 100일 동안 수고하고서 사제(蜡祭)하는 날 하루 은택을 받는 것이니 네가 관여할 바가 아니다. 당기기만 하고 풀어놓지 않는 것은 문왕과 무왕도 할 수 없었던 것이요, 풀어놓기만 하고 당기지 않는 것은 문왕과 무왕이 하지 않았던 것이다. 한번 당기고 한번 풀어주는 것이 문왕과 무왕의 도이다.(百日之蜡 一日之澤 非爾所知也 張而不弛 文武不能 弛而不張 文武不爲 一張一弛 文武之道也)"라고 말했다고 한다.

743 신고(神庫): 신사(神社)의 보물창고.

에 의탁하고 병기를 신사에 저장한 것은 앞에서 서술했습니다. 구니노
미야쓰코國造·아가타누시縣主 등은 그 국토의 신의 제사를 지내고 이나
기稻置를 설치해서 곡식을 저장했는데, 이제 이를 본받아 제도를 마련하
면 흉년에 백성을 진휼하고 군대에 군량을 보조할 수 있을 것입니다. 신
의 위엄을 이용해서 민사民事를 편히 처리할 수 있는 것이 매우 많지만,
신이 별도로 논저한 것이 있으니 여기서는 자세히 논하지 않습니다. 저
주나라 사람들도 제사를 통해 백성을 소집하고 국법을 낭독해서,[744] 혹은
단속하고 경계시키고 혹은 연배의 서열을 정리하고 혹은 어질고 유능
한 자를 문서에 기록했으니 이것이 모두 제사에서 한 일들입니다. 그리
고 그 향기鄕器에는 길복吉服·제기祭器·길기吉器의 항목이 있었으니,[745]
백성들이 모두 힘을 합쳐 신을 섬기게 하려는 것이었습니다. 제사의례
는 십이교十二敎의 첫머리를 차지하고, 신을 길들이는 것 또한 팔칙八則
의 맨 앞에 나오니,[746] 백성을 구차하지 않게 하려는 것이었습니다. 이 밖
에도 백성이 제사에 종사하게 하는 방법을 일일이 열거할 수 없습니다.
후세에 이르러 의창義倉과 사창社倉이 생겼으니 또한 충분히 백성을 편

---

[744] 백성을…낭독해서: 원문은 '屬民讀法'이다. 『周禮』「地官·黨正」에 "사시의 첫 달의 길일
이 되면 백성을 모아 놓고 국법을 낭독해서 그들을 단속하고 경계시켰다.(及四時之孟月
吉日 則屬民而讀邦法以紏戒之)"라고 한 구절을 인용했다.

[745] 향기(鄕器)엔…있었으니: 향기(鄕器)는 향(鄕)에서 공유하는 기물이다. 『周禮』「地官·鄕
師」에 "향은 길흉예악의 기물을 공유한다.(鄕共吉凶禮樂之器)"라고 하였다. 옛날엔 제사
를 길례(吉禮)라고 했으므로, 길복(吉服)과 길기(吉器)는 곧 제복(祭服)과 제기(祭器)이다.

[746] 제사의례는…나오니: 십이교(十二敎)와 팔칙(八則)에 관한 언급은 각각 『周禮』「地官·大
司徒」와 『周禮』「天官·大宰」에 나온다. 십이교는 祀禮·陽禮·陰禮·樂禮·儀·俗·刑·
誓·度·世事·賢·庸이며, 팔칙은 『周禮』「天官·大宰」에 나오는 것으로 祭祀·法則·廢
置·祿位·賦貢·禮俗·刑賞·田役이다.

하게 할 만 합니다. 이러한 부류를, 고금의 제도를 참작하고 신의 위엄을 이용해서 민사民事를 편히 다스릴 수 있다면 민심이 향하는 바가 굳건해질 것이니, 마치 물이 아래로 흐르는 것처럼 조정을 따를 것입니다. 지금 세간에 간혹 불사佛事를 이용해서 백성을 모으고 일을 꾸미는 경우가 있습니다. 그런데 백성이 마치 메아리처럼 호응하니 그 신속한 효과를 알 수 있습니다. 하물며 신의 위엄이 백성을 움직일 수 있는 것이 부처 따위에 비할 바가 아님에 있어서겠습니까!】 그러므로 제정祭政이 일치하고 치교治教가 같은 데로 돌아가서 백성이 기대와 희망을 갖는 것입니다. 천하의 신기神祇에는 모두 천황의 성의誠意가 미칩니다. 어떤 뜻이 있으면 반드시 그에 해당하는 예禮가 있습니다. 백성은 이를 통해 위의 뜻이 지향하는 바를 알고, 감격하고 기뻐하며 이를 받들어서, 충효의 마음이 계속係屬되어 순수하게 하나가 되는 것입니다. 그런데 후세에 이르러 그 형식만 진설陳設하고 그 의의는 잃어 버렸습니다. 이 때문에 여러 신과 제사들이 통속統屬되는 바가 없어서, 백성이 우러러보는 대상이 전일하지 않게 된 것입니다. 예禮의 효용이 이미 폐기되었으니 몹시 애석합니다.

열성列聖의 산릉山陵은 평소 성실히 봉사奉祀하다가 그 친함이 다하면[747] 사당이 없어지는 것이 본디 당연합니다. 하지만 진무천황神武天皇은 천하를 평정하고, 스진천황崇神天皇은 사방을 경영하고, 덴치천황天智

---

[747] 친함이 다하면: 친진(親盡)이라고 해서 귀신을 사당(祠堂)에 모시고 제사를 지내는 대수(代數)가 다한다는 뜻이다. 일반 평민은 4대, 왕가(王家)에서는 5대가 넘으면 친함이 다한다고 보았다.

天皇은 구우區宇를[748] 재조再造하였으니, 성덕대업盛德大業의 공이 무궁하게 드리워져 백성이 지금까지도 그 인택仁澤 속에 푹 빠져서 생활하고 있습니다. 그런데도 그 공덕에 보답하는 사당과 제사가 없으니 어찌 큰 궐전闕典이[749] 아니겠습니까?【세속에서는 가모賀茂의 신사神社에서 진무천황의 제사를 지낸다고 하지만, 고서古書에 명문明文이 없기 때문에 사람들이 간혹 의심합니다. 이제 마땅히 전례典禮를 일신해서 조공종덕祖功宗德의[750] 의의를 크게 밝혀야 합니다.】불법佛法이 성행하자 장례와 제사가 모두 그 방식을 따르고 있습니다. 그래서 역대 조정의 제사의례가 친속親屬이 다하기도 전에 사당을 없애고 산릉 또한 황폐해진 것이 많으니 어찌 궐전闕典이 아니겠습니까? 예로부터 황자皇子·황손皇孫과 명현名賢·대덕大德으로서 그 공렬이 후대까지 드리우고 충효가 세상에 빛난 자가 간혹 사전祀典에 들지 못한 경우가 있는데, 그 자손도 몰락해서 혈식血食을[751] 받지 못한다면 이 또한 궐전闕典입니다. 만약 고금을 짐작斟酌해서 폐기된 것을 거행하고 빠뜨린 것을 보완해서, 사전祀典에 이훈彝訓을[752] 깃들여서 천하의 충효지심忠孝之心과 염조추원念祖追遠의 정성이 모두 성대하게 샘솟게 하며, 감대지념感戴之念과[753] 외귀경신畏鬼敬神의 마음

---

748 구우(區宇): 천하(天下).
749 궐전(闕典): 전장제도(典章制度)에 빠뜨린 것이 있음.
750 조공종덕(祖功宗德): 왕조를 개창한 임금에게는 조(祖)를 붙이고 유덕한 임금에게는 종(宗)을 붙인다는 뜻으로, 『孔子家語』「廟制」에 "옛날엔 공이 있는 자를 조(祖)라고 하고 덕이 있는 자를 종(宗)이라고 했다. 조종(祖宗)이라고 한 자의 사당은 모두 훼철되지 않았다.(古者祖有功而宗有德 謂之祖宗者 其廟皆不毀)"라는 구절이 있다.
751 혈식(血食): 제사음식. 고대에 산짐승을 잡아서 제사를 지냈으므로 이와 같이 불렀다.
752 이훈(彝訓): 선조가 자손에게 남기는 영원한 교훈.
753 감대지념(感戴之念): 감대(感戴)는 감격해서 윗사람을 추대한다는 뜻이다.

을 송연悚然하게 모두 싹트게 할 수 있다면, 그것이 이른바 '백성을 따르게 한다.'라는 것이 아니겠습니까?

그런 다음에 천하가 바람에 쏠리듯 한 목소리로 말하길, "천조天祖께서는 하늘에서 천직天職을[754] 다스리시고, 여러 신들이 힘껏 보좌해서 국토를 평정했다. 이제 각자가 국토의 신들에게 예를 다하는 것이 그 신들의 공덕功德과 천조天祖의 인택仁澤에 보답하는 길이다."라고 한다면 여러 신들의 온갖 제사가 모두 통일될 것입니다. 또 서로 말하길, "천조天祖께선 성대하게 위에 계시고, 황손皇孫은 대대로 계승해서 백성을 애육愛育하고, 대장군은 제실帝室을 익대翼戴해서[755] 국가를 진호鎭護하고, 방군邦君들은 각자 강역疆域을 통치해서 백성으로 하여금 삶을 편안히 여기고 도적을 피하게 한다. 그러니 이제 다 함께 방군邦君의 명령을 따르고 막부의 법을 지키는 것이 천조天朝를 받들어 천조天祖께 보은하는 길이다."라고 한다면 막부와 방군邦君의 통치가 통일될 것입니다. 종족이 모여서 그 조상의 제사를 지내면서 또 서로 말하길, "종가宗家를 공경하는 것이 조상을 높이는 것이다. 앞으로 서로 화목해서 다 같이 방군邦君의 명을 따르고, 막부의 법을 잘 따르고, 천조天朝를 받들어 천조天祖께 보은하는 것이 바로 네 조상과 부친의 뜻을 계승하는 것이다."라고 한다면 그 염조수덕念祖修德의 마음이 통일될 것입니다.

이와 같이 되면 천조天祖와 천손天孫의 인仁이 해내海內를 뒤덮고, 막

---

[754] 천직(天職): 하늘의 직임(職任)이라는 뜻으로, 사시의 운행과 만물의 생장 등을 주관하는 것이다.
[755] 익대(翼戴): 군주를 보좌해서 황실을 지킴.

부와 방군의 의義가 천하에 드러나고, 자부慈父와 효자의 은恩이 영세永世에 펼쳐져서, 보본반시報本反始의 뜻이 밝아지고 충효의 가르침이 설 것입니다. 백성이 날마다 이를 따르고 이물異物을 보지 않는다면,【주나라 사람들은 대사도大司徒에게 국가의 교화를 관장하게 하고 십이교十二敎를 베풀었는데, 그 첫 번째가 "제사의례로 공경을 가르치면 백성이 구차해지지 않는다."라는 것이었습니다. 국가의 교화에서 제사의례가 중요함이 이와 같습니다.】군신유의君臣有義하고 부자유친父子有親할 것이니, 그런 뒤에 온갖 예禮가 비로소 흥기할 것입니다. 이에 부부지별夫婦之別을 신중히 지키고 장유지서長幼之序의 차례를 지키고 붕우지교朋友之交를 미덥게 해서, 백성이 출입할 때 서로 짝하고, 지키고 망볼 때 서로 돕고, 질병이 생겼을 때 서로 붙들어주고 잡아줘서,[756] 모두가 자신의 윗사람을 친하게 여겨서 어른을 위해 기꺼이 목숨을 바치게 만든다면,[757] 설령 온갖 이단이 일어나더라도 그 마음을 움직이지 못할 것입니다. 그리고 사우祠宇를 불태우고 호신胡神을 경배하며, 어리석은 백성을 선동해서 방자하게 역염逆焰을 일으키는 교활한 오랑캐는 그 술책을 시행할 수 없을 것입니다. 이것이 이른바 상병벌모上兵伐謀라는[758] 것이니 참으로

---

756 백성이…잡아줘서: 『孟子』「文公(上)」에 고대 정전제(井田制)의 원리를 설명하면서 "향전에 정(井)을 함께한 자들이 출입할 때 서로 짝하며, 지키고 망볼 때 서로 도우며, 질병이 있을 때 서로 붙들어 주고 잡아준다면 백성이 친목할 것이다.(鄕田同井 出入相友 守望相助 疾病相扶持)"라고 한 구절을 인용했다.

757 윗사람을…만든다면: 『孟子』「梁惠王(下)」에 "임금께서 어진 정치를 행하기만 한다면 이 백성이 그 윗사람을 친하게 여겨서 어른을 위해 기꺼이 목숨을 바칠 것입니다.(君行仁政 斯民 親其上 死其長矣)"라고 한 구절을 인용했다.

758 상병벌모(上兵伐謀): 주 364) 참조.

만세의 장책長策입니다. 무격巫覡과 부도浮屠, 누유속학陋儒俗學의 무리와 같이 지난날 교화를 어지럽히고 풍속을 망가뜨린 자들도 중원의 적자赤子입니다. 그렇다면 이들을 모두 안도하고 만족하게 해서, 큰 교화 속에서 여유롭게 노닐며 천조와 천손의 깊고 두터운 인택仁澤에 흠뻑 젖고, 막부와 방군의 정령政令과 형금刑禁을 받들며 편안히 여생을 마치게 하는 일이 또한 어찌 불가능하겠습니까?

저 서양 오랑캐의 허망한 설을 잘못 듣고서, 칭양稱揚하고[759] 현혹하며 교활한 오랑캐의 역염逆焰을 조장하는 자는 통렬히 금절禁絶해야 할 뿐입니다. 혹시 금법禁法을 범하는 자가 있으면 유언비어를 날조해서 백성을 소란스럽게 한 죄에 해당하는 형벌에 처하고, 오랑캐의 재화나 약, 모직물 등을 보면 반드시 불태우고 깨뜨리고 복용을 불허해서 백성들이 오랑캐를 마치 개나 양처럼 천시하고 이리나 승냥이처럼 미워하게 해야 합니다.【덴표天平의[760] 조칙에, "백성 중에 이단을 학습하고, 환술幻術을 축적하고, 염매厭魅[761]·저주를 통해 만물을 상하게 한 자가 있으면 그 수범首犯은 참수하고 종범從犯은 유배한다. 산림에 잠시 머물면서 불법佛法을 가장해서 독자적으로 교화敎化를 행하여 전습수업傳習授業하거나, 서부書符를[762] 봉인하고 약을 섞어 독을 조제해서 여기저기서 괴변을 일으켜 칙령과 금법을 위반한 자도 그 죄가 똑같다."라고 했습니다. 옛날에 이단과 좌도左道를 금절禁絶한 것이 이와 같았으니, 백성에게 예법을 알

---

[759] 칭양(稱揚): 칭찬하고 찬양함.
[760] 덴표(天平): 일본의 연호(729~749).
[761] 염매(厭魅): 미신적인 방법으로 귀신에게 빌어서 다른 사람을 해치는 일.
[762] 서부(書符): 부적. 또는 그것을 쓰는 행위.

게 한 방법이[763] 참으로 적절했습니다. 하지만 이제 만약 무위武威를 선양해서, 오랑캐를 막아내고 성교聲敎를 널리 펴서 온갖 오랑캐가 칭신稱臣하며 조공을 바친 다음에 그 물건을 가져다 쓴다면 안 될 것이 없습니다.】접제接濟한 간민奸民을 고발한 자는 적의 수급을 베어온 것과 같은 상을 내리고, 감추고 고발하지 않은 자는 도둑을 제 집에 숨겨준 것과 같은 죄로 다스려야 합니다. 또 오랑캐의 함선을 격파한 방국은 그 공功이 적의 성루城壘를 함락시킨 것과 같고, 오랑캐를 보고도 공격하지 않은 방국은 두요逗撓로[764] 논죄해야 합니다. 이는 모두 일시적인 권형權衡에 불과하지만, 신민들로 하여금 격발흥기激發興起해서 광훈光訓을[765] 공경히 떠받들게 하기에는 충분할 것입니다. 수어守禦의 대비를 크게 갖추고 천하에 큰 우환이 있음을 격앙되게 보여주며, 적심赤心을 넓히고 지성至誠을 활짝 열어서 모든 근심과 즐거움을 반드시 천하와 함께해야 아마도 천하를 고동시킬 수 있을 것입니다.

정령政令·형금刑禁을 전례典禮·교화敎化와 나란히 진설陳設하고 시행해서 백성을 바른 규범으로 인도하며,[766] 정기正氣를 타고 정도正道를 행

---

763 백성에게…방법이: 원문은 '所以使民知方者'이다. 『論語』 「先進」에, 공자의 제자였던 자로(子路)가 "천승(千乘)의 제후국이 대국 사이에서 시달림을 받고, 게다가 침략을 받고 이어서 기근이 들었다고 해도, 제가 다스리면 3년 내에 백성을 용맹스럽게 만들고 의리로 예법을 알게 할 수 있습니다.(千乘之國 攝乎大國之間 加之以師旅 因之以饑饉 由也爲之 比及三年 可使有勇 且知方也)"라고 한 말에서 인용했다.

764 두요(逗撓): 전쟁터에서 겁을 먹고 달아남.

765 광훈(光訓): 광대한 가르침.

766 백성을…인도하고: 원문은 '納民軌物'이다. 궤물(軌物)은 규범의 뜻으로, 『左傳』 隱公五年條에 장희백(藏僖伯)이 은공(隱公)에게 "임금은 백성을 바른 법도로 인도하는 자입니다.(君將納民於軌物者也)"라고 간언한 말을 인용했다.

한다면, 황극皇極이[767] 먼저 서고 민심에 줏대가 생길 것입니다. 백성이 욕망하는 바는 하늘이 따릅니다.[768] 백성이 따르고 하늘이 따른다면, 신성神聖께서 오랑캐 풍속을 변화시킨 방법을 저들이 거꾸로 쓸 수 없을 것이요, 저들이 우리를 노리는 술책을 우리가 장차 역으로 쓸 것이니, 교령敎令의 주도권을 우리가 제어할 것입니다. 묘당의 계책이 이미 정해졌습니다. 상하가 한마음이 되어 천만 가지의 길이 반드시 이 길을 따라 변치 않는다면, 우리가 황화皇化를 펼치는 방법이 곧 신성께서 그것을 펼쳤던 방법과 같아질 것입니다. 안으로 변치 않는 기업基業을 세우고 밖으로 적이 이용할 틈을 주지 않는다면, 비린내 나는 이류異類가 백방으로 우리를 속이려고 한들 장차 무엇으로 우리 백성을 기망欺罔하겠습니까?

천하의 대업과 만세의 장책長策은 본디 하루아침에 성취할 수 있는 것이 아닙니다. 천조天祖의 기업基業은 진무神武를 기다린 뒤에 열리고, 스진崇神을 거쳐서 위대해지고, 성자신손聖子神孫이 태만하지 않고 계술繼述했기 때문에 해내海內가 황화皇化로 무젖었던 것입니다. 이제 일정한 책략을 계획해서 흔들리지 않는 기업基業을 세웠으니, 반드시 안으로는 중국에서부터 밖으로는 모든 오랑캐에 이르기까지, 위로는 태초에서부터 아래로는 무궁한 후세에 이르기까지 신성神聖의 이훈彝訓을 따르고 동조東照의 위대한 공렬을 계승해야 합니다. 그들이 자손에게 남긴 훌륭

---

[767] 황극(皇極): 제왕의 천하를 다스리는 데 준칙이 되는 법도. 한쪽으로 치우치지 않는 중정(中正)의 도(道)라고 일컬어진다.

[768] 백성이⋯따릅니다.: 『書經』「泰誓(中)」에 "하늘은 백성을 불쌍히 여겨서 백성이 욕망하는 바를 하늘은 반드시 따른다.(天矜于民 民之所欲 天必從之)"라고 한 구절을 인용했다.

한 계책을, 마치 천만세千萬世를 하루같이 잇고 또 이어서 반드시 사해만

국을 도탄에서 구하며, 천지간에 서양 오랑캐의 요교妖敎가 다시는 나타

나지 못하게 해서 중원의 적자赤子들이 오랑캐의 기망欺罔을 영원히 면

하게 하기 전까진 그쳐선 안 됩니다. 안으로 이와 같이 규모를 세워야

비로소 밖으로 무궁한 변고에 대응할 수 있을 것입니다.

인仁이 사표四表에까지 미쳐서 황요荒要를[769] 어린아이처럼 다루는 것

이 저들이 천조天祖를 어버이처럼 섬기게 하는 방법이요, 일마다 옛날

을 본받아서 현재를 고대에 가깝게 만드는 것이 미래와 지금을 멀리 떨

어지지 않게 하는 방법이요, 먼 것과 가까운 것을 서로 현격하게 만들

지 않는 것이 영원히 변치 않는 방법입니다. 이렇게 하면 황요는 빈복賓

服해서[770] 영원토록 변치 않을 것이니, 천하의 지사志士·인인仁人들도 모

두 분격해서 스스로 공을 바치고 앞다투어 죽을힘을 다해 여기에 종사

할 것입니다. 무슨 변고가 생기더라도 그 뜻을 바꾸지 않고, 여러 세대

가 지나도 잠시도 멈추려 하지 않을 것입니다. 그런 다음에 적개敵愾의[771]

군대를 크게 일으켜서, 천신天神의 양식을 먹이고 천신의 병사를 지휘하

고 천신의 인仁에 기대서 그 무위武威를 떨치고 천하를 방행方行합니다.

그리하여 좁은 자는 넓혀주고 험준한 자는 평탄하게 해서 신무불살神武

不殺의[772] 위엄을 저 세상 끝까지 떨친다면 바로 해외 제번諸蕃이 이곳으

---

[769] 황요(荒要): 오랑캐의 땅. 황요는 황복(荒服)과 요복(要服)인데, 고대 중국에서 오복(五服)
　　　　가운데 경사(京師)에서 가장 먼 지역을 황복(荒服), 그 다음으로 먼 지역을 요복(要服)이
　　　　라고 했다.

[770] 빈복(賓服): 귀순(歸順)해서 공물을 바침.

[771] 적개(敵愾): 적에게 분노와 원한을 품고 저항함.

[772] 신무불살(神武不殺): 신(神)처럼 뛰어난 무공을 갖추고서도 함부로 생명을 해치지 않음.

로 와서 덕휘德輝를 뵙고자 할 것이니, 어찌 저들이 변경을 엿보고 백성을 유혹하는 근심에 구차하게 연연하겠습니까? 옛사람은 "나라의 대사는 제사와 전쟁에 있다.[國之大事 在祀與戎]"라고 했습니다.[773] 전쟁에는 일정한 책략을 세우고 제사는 불변의 기업基業으로 만드는 것이 실로 국가의 대사입니다. 천하를 대관大觀하고 만세萬世를 통시通視해서 일정하여 변치 않는 장책長策을 세우는 방법이 이와 같습니다.

국체國體를 밝히고, 형세形勢를 살피고, 노정虜情을 관찰하고, 수어守禦를 정비해서 장계長計를 세우는 것은 실로 성자신손聖子神孫이 황조皇祖와 천조天祖께 보답하는 대효大孝이자 막부와 방군邦君이 만백성을 구제하고 무궁한 후세에 은택을 베푸는 대충大忠입니다. 신이 삼가 저술한 다섯 가지의 논論은 신의 사사로운 말이 아니니, 천지의 귀신이 장차 함께 들을 것입니다.

『周易』「繫辭(上)」에 "옛날에 총명하고 예지로우며 신처럼 뛰어난 무공을 갖추고도 함부로 생명을 해치지 않는 자일 것이다.(古之聰明叡知 神武而不殺者夫)"라는 구절이 있다.
773 나라의…있다:『佐傳』成公十三年條에서 유강공(劉康公)이 한 말이다.

長 計

英雄之擧事 必先大觀天下 通視萬世 而立一定不易之長
策 規模先定於內 然後外應無窮之變 是以變生而不愕 事
乖而不困 雖百折千挫 而終歸於成功者 其所由雖萬塗 而
其所趨 始終一歸 而未嘗有間斷也 昔者神聖之所以攘斥夷
狄 開拓土宇者 莫不由此道 故中國常有一定之略 以制御
夷狄 有不拔之業 以宣布皇化 而夷狄者時大時小 一叛一
服 遂以歸於版圖 彼無大計遠圖以自立基業 而固不能以抗
於中國之據長策者也

夫善經略天下者 志氣恢廓 必先觀於大勢焉 而地形人情
兵謀戰略 了然如指掌 然後措置計畫 次第而施之 天下形
勢 固我握中之物也 太祖之定中州 兵未發 先知其地形足
以恢弘天業 而所以經略天下者 固既了然 規畫先定 然後
動 是以旌旆所向 束手聽令也 崇神天皇有志 欲宣揚國威
光被海外【天皇夢神告曰 海外之國亦當歸化 天皇是夢 蓋
亦有不偶然者也】時近畿猶有未平定者 未及勦絶之 既制
天下爲四道 以經營四方 蓋有見於其大勢也 是以近者先平

遠者踵來 遂成中興之業也 從茲而後 列聖相承 據基業以
服荒俗 土疆日廣 海外有截 降及元正朝 亦嘗遣使靺鞨 觀
省風土 亦猶未忘遠略也【養老中 遣度島津輕津司諸君鞍
男】神聖觀於大勢 以經略天下 規模宏遠 奕世遵奉 餘烈
猶存者如此 則神聖志氣所蓋者 亦可見也【唐堯之開基業
先命義和 居四方極遠之地 而曆象日月星辰 以授人時 既
經緯天地 極其遠大 然後舜禹諸臣之功 次第而施之 非先
審其大勢則不能也 周禮天官首以六典總制邦國官府萬民
天覆之也 地官首掌天下土地之圖人民之數 地載之也 周公
之營洛邑 初至其地 用牲于郊者 最先於百事 所以天覆萬
姓者 最宜先也 漢祖入秦 先收圖籍 遂得以審地形而麋項
籍之勢 所以觀於大勢而決進取之策者 宜急也】

後屬中國多故 而遠人不至 廟堂無遠大之略 土疆日麋
而神聖所以經營天下之意熄矣 至若近世 則夷狄強梁 亦有
見於大勢 挾素定之略 以逞其吞噬三百餘年 傲然敢舐糠於
神州 欲倒用神聖所以御夷狄之略 反以謀中國 而中國未盡
一定之策 朝野之論 一是一非 不免於因循苟且 以爲姑息
之慮 以赫赫神明之邦 而坐使腥羶異類陸梁我邊陲 不亦可
羞乎 夫君師億兆 其氣足蓋世 胸臆足容四海 從容處天下
之事而有餘者 制人者也 所見不過目前利害者 事多出於思

慮之外 不能運天下於胸中 制於人者也 海外之事 目之所
未嘗見 故黠虜得以吾思慮所未及者而侮弄之 亦不足怪也

今夫欲決一定之策 宜觀天下大勢 以審察彼此之虛實也
四海萬國形勢 臣既粗言之 今既觀於其大勢 則宜以八洲爲
城 滄海爲池 因天下全形 以爲戰守之略也 欲察彼此虛實
則宜審主客之勢 以制操縱之權也 夫虜萬里而窺人者客也
我內自守者主也 然虜每出於長策 從容制人者 變客爲主也
彼客而無饋糧之勞者 或漁或商 活用因糧之術也 無破車罷
馬之費者 乘巨艦駕長風也 其能坐使吾民罷於奔命者 則不
戰而屈人兵之謀 而以夷教誘我民者 則全國爲上之策也 且
法曰 十則圍之 今虜絕海而來 縱令彼大舉奄至 其勢未至
圍我 而我八面受敵 不免如在圍中者 彼專而我分也 我沿
海無所不備 故分而爲十 虜獨往獨來 恣其所欲爲 知戰地
知戰日 每在彼之掌握 故彼專而爲一 時分一兩船 往返海
上 亦能得騷擾我民 如是者 其孰實孰虛 不待智者而後知
之也

今誠欲去虛就實 則莫若乖其所之也 欲乖其所之 莫若使
虜備我也 夫攻守一而已 古人有言 攻者守之機 我有攻之
勢 則虜必備我 而權在於我也 今若守備已修 乘機而截虜
外洋 則虜雖欲驚動邊境 而豈敢分少船寡卒 而公然睥睨海

上哉 彼若群處衆行不敢分 則亦不能東西出沒以擾人 而我
所備者約矣 彼久聚一處 則不能漁商以收其利 其勢亦不能
常常停泊如今日 彼無恃以爲術 而恣睢無忌之心沮焉 且我
居内地 以待敵者散地 而虜入未深者輕地也 法曰 散地吾
將一其志 今能決一定之策 使民知所向 以一吾衆心 而擊
其居散地者 破之不甚難 何憚而不講所以摧折之之術也

　且夫所謂攻之勢者 亦豈必頓兵覆軍 以爭其城邑 而後乃
謂之攻哉 要我自爲不可勝 以求敵之可勝而已 誠能恢廓志
氣而觀於大勢 外以伐謀伐交 設形格勢禁之略 内以大修守
禦之備 兵力足以制虜 政敎足以變夷 彼其伺邊乎 奮擊殲
滅 以揚威萬里 若其歸順乎 東漸西被 以弘化四裔 而使蝦
夷諸島 山丹諸胡 相踵内屬 日斥夷狄拓土宇 所以爲不可
勝 雖未戰 隱然必有足攻其心者焉 而後批亢擣虛 相機乘
之 如從天而下 所以應乎其可勝 則虜不得不備我 而變客
爲主之術窮矣 是所謂乘其所之者 而變實爲虛 轉虛爲實
如此則神聖所以御夷狄之略 彼不得倒用 而彼所以擾我之
術 我將倒用之 然後操縱之權 自我制之 廟謨既定 上下同
心 千塗萬轍 必由是道而不變 於是乎我所以御夷狄者 即
神聖之所以御夷狄 内有一定之略 而外無可乘之虛 雖使
點虜千群窺我 將何以得陸梁我邊陲也【大猷公嘗遣譯官

島野兼了者於天竺 兼了乘荷蘭賈舶 周流諸國 遂往東海
三千里 得一大國 以爲是國宜屬神州 因立碑題曰日本國中
當時規模之宏遠 亦可見也 海東三千里者 疑即西夷所稱亞
墨利加洲者也】

　　夫我有一定之略 以御夷狄 旣足以一民志矣 今若欲益振
起而固結之 有可感激奮勵効功於一時者 有可漸磨積累期
成於久遠者 効功於一時者 投機應變 在主將能否 期成於
久遠者 非達觀長視千萬世 而立不拔之業 宣布皇化 則不
能爲也 是故慶賞威罰 所以鼓動一時 而典禮敎化 所以綱
紀永世也 故曰 善政民畏之 善敎民愛之 畏之者 一時之威
愛之者 永世之固 故又曰 善敎得民心也

　　夫善維持萬世者 念慮永遠 必先立其大經焉 而天命人心
物則民彝 瞭然如觀火 然後敎訓化導 循序而施之 萬世之
典常 固我胸中之事也 昔者天祖以神道設敎 明忠孝以立人
紀 其所以維持萬世者 固旣瞭然 始於太古 而垂於無窮 天
孫奉承 以弘皇化 莫非天祖設敎之遺意 太祖征戰 每仗神
威 以成武功【太祖之平中土 先禮祭神祇 背負日神之威而
進戰 其如提韴靈劍 及以頭八咫烏爲鄕導等事 皆奉天神之
敎者 而祭天神地祇於丹生川上 勅道臣祭高皇産靈尊之類
莫不皆仗神威也】及定中州 立靈畤於鳥見 報祭皇祖天神

以申大孝【初擊長髓彥 得鴟瑞而遂克之 故號其地爲鴟邑
即鳥見也 則其立時於此 蓋有以也】

崇神天皇即位之初 人或有背叛 時方襲上古風 祭天祖於
殿內 天皇敬畏不自安 乃移而奉安神器於笠縫 顯然祭於外
使天下有所瞻仰 其所以敬事尊奉之意 與天下共之 而天下
皆知尊天祖以敬朝廷【祭於殿內者 可以盡誠敬於內 而未
可以明所尊敬之義於天下 天皇乃祭之於外 公然與天下共
敬事之 誠敬之意 著於天下 天下不言而喩焉 夫以一身而
盡誠敬 猶可以感神明 況萃天下之誠敬 以奉一神乎 古人
云 以天下養 養之至也 亦可以譬是義 故周人嚴親之至 亦
以四海之內各以其職來祭爲大 是以宗祀文王於明堂 與其
九州 共敬事之 不獨享之廟中而止 蓋亦是意也】

祭大物主倭國魂 因土人所敬尊秩其祀 而畿甸民心有所
繫屬 以同奉朝廷【大物主神始平國土有功 民尊奉之 故擧
其孫主祭 而民知朝廷以民心爲心 屬望於朝廷 而其祭之之
義 則與周人所謂大社者有相似 禮記云 王爲群姓立社曰大
社 是也 社者祭土地神 而有功者配焉 即共工氏有子曰句
龍 爲后土 后土爲社 是也 倭國魂者 蓋鎭大和地者 當時都
大和 故特祭其神 其義與周人所謂王社者 亦頗相似 禮記
云 王自立社曰王社 是也 土地者 民之所依 土地之神 民之

所敬 而天皇首祭之 則民心有所統屬 是其所以歸於一也】
擧是義達之四方 定天社國社 天下神祠莫不統 而天下民心
有所繫屬 以同奉朝廷【古者諸神之稱 其天祖之胤 及其輔
佐朝政者 總謂之天神 舊族大姓 平國土者 稱之國神 即天
社國社也 令義解云 天神者 伊勢山城鴨住吉出雲國造祭神
等類是也 地祇者 大神大倭 葛木鴨出雲大汝神等是也 即
亦天社國社之謂也】

定神地神戸 而百神供奉各有常 民知朝廷敬神祇 用兵
器而祭神 因以寓軍令 而險要有守 民知朝廷之不可犯 而
益畏敬之【按垂仁紀 納弓矢及橫刀於諸神社 兵器祭神祇
始于此 然崇神朝 既以盾及矛 祠墨坂大坂神 蓋二坂皆險
要地 而因祭修戎器 以暗寓固險之意 至垂仁朝亦襲是意
也】民尊奉畏敬朝廷 而叛者自平 如埴安振根之徒 不旋
踵就戮 神道既明 而列聖繼紹 班祀典四方 咸秩無文【延
喜式所載神名 宮中及京師畿內七道 總三千一百餘座 大
四百九十二座 其三百四座並預祈年月次新嘗等祭案上官
幣 就中七十一座 預相嘗祭 其一百八十八座 並預祈年國
幣小二千六百四十座 其四百三十三座 並預祈年案下官幣
二千二百七座 並預祈年國幣 其秩祀概如是 天下群祀 莫
不該也】征討則記功宗 以鎭其地【古者有所征討 則祭其

有功烈於地方者 使其子孫主祭 以鎭民物 如鹿島神以武功
鎭東方 而常奧地分祀其神最多 式所載 陸奧國中 以鹿島及
鹿島御子爲號者八社 格載鹿島苗裔神 在陸奧者三十八社
蓋建雷命及其子孫平其地而有功 故世祭之也 大己貴命平
出雲 豐城命平毛野 子孫咸鎭其地 而世主其祭 諸神如是之
類 其在諸國者甚多 因民所瞻仰 以鎭土俗 所以使萬民生恭
敬之心也 周人營洛邑 咸秩無文 記功宗 以功作元祀 其意
亦頗有與祖宗法相類者也】以純民心 而斥夷狄 變獷俗 是
以德化日洽 黎民時雍 其群神百祀之在京畿及諸國 以鎭護
地方者 民至於今瞻仰敬禮 有足因以復寓報本反始之義者

　神聖立大經 以維持萬世 典禮既明 奕世遵奉 舊物猶存
者如此 則神聖念慮之所曁 亦可見也 後及異端並起 而大
道不明 廟堂無永久之慮 朝政陵夷 民心日漓 而神聖所以
維持萬世之意乖矣 至若近世 則戎虜狡黠 頗有似立大經
者 執左道以蠱民心 雖非善敎 亦以敎爲號 足以得民心 所
至焚燬祠宇 瞻禮胡神 以傾民志 故逆焰所煽 殆遍六合 悍
然敢試毒於神州 欲倒用神聖所以變夷俗之方 反以變中國
而中國未立不易之基 衆庶之心 離合聚散 不過於架漏牽補
以爲一日之計 以赫赫神明之邦 而坐使腥羶異類欺罔我人
民 不變可羞乎

夫物莫威於天 故聖人嚴敬欽奉 不使天爲死物 而使民有
所畏敬悚服焉 物莫靈於人 其魂魄精強 不能與草木禽獸
澌滅 其於死生之際 亦不能漠然無念 故聖人明祀禮 以治
幽明 使死者有所憑以安其神 生者知死有所依 而不弍其志
民既畏敬悚服於天威 則不詆於誣天之邪說 無歉然於幽明
則不眩於身後禍福 報祭祈禳 上任其事 而民聽於上 則敬
君如奉天 追遠申孝 人輯其族 而情盡於内 則念祖如慕父
民心純於下 而怪妄不經之說莫由而入焉

祀禮廢則天人隔絕 而民生易慢 游魂不得安 而生者怵於
身後 民無固志 冥福陰禍之說 由此而入焉 徼幸於死後 忘
義於生前 避政令如避寇 慕異言如慕慈母 心放於外 而無
主於内也 身後禍福 目所未嘗覩 故邪徒得乘民心所怵而恐
嚇之 亦不足怪也【精氣爲物 游魂爲變 故其昭明焄蒿淒愴
者 自非有祭祀以安之 則死者 不能有憑焉 使死者無憑 則
於生者心 亦不能無歉然焉 如衆人 雖不自知其所以然 而
有憾於冥冥者 人情之所不能免也 且生者亦以其死之無所
安 而内無恃以自強 則不能無惑於身後之說也 故有祭祀者
以安之 父祖之與子孫 固同一氣 父祖即其前身 子孫即其
後身 則其游魂者 去子孫而奚乎往也 故以子孫祭父祖 莫
不感應 而昭明焄蒿淒愴者 賴以安焉 天者昭昭之多 而人

在天地間 天地之氣 常潛行於全身 而以生活也 故人之與
天地 亦同一氣 而其元氣固與天地通 以人而祭天地 亦莫
不感應 而昭昭之多者 賴以著焉 是以聖人事天祀先 幽明
無憾 而天下服矣 後世慮不深遠 事天祀先之事 視以爲文
具 民生而無所畏敬 亦不知死之有所憑依 而疑懼之心生焉
疑懼生而民心無主 於是西夷得以陰禍冥福怵之 是所謂自
侮而後人侮之者也】

今夫欲開不拔之業 宜立其大經 而明夏夷之邪正也 神聖
建國之大體 臣旣粗言之 今旣立大經 則當以四海爲一家
萬世爲一日 因列聖遺緖 以圖時措之宜也 欲明夏夷之邪正
則當闡天人之大道 以爲趨舍之準也

夫神州位於大地之首 朝氣也 正氣也【神州本日神所開
而漢人稱東方爲日域 西夷亦稱神州及淸天竺韃靼諸國 曰
亞細亞 又曰朝國 皆因自然之形體而稱之也】朝氣正氣是
爲陽 故其道正大光明 明人倫以奉天心 尊天神以盡人事 發
育萬物 以體天地生養之德 戎狄者屏居於四肢 暮氣也 邪氣
也 暮氣邪氣是爲陰 故索隱行怪 滅裂人道 而幽冥之說是講
褻天媚鬼 而荒唐之語是悅 寂滅萬物 而專由陰晦不祥之塗
今誠能反其道 變寂滅以生養 化陰晦以光明 易荒唐幽冥之
說 以天命人心昭昭乎不可易之大道 而揭太陽威明 以照臨

四海萬國 則爝火之耿耿 安得不熄 如此則其所恃以吞併諸國之本謀乖矣 轉所以變於彼者 而由變彼道 豈非所以立大經之先務哉 彼戎狄而自道其道 自常情視之 雖措之度外可也 而彼今大逞非望 欲必以夷變夏 漸滅正道 污辱神明 欺天罔人 傾人之民 奪人之國 而後已 詭術之與正道 相反如氷炭 茫茫宇宙 戎狄之道不息 則神聖之道不明 神聖之道不明 則戎狄之道不息 不變彼 則變於彼 勢不能相容 深謀遠慮者 將安得不揭正息詭 以除害於永世乎

夫太陽餘光之所被 則仁人博愛之所曁 雖四海萬國 亦莫非人類 而妖教之滋蔓 棼亂天倫 泯滅人紀使元元蠱惑沈溺 相率爲禽獸爲鬼蜮 豈仁人之所忍視哉 故覆幬無外 以夏變夷 使天人免於胡羯誣罔者 固仁人之志 而揆文奮武 光被四表 以觀耿光揚大烈者 仁人之業也【古者聲教訖于四海者 神禹之功 而匹夫匹婦有不與被堯舜之澤者 若己推内之溝中者 伊尹之志也 故泒水不爲堯而至 而堯以爲警余者 堯之仁也 平城之患不爲漢武遺之 而漢武以爲高帝遺我者 漢武之義也 擧此類 古人所自任可見也】

持其志而廣其業 務在於明國體 循大下 一今古 博廣悠久 以照臨夏夷 循細戈之名而實之 所以足兵也 循瑞穗之名而實之 所以足食也 明忠孝以淬礪天下 所以使民信之也

三者並擧 食足 兵足 民信之 忠孝以明 天人合一 幽明無憾
以正易詭 以夏變夷 萬世而不已者 不拔之業也 今欲施行
之 宜使民由之 而不可使知之 若夫論所以使民由之者 則
曰禮而已 禮之目五 而敎民敬 莫大於祀【周官 以祀禮敎
敬 則民不苟】祀禮有數有義 欲陳其數 當先明其義也

　夫天子祭天神地祇 其敬祭天祖 所以報天尊祖也 祀地主
保食神 鎭國土厚民生也【唐虞三代之秩祀典 所重則嘗禘
郊社 嘗者嘗新穀 禘者禘其祖之所自出 以其祖配之 郊者
祀天 以其祖配之 社者祀后土有功者 又祀田正有功者曰
稷 中庸曰 郊社之禮 所以事上帝也 宗廟之禮 所以祀乎其
先也 明乎郊社之禮禘嘗之義 治國其如示諸掌乎 論語稱知
禘之説者之於天下 如視諸掌 孝經亦以周公郊祀后稷宗祀
文王 爲嚴父之至 其意皆相同 則亦可見其所最重在乎此也
而天朝大嘗之禮 祀乎天祖 而事天祀先之意並存焉 亦猶郊
禘之義也 嘗新穀而薦之 即嘗之義也 故大神宮之祀是宗廟
也 明堂也 郊也 一祀而數義存焉 而祭地主神猶社 保食神
猶稷也 大神大倭等即社也 渡會稻荷等即稷也 郊廟社稷天
地之祭 其大者如合符節 蓋亦以神州與漢土風氣相同 而其
事暗合者如此也】山嶽河海 風雨草木 百物之神【山祇 圖
象 少童 級長 埴山 草野 句句迺馳等 皆其神也 而天下名

山 多祭伊弉諾大汝大山祇等神 皆鎮國土者也 濱海祭住吉
等神 海神也 及風神山口水分等神 皆列祀典者 皆所以爲
民除災祈年穀也 如唐虞三代 亦有四望山川百神之祭 其義
亦大抵相類】與皇子皇孫名賢功烈有益於世者【如大島二
荒鹿島香取春日北野等是也 漢土之俗 亦祭有功烈於民者
如柱句龍舜禹稷契等是也】其祭法具有令典 莫德而不報
莫功而不擧 天地鬼神莫不該 邇陬僻壤莫不鎭也 宮中御
巫【祭神代供奉百事之神】座摩【祭大宮地靈 井神亦與
之】生島【祭諸國諸島之靈】等祭 所以保護天孫 以治國
家也【宮中祭神之外 又有宮内祭園韓神 大膳祭食神火神
造酒祭酒神 主水祭雷神 亦皆所以保護天孫 漢土亦有五祀
其義亦相類】

　祀典之目 踐祚大嘗爲大祀 天皇即位 大報天祖 最宜致
敬也 祈年以禱時令順序於天下諸社

　月次以奉幣帛於天社國社 如庶人宅神祭【蓋天子以四
海爲一家 故雖如宅神 而頒幣諸國神社 且其所祭者 及生
島足島等神 而其大神宮祝詞 亦以光被邇邇爲言 不特爲
一家而祭也】新嘗義如大嘗 而歲行之 以上諸祭 皆爲中
祀 所以養萬民安國家報天神者 亦宜敬也 大神宮則別有神
衣 而夏秋供神衣 有神嘗 九月神衣祭日行之 蓋以報天祖

頒嘉穀教養蠶之德 亦皆中祀也 其他如大忌風神 鎮華鎮火
等 或祈水澤 或禳沴風 鎮疫神 防火患 如此之類 並爲小祀
亦皆所以爲國家禳災祈福也【周人亦有祈年 有五祀有烝
嘗 有飄師雨師山林川澤之祭 其義亦與以上諸祭相類】有
斯祭則有斯義 行之朝廷 達之四方 報本反始之義 與其所
以爲民祈禳之意 舉而皆與天下同之 上任其事 而民聽於上
顯顯然唯廟堂是仰 而神姦不得行 民志之所以純一也

古者大嘗之祭 臨時卜定悠紀主基國郡 遣宮主卜部 率國
司以下及庶民 臨田拔其穗 以供粢盛 四國無不得供奉天神
者 民皆冀得卜食出力以供大祭之用 而天皇事天祀先申大
孝重民命之意 達於四方矣 國司率其下護送之 諸道無不可
得役其事者 而其意又達於道路矣 國別以正税一萬束充雜
用 諸國皆得輸其物 而天下莫不知其意矣 遣大祓使於諸道
而天下知潔清以事神矣 頒幣帛於天下諸社 而天下知國土
之神亦皆統於天祖 是天皇既舉所以事天祀先申孝愛民之
意 而與天下同之 有斯意必有斯禮 是以民日由之 不告而
曉 不語而喻 各輸忠於其所事之君 以俱奉戴天朝 民志於
是乎一矣

後世事從簡易 悠紀主基有定國 限以近畿 其儀獨行於京
師 而四方之民 不得知天皇之意與斯禮之義也 所護送止數

十里 而道路不知也 雜用不取之各國 而國郡不知也 大被
供幣之使廢 而致潔之意 與天祖統群神之義 世莫之知也
則其所以敬重之之意 雖家譬戶説 而天下孰得而知之 其禮
雖存 其用既廢 可勝嘆乎

　古者京畿及諸國名祠大社所祭神 皆嘗佐天祖天孫 能成
大功者 而山川百神 鎮民物起風雨 莫非所以助天神之功者
也 故其土民固不得不報其功德 而天朝亦不得不有所報答
焉 是以有官幣 有國幣 每祈年月次新嘗必班之【班官幣
國幣諸社見上】其祭統之於朝廷 而四方百神有所係屬焉
【今諸國以仲冬祀稻魂等神 蓋古者及新嘗班幣 而諸國亦
各祭其所在之神 而遺風有猶存者也 是日也 民家爲酒食以
相慶 猶周人祭蜡之意也 蜡者所以息老物 歙齒頌 擊土鼓
存古也 以是日養老正齒位 教民孝弟也 八蜡以記四方 四方
年不順成 八蜡不通 以謹民財也 養老飲酒 而民醉飽相慶
一國如狂 孔子曰 百日之蜡 一日之澤 一張一弛 文武之道
也 蓋古人所以使民歡欣和樂者如之 而此等之義 亦可因祭
而寓之也】神庫者所以藏神寶及兵器文書資糧百物以待祭
祀 因神威以制民事 利用厚生之意可以施 軍國不虞之備可
以寓也【古者寓政教於祭祀 藏兵器於神社 如前所言 而國
造縣主等 祭其國土之神 有稻置以儲稻 今倣此設制 凶荒可

以賑饑 軍旅可以助糧 其可因神威以便民事者甚多 臣別有
所論著 今不具論焉 若夫周人亦因祭祀而屬民讀法 或紏戒
之 或以正齒位 或以書賢能 皆於祭時爲之 而其鄉器有吉服
祭器吉器之目 所以使民同力共事神 祀禮居於十二敎之首
馭神亦居八則之首所以使民不苟 其他所以使民從事祭祀
者不勝枚擧 至後世有義社之倉 亦足以便於民 凡如是之類
苟能斟古今制度 因神威以便民事 則固民心所嚮 其從之 將
猶水之就下焉 今世或因佛事以聚民作事 其應如響 亦可以
見其効之速 況神威之可以動民非佛之比乎】是以祭政一
致 治敎同歸 而民有所屬望焉 天下神祇 皆天皇誠意之所及
有斯意必有斯禮 民由此亦知上意所嚮 感欣奉戴 忠孝之心
有所係 而純於一矣 後世陳其數 而失其義 群神百祀 無所
統屬 而民所瞻仰者不專 禮之用既廢 亦可惜也

列聖山陵 奉祀素愼 其親盡則無廟 固其宜也 而如神武
天皇平定天下 崇神天皇經營四方 天智天皇再造區宇 盛
德大業 功垂無窮 民至於今涵泳仁澤 而無廟祀之以報功
德 豈不大闕典乎【世稱賀茂社祭神武天皇 然古書無明文
人或疑之 今宜一新典禮 以大明祖功宗德之義也】佛法之
行 葬祭皆據之 故歷朝祀禮 親屬未盡 亦且無廟 而山陵亦
多屬荒廢 可不謂之闕典乎 自古皇子皇孫 名賢大德 其功

烈垂後 忠孝顯世者 或未盡列祀典 而其子孫亦或漂零沈淪
不得血食 亦闕典也 若能斟酌古今 廢者舉之 闕者補之 寓
彝訓於祀典 使天下忠孝之心 與念祖追遠之誠 油然俱生
感戴之念 與畏鬼敬神之意 悚然俱萌 非所謂使民由之者乎

　夫然後天下靡然咸相告曰 天祖治天職於上 群神勵翼 平
定國土 今各禮國土之神 所以答其神之功德 而報天祖之仁
澤也 則群神百祀 皆有所統一焉 相告曰 天祖洋洋在上 皇
孫紹述 愛育黎庶 大將軍翼戴帝室 以鎮護國家 邦君各統
治疆內 使民皆安其生而免寇盜 今共邦君之令 奉幕府之法
所以戴天朝 而報天祖也 則幕府及邦君之治 有所統一焉
宗族相糾緝 以祀其先 則又相告曰 敬宗所以尊祖 其相與
緝睦 以共邦君之令 奉幕府之法 戴天朝以報天祖 所以繼
乃祖乃父之志也 則其念祖修德之心 有所統一焉

　若夫如此 則天祖天孫之仁覆於海內 幕府邦君之義著於
天下 慈父孝子之恩申於永世 報本反始之義明 而忠孝之教
立矣 民日由之 而不見異物【周人以大司徒掌邦教 施十有
二教 其第一曰 以祀禮教敬 則民不苟 祀禮之於邦教 其重
如此】君臣有義 父子有親 然後百禮乃興 於是乎謹夫婦之
別 順長幼之序 信朋友之交 使民出入相友 守望相助 疾病
相扶持 皆親其上死其長 則雖有百異端 不能移其心 而黜

虜之焚燼祠宇 瞻禮胡神 煽惑蠢愚 以肆其逆焰者 莫得而施
其術 所謂上兵伐謀者 實萬世之長策也 而往日淆化傷俗 如
巫覡 如浮屠 如陋儒俗學之徒者 亦皆中原赤子 使之得皆安
其堵 適其意 優游於大化之中 以浴於天祖天孫之深仁厚澤
奉幕府邦君之政令刑禁 晏然樂以沒齒 亦何不可之有也

　若夫繆聽西夷妄説 稱揚眩惑 以助長黠虜逆焰者 則宜
痛禁絶之耳 或有犯禁者 處以造言亂民之刑 而見蠻貨蠻藥
及氈罽之屬 必焚燼破裂 不許服用 使民賤戎狄如犬羊 惡
之如豺狼【天平中詔 百姓有學習異端 蓄積幻術 厭魅呪詛
害傷百物者 首斬 從流 如有停住山林 佯道佛法 自作敎化
傳習授業 封印書符 合藥造毒 萬方作怪 違犯勅禁者 罪亦
如此 古昔禁絶異左如是 所以使民知方者固宜然也 今若揚
武過蠻 聲敎既暨 百蠻稱臣奉貢 然後取其物而用之 亦未
爲不可也】告接濟之姦者 與得敵首同賞 匿而不發者 與舍
匿盜同罪 邦國能破虜艦者 功與陷敵壘均 見虜不擊者 論
以逗撓 此皆一時權衡 亦足使臣民激發興起敬奉光訓矣 而
大修守禦之備 慨然示天下以大憂 推赤心開至誠 一憂一樂
必與天下同之 庶足以鼓動天下矣

　政令刑禁 與典禮敎化並陳兼施 而納民軌物 乘正氣而行
正道 皇極既立 民心有主 民之所欲 則天之所從 民從天從

【07】장계(長計)　303

神聖所以變夷俗之方 彼不得倒用 而彼所以圖我之術 我將
倒用之 教令之權 自我制之 廟謨既定 上下同心 千塗萬轍
必由是道而不變 於是乎我所以布皇化 即神聖之所以布皇
化 內有不拔之業 而外無可乘之間 雖使腥羶異類百方誤我
將何以得欺罔我人民也

夫天下大業 萬世長策 固非朝夕之可就 天祖之業 待神
武而開 崇神而大 及聖子神孫繼述不怠 而皇化洽海內也
今畫一定之策 立不拔之基 必當內自中國 外曁百蠻 上原
於太初 下要於無窮 遵神聖之彝訓 紹東照之大烈 貽謀孫
子 繼繼承承 千萬世如一日 必拯四海萬國於塗炭 使天地
間無復有西夷之妖教 中原赤子 永免於胡羯之欺罔然後已
其規模立於內者如此 乃可以外應無窮之變矣

夫仁被四表 兒視荒要 所以使荒要父瞻天朝也 事法古昔
使今近於古 所以使將來與今不懸也 久近之不相懸 所以永
遠無變也 荒要賓服 永遠不變 而天下志士仁人 亦皆憤激
自効 爭出死力 以從事於此 雖事故萬變 不肯易其志 雖累
代歷世 不肯少間斷 然後大興敵愾之師 食天神之糧 揮天
神之兵 仗天神之仁 而奮其威 以方行天下 狹者廣之 險者
平之 神武不殺之威 震於殊方絕域 則正欲使海外諸蕃來
觀德輝 亦何屑屑乎其伺邊誘民之患也 古人有言 國之大事

在祀與戎 戎有一定之略 祀爲不拔之業 實國家之大事 所
以大觀天下 通視萬世 立一定不易之長策者如此矣

　夫明國體 審形勢 察虜情 修守禦 而立長計 實聖子神孫
所以報皇祖天神之大孝 而幕府邦君所以濟萬姓施無窮之
大忠 臣謹著五論 非臣私言也 天地鬼神將與聽之矣

이상 다섯 가지의 논論을 일곱 편篇으로 엮은 것은 신이 오랫동안 가
슴속에 간직하면서 아직까지 감히 다른 사람에게 말하지 못했던 것이지
굳이 아꼈던 것은 아닙니다. 생각건대 천지라는 것은 활물活物이요, 인
간 또한 활물입니다. 활물이 활물의 사이에서 행동하기 때문에 그 변수
를 모두 파악할 수가 없습니다. 일은 수시로 변하고 기회는 순식간에 달
려 있는데, 세상 사람들은 세고細故를[774] 거론하며 대체大體를 빠뜨립니
다. 이제 그 대체大體를 거론하면 세고細故를 내세워서 비난할 것입니다.
또 그 난국을 해결하고 변고에 대처하는 방법을 말하려고 하면, 오늘 한
말을 내일 반드시 실행할 수 있는 것은 아니기 때문에 한번 말을 꺼내면
공언空言이 되고, 한번 글을 쓰면 사론死論이 되는 것입니다. 신은 이 때
문에 아무 말도 하지 않으려고 했으나, 가만히 생각해보니 인간은 귀천
의 구별 없이 모두가 태초로부터 아비와 자식이 생명을 전해서 일기一氣
로 서로 이어졌습니다. 신이 비록 미천하지만 또한 세상에서 신성神聖의
은택을 입어서 오늘날에까지 이르렀고, 막부의 법을 따르고 방군邦君의
인仁에 기대서 요행히 양생상사養生喪事에 유감이 없었으니,[775] 어찌 천하

---

[774] 세고(細故): 대수롭지 않은 일
[775] 양생상사(養生喪事)에…없었으니: 『孟子』「梁惠王(上)」에 "산 자를 봉양하고 죽은 자를

의 변고를 방관하며 묵묵히 아무 말도 하지 않을 수 있겠습니까? 그러므로 단지 그 원대한 것만을 들어서 대략 말씀드린 것입니다. 옛말에 이르길, "진실로 그 적임자가 아니라면, 도道는 그냥 행해지지 않는다.[苟非其人 道不虛行]"라고[776] 했습니다. 그때를 당해서 어려움을 해결하고 변고에 대처하는 방법에 관해서는 마땅히 그 적임자에게 맡겨야 할 뿐입니다.

분세이文政 을유乙酉 계춘季春[777]

아이자와 야스시會澤安 씀

장송(葬送)함에 유감이 없게 하는 것이 왕도(王道)의 시작입니다.(養生喪事 無憾 王道之始也)"라고 한 구절을 인용했다.

[776] 진실로…않는다: 『周易』「繫辭(下)」에 나오는 말이다.

[777] 분세이는 일본의 연호로 서력 1818년부터 1830년에 해당한다. 을유년은 1825년이다. 계춘은 음력 1월을 말한다.

右五論併七篇　臣久藏之胸臆　未敢語人　非敢惜之也　謂
天地者活物　人亦活物也　以活物而行於活物之間　其變不可
勝窮　事逐時轉　機在瞬息　而世之人舉細故而遺大體　今舉
大體　則難之以細故　欲言其所以解難處變者　則今日所言
明日未必可行　故一發之口則爲空言　一筆之書則爲死論　臣
是以欲無言而止　然竊謂人無貴賤　自太初而父子傳生　一氣
相承　臣雖微賤　亦世浴神聖之澤　以至於今日　奉幕府之法
仰邦君之仁　幸而得養生喪死無憾　則亦何忍睨視天下之變
故　而默默無言也　故特舉其遠大者粗言之　語曰　苟非其人
道不虛行　至其所以臨時解難處變者　則當付之其人而已
　　文政乙酉季春會澤安識

308

분세이文政 연간[778] 내가 사국史局에 있을 때 평소의 지론을 7편으로 저술했다. 그리고 돌아가신 스승 후지타 유코쿠藤田幽谷를 통해서 그것을 애공哀公에게 헌상했다. 『시경時經』「소아小雅」의 "출입하며 아무 말이나 떠든다.[出入風議]"라고[779] 한 뜻을 흉내 내려고 한 것이지, 세상 사람들을 위해 한 말이 아니었다. 그래서 상자 속에 넣어 두고 감히 다른 사람에게 보여 주지 못했다. 때때로 한두 명의 동지와 이야기를 나눌 때도 이 글을 꺼내서 서로 평론했는데, 오래 지나자 원고가 유출돼서 세간에 전파되고 심지어 활자 인쇄본까지 세상에 나돌게 되었다. 어느 날, 서점의[780] 이 나다稻田 아무개 씨가 청하길, "이 책이 전사傳寫되는[781] 과정에서 노어魯魚의 와전訛傳이[782] 매우 많으니, 부디 출판해서 정본正本을 만들었으면 합니다."라고 했다. 나도 모르게 신음소리를 내며 결정하지 못했다. "나는

---

[778] 분세이(文政) 연간: 분세이 8년(1825)을 가리킴.

[779] 출입하며 아무 말이나 떠든다: 『時經』「小雅·北山」에 나오는 구절로, 아이자와 세이시 사이 자신이 쇼코칸(彰考館)에 자유롭게 출입하면서 자기 마음대로 떠들었다는 뜻이다.

[780] 서점: 이 번역서의 저본이 된 에도서림(江戶書林)의 교쿠산도(玉山堂)를 가리킴.

[781] 전사(傳寫): 서로 전해서 베껴 씀.

[782] 노어(魯魚)의 와전(訛傳): 『抱朴子』「遐覽」에 "책을 세 번 전사(傳寫)하고 보니, 노(魯)가 어(魚)로 되고 허(虛)가 호(虎)로 되었다."라고 한 구절에서 유래한 말로, 문자를 잘못 필사하거나 읽은 것을 비유한다.

본래 문사文辭에 약하고 자구字句가 졸렬하고 체재體裁가 조잡하오. 게다가 해외 형세를 논한 부분의 경우, 오늘날의 글 중에는 이를 입증할 만한 것이 극히 적소. 그 사실 또한 소략하거나 오류가 많기 때문에 이정釐正하지[783] 않으면 세상에 공간할 수가 없소."라고 말했다. 그러나 날이 갈수록 더욱 쇠약해지고 병이 깊어져서 붓과 벼루를 잡을 힘도 없다. 이에 어쩔 수 없이 우선 그 청을 수락하고, 사방의 군자들에게 바로잡아 줄 것을 부탁하는 것이다. 군자들은 침을 뱉으며 이 글을 버릴 것인가? 아니면 불쌍히 여겨서 쓸모없는 부분을 삭제해 줄 것인가? 또는 여러 사람이 모이는 자리에서 화제로 삼아 줄 것인가? 혹시라도 논술한 뜻에서 한두 가지라도 채택할 만한 것이 있을 것인가? 이 책의 행불행幸不幸은 오직 하늘의 뜻에 달려 있으리라.

안세이安政 정사丁巳 맹춘孟春[784]
아이자와 야스시가 정지재正志齋[785] 창문 아래서 쓰다.
설성택준경雪城澤俊卿이[786] 기록하다.

---

783 이정(釐正): 문서나 글을 정리하고 바로잡음.
784 안세이(安政) 정사(丁巳) 맹춘(孟春): 안세이 4년(1857) 음력 정월.
785 정지재(正志齋): 아이자와의 서재(書齋) 이름. 아이자와가 시초점[卜筮]를 쳐서 얻은 明夷卦의 象辭인 "나라 안이 어려우나 능히 그 뜻을 바르게 하였으니, 기자가 이를 실천했다.(內難而能正其志 箕子以之)"라는 구절에서 따서 썼다고 한다.
786 설성택준경(雪城澤俊卿): 에도시대의 서예가 나카자와 세쓰조(中澤雪城, 1808~1866)이다.

文政年間 余在史局 平生所持論 著爲七篇 因先師藤先生
而獻之哀公 雅欲傚出入風議之意 而非爲世人言 故藏之筐
中 不敢以示人 時或與一二同志談話 亦取此書以相評論 及
其久 稿本漏出 傳播人間 至有活字印刷以行於世者 一日書
舖稻田某請曰 此書傳寫 魯魚之訛甚多 願鏤梓以爲正本 余
沈吟未決 謂余固短於文辭 字句拙陋 體裁蕪雜 而如論海外
形勢 當時書之可徵者極少 其事實亦多疎謬 非加釐正未可
以公於世 然衰病日甚 不能用力筆硯 迺不得已 姑允其請
仰正於四方君子 君子唾而棄之乎 將憐而賜刪裁乎 抑用以
供席上之談柄乎 或於所論之意 一二有所採擇乎 此書之幸
不幸 唯天意所在

安政丁巳孟春會澤安書於正志斎窓下

雪城澤俊卿書

311

《신론》, 일본형 근대국가의 설계도

1. 《신론》의 저술배경

1824년 5월 28일, 현재 지명으로는 이바라키 현茨城縣 북동부 오즈大津 해안에 영국 포경선원 12명이 무단 상륙했다가 현지 관리에 의해 포박되는 사건이 발생했다. 당시 이 지역을 영유하던 미토번水戶藩에서는 조사관과 병사를 파견해서 이들을 심문했다. 그 결과 영국선원들은 단순히 선내에서 괴혈병 환자가 생겨서 신선한 야채와 물을 구하기 위해 상륙했다는 사실이 판명됐으므로 필요한 물자를 주어 본선으로 돌려보냈다. 이른바 오즈하마사건大津濱事件이었다.

당시 심문을 위해 필담역筆談役으로 파견된 인물이 아이자와 야스시會澤安였다. 그는 이미 오래전부터 해외정세, 특히 러시아의 동정에 주목하고 있었다. 1792년에는 러시아 최초의 견일遣日 사절인 아담 락스만Adam Laxman이 홋카이도 네무로根室에 내항해서 통교를 요청하는 일이 있었는데, 이 소식에 충격을 받은 아이자와는 불과 19세의 나이로 여러 세계지리서들을 참조해 가며 《천도이문千島異聞》(1801)이라는 책을 저술하기도 했다. 덕분에 아이자와는 영어는 물론 네덜란드어도 거의 하지 못했지만, 영국선원 앞에 세계지도를 펼쳐 놓고 필담으로 그들의 국적과 항로 등에 관해 개략적으로나마 정보를 입수할 수 있었다.

오즈하마사건은 별 충돌 없이 해결됐다. 하지만 아이자와에겐 단순한 해프닝 이상의 의미가 있었다. 필담 과정에서 영국선원들은 아이자와가 펼쳐 놓은 지도를 보고 일본의 지방에서 영국까지의 해로海路를 네 손가락으로 두세 번 두드렸는데, 이를 본 아이자와는 일본을 복종시키려는 의도로 해석해서 "대단히 가증스럽다.(惡むべきの甚しきなり)"라는 결론을 내렸다고 한다. 아이자와는 오즈하마사건을 계기로 서양 오랑캐가 일본을 노리고 있으며, 오늘날의 국제정세는 7개 강대국이 경합한 중국 고대의 전국시대戰國時代와 같다는 평소 세계관에 더욱 확신을 갖게 되었던 것이다.

이듬해인 1825년 2월에 드디어 막부는 네덜란드 이외의 모든 외국 선박은 발견하는 즉시 격퇴하라는 이국선격퇴령을 내렸다. 아이자와는 막부의 방침이 자신의 지론과 일치하게 된 것에 기뻐하면서 "이제 양이攘夷의 명령을 천하에 포고해서 이미 결정되었으니, 천하는 어디로 향해야 할지 알 것"이라고 보고, "제왕이 사해四海를 보전해서 오래도록 평안하고, 길이 잘 다스려져 천하가 동요하지 않도록 하는 데 의지하는 방법"에 관해 총 38,000여 자에 달하는 순한문의 시무책을 작성해서 미토번 주 도쿠가와 나리노부德川齊脩에게 진상했다. 그것이 곧 《신론》이다.

2. 아이자와 야스시會澤安(1782-1863)의 생애

《신론》의 저자 아이자와 야스시는 후기 미토학水戶學을 대표하는 학자이자 사상가이다. 자는 하쿠민伯民, 호는 세이시사이正志齋, 긴쇼사이欣賞齋, 게사이憩齋 등을 썼다. 미토학이란 유학儒學을 중심으로 국학國學·사학史學·신도神道의 여러 요소들을 종합한 미토번의 고유한 학풍을 말하는데, 막부의 관제사상인 성리학과는 달리 국가의식이 강해서 막부 말기 존황양이운동이나 천황 중심의 정치체제 구축에 큰 영향을 미친 것으로 평가된다. 시기적으로는 제2대 미토번주 도쿠가와 미쓰쿠니德川光圀의 주도로 《大日本史》[01] 편찬이 이뤄진 시기를 전기, 막부 말기에 제9대 번주 도쿠가와 나리아키德川齊昭가 설치한 번교藩敎 고도칸弘道館을 중심으로 미토번 및 막부의 개혁이 주창된 시기를 후기로 구분한다. 본래 미토학은 일본 중세의 무사 윤리에 기초해서 봉건질서를 복구하고 백성에 대한 속박을 강화하려는 본질적으로 반동적인 성격을 지니고 있었다. 하지만 시대의 격변으로 인해 이제 봉건사회를 재건하기 위해선 그 원리 자체의 수정이 불가피했다. 이 때문에 도쿠가와 막부의 친번親藩인 미토번에서 발생한 미토학은 역설적으로 그 몰락을 예고하는 사상적 서곡이 되었던 것이다.

---

01 《大日本史》: 일본 전설상의 초대천황 진무(神武, 재위기간: B.C.660~585)로부터 제100대 천황 고코마쓰(後小松, 재위기간: 1392~1412)까지 천년이 넘는 기간 동안의 천황들의 통치를 기전체로 기록한 역사서로, 본기(本紀) 73권, 열전(列傳) 170권, 기타 154권 등 총 397권으로 구성되어 있다. 1657년 제2대 미토번주 도쿠가와 미쓰쿠니(德川光圀)가 저택에 쇼코칸(彰考館)이라는 역사편찬소를 설립하고 편수작업을 시작한 이래로 250년이 지나 1906년에야 최종적으로 완성되었다.

아이자와의 가문은 원래 번주藩主가 기르는 사냥용 매에게 먹일 작은 새 따위를 잡는 비천한 농민 신분이었는데, 아이자와의 부친 야스유키恭敬 대에 이르러 겨우 하급 무사 지위를 얻었다. 그런데 당시 미토번에서는 《대일본사》의 편수 작업을 재개하면서 신분을 불문하고 재능 본위로 인재를 등용했다. 이는 아이자와뿐만 아니라, 그의 스승이자 후기 미토학의 시조인 후지타 유코쿠藤田幽谷나 도요타 덴코豊田天功와 같은 저명한 미토학자들이 낮은 신분의 굴레를 벗어나 무사 계급으로 신분상승을 이루는 계기가 되었다.

아이자와는 1792년 10세의 나이로 후지타 유코쿠의 문하에서 수학하기 시작해서, 1799년부터 《대일본사》의 편수기관인 쇼코칸彰考館의 서사생書寫生으로 근무했다. 그리고 앞에서 언급한 것처럼 1825년에 《신론》을 탈고해서 번주 도쿠가와 나리노부에게 진상했다.

1829년 도쿠가와 나리노부의 후계를 둘러싼 분쟁이 발생했을 때 아이자와는 도쿠가와 나리아키德川齊昭 옹립파로 활약했다. 결국 나리아키가 제9대 미토번주에 즉위한 후, 아이자와는 그를 보좌해서 이른바 덴포개혁天保改革으로 일컬어지는 번정藩政 개혁에 힘을 쏟았다. 1831년에 쇼코칸 총재, 1840년에 고도칸弘道館의 초대 교장에 임명됐다. 1845년에 나리아키가 막부의 미움을 사서 돌연 실각하면서 아이자와에게도 칩거 명령이 내려졌지만, 1849년에 나리아키의 복권과 함께 아이자와 또한 사면되어 고도칸 교수에 복직했다.

그러는 동안 《신론》이 널리 유포되어 아이자와는 전국적인 명성을 얻게 되었다. 처음부터 아이자와가 《신론》의 공개를 의도한 것은 아니었다. 게다가 《신론》은 참근교대제參勤交代制나 일국일성령一國一城令과 같이 도쿠가와 이에야스德川家康가 정해 놓은 조법祖法의 개혁까지 주장했으므로, 번주 또한 처벌을 우려하여 그 공간公刊을 금지했다. 《신론》은 30여 년이 지난 1857년에 이르러서야 에도서림江戸書林의 교쿠산도玉山堂에서 초판이 출간되었다. 그동안 이 책은 저자 미상의 필사본과 목판본 형태로 유통됐는데, 그럼에도 불구하고 폭발적인 관심을 끌어서 1850~60년대에는 이미 존황양이론의 성전聖典이 되어 있었다. 요시다 쇼인吉田松陰 · 마키 이즈미眞木和泉 · 히라노 구니오미平野國臣 · 요코이 쇼난橫井小楠 등 존황양이운동의 지사志士들이 아이자와에게 직접 가르침을 얻기 위해 미토 번으로 '순례'를 올 정도였다.

하지만 오히려 아이자와는 만년에 이르러 페리제독의 내항(1853), 미일수호통상조약의 체결(1858), 무오밀칙사건戊午密勅事件(1858) 등 격변하는 정국 속에서 과격한 존황양이론이 오히려 일본을 파멸시킬 것을 우려해서 막부에 《시무책時務策》을 올려 개국開國을 건의했다. 이로 인해 아이자와는 존황양이론자들로부터 변절한 늙은이로 매도당하기도 했으나, 끝내 주장을 굽히지 않고 1863년에 81세를 일기로 생을 마쳤다.

3. 《신론》의 내용

《신론》은 〈국체國體〉(상) · (중) · (하), 〈형세形勢〉, 〈노정虜情〉, 〈수어守禦〉, 〈장계長計〉의 5론論 7편編으로 구성되어 있다. 먼저 일본 국체의 본질을 논한 후, 그것에 기초해서 군사와 경제제도의 개혁방안을 서술하고, 이어서 세계정세와 서양오랑캐의 책략을 분석한 다음에 그 대응방안을 단기적(전쟁), 장기적(제사) 측면에서 논한 상당히 체계적인 문헌이다. 각 편의 내용은 다음과 같다.

〈국체〉(상)에서는 일본 국체의 본질이 충효일본忠孝一本과 제정일치祭政一致에 있음을 밝혔다. 의義 중에 가장 위대한 것은 군신지의君臣之義이며 은恩 가운데 지극한 것은 부자지친父子之親이다. 이 2개의 인륜을 토대로 영원히 변치 않는 천황의 권위를 세우고 신민의 자발적 복종을 이끌어 내는 것이 바로 "제왕이 천지에 질서를 부여하고 억조를 관리하는 큰 자본"이다. 고대의 천황은 태양신의 자손으로서 직접 하늘에 올리는 제사를 주재했으며, 전쟁과 정치를 할 때마다 반드시 제사를 활용했다. 여러 신하들 또한 태양신과 함께 강림한 신들의 후손으로서 천황을 중심으로 함께 제사에 참여했다. 그러자 충忠과 효孝가 한가지 근원에서 나와서 가르치지 않아도 백성이 저절로 교화됐으니, 이것이 바로 제사로써 정치를 행하고 정치로써 교敎를 세운 효과였다. 하지만 시세時勢의 변천과 사설邪說의 폐해로 인해 제사 의례가 점차 사라지자 국체가 손상되고 민심이 줏대를 잃었다. 민심이 한번 이반하면 오랑캐와 싸우기도 전에 일본은 그들의 소유가 될 것이다. 따라서 일본 국체의 본의를 시급히 되살려서 민심을 수습해야 함을 주장했다.

〈국체〉(중)에서는 군사제도의 개혁방안을 논했다. 일본은 본래 상무尙武의 나라이다. 그런데 시세의 변천에 따라 그 대세가 3번 크게 변했다. 고대에는 무기를 신사神社에 보관했다가 정전征戰을 치를 때마다 제사를 바쳐서 민심을 통일시켰는데 불교가 유입되면서 이러한 의례가 유명무실해진 것이 첫 번째 변화요, 가마쿠라鎌倉 막부 이래로 천황이 병권을 잃고 무가武家가 이를 장악한 것이 두 번째 변화요, 에도江戸 막부 이

318

래로 병사들이 토지에서 이탈해서 모두 도시로 모여든 것이 세 번째 변화이다. 특히 에도막부를 개창한 도쿠가와 이에야스德川家康는 오직 백성을 어리석게 하고 군대를 약하게 만드는 데 힘썼다. 이는 비록 전국시대의 혼란을 수습하고 200년간 평화의 초석을 다진 통치의 기책奇策이긴 하나, 오늘날의 서양 오랑캐는 절대 이러한 방법으로는 대적할 수 없다. 따라서 다이묘와 막부의 가신들로 하여금 각각 제 영지에서 군대를 기르게 하고 도시의 무사들은 모두 고향으로 돌려보내서 전국에 둔전병屯田兵을 두어야 한다고 주장했다.

〈국체〉(하)에서는 경제제도의 개혁방안을 다루었다. 일본은 본래 농본국農本國이다. 그리고 벼와 고치는 태양신이 민명民命을 중시해서 의식衣食의 근원을 열어 주고자 하사한 것들이다. 그런데 헤이안平安 시대에 이르러 권세가가 신성한 쌀을 사유私有하더니 가마쿠라 막부 이후로는 무사들이 이를 독점하였다. 그리고 근세에 이르러선 다시 부유한 장사치들이 그것을 매매하는 권력을 장악해서 멋대로 농간을 부리고 있다. 이러한 현상은 일본의 국체를 망각한 것으로, 미곡의 도시집중을 억제하고 그것을 지방에 분산 저장시켜야 한다고 주장했다.

〈형세〉에서는 세계 정세를 분석했다. 오늘날의 시대는 과거 중국대륙에서 7개 나라가 패권을 다투었던 전국시대와 같다. 다만 중국의 전국시대의 칠웅이 한 구역region 안에서 패권을 다투었다면, 오늘날의 전국시대는 각 구역이 각축을 벌인다는 점에서 차이가 있다. 오늘날 칠웅七雄으로는 일본과 청나라를 비롯해서 무굴·페르시아·투르크·게르만·러시아를 꼽을 수 있다. 그중에서 가장 강하고 위험한 나라는 러시아이다. 러시아는 장차 먼저 일본을 차지한 뒤에 청국의 동남부를 쳐들어가고 이어서 무굴과 투르크를 멸망시키거나, 또는 페르시아와 연합해서 먼저 투르크를 제압한 다음에 무굴·청국·준가르를 차례로 정복하고 마지막으로 일본에 쳐들어올 것이다. 그런데 이슬람교와 기독교에 오염되지 않은 나라는 오직 일본과 청나라가 있을 뿐이니 두 나라가 연대해서 서양, 특히 러시아의 위협에 맞서야 한다는 것이다. 이와 같은 대외인식과 중일연대론中日連帶論은 근대 일본외교의 주된 기조基調가 된 공로증恐露症, Russophobia의 이른 발현이자 1930년대 후반 일본의 제국주의적 팽창을 사상적으로 뒷받침한 동아신질서론東亞新秩序論을 예고한다는 점에서 주목된다.

'서양오랑캐의 실상'이라는 뜻의 〈노정〉에서는 서양과 일본 간 대결의 본질이 이른바 사상전思想戰, the ideological battle에 있음을 선언했다. 서양인들은 다른 나라를 멸망시킬 때 반드시 교역을 통해 그 허실을 탐지해서, 틈이 있으면 군대로 습격하고 불가능하면 예수교를 전파해서 민심을 현혹시킨다. 간혹 오랑캐는 병사가 많지 않기 때문에 크게 우려할 필요가 없다고 주장하는 자들도 있지만, 서양 오랑캐는 종교로 민심을 현혹시켜서 자신의 세력으로 만들기 때문에 단순히 이쪽의 수가 많은 것만으로는 안심할 수 없다. 또한 혹자는 서양의 종교는 천박하기 때문에 어리석은 백성은 미혹시켜도 군자는 속일 수 없다고 하지만, 세상에 군자의 수는 적고 어리석은 백성은 무수히 많기 때문에 민심이 한번 기울면 천하는 더 이상 다스릴 수 없다. 서양 오랑캐는 백성이 좋아하는 이익과 두려워하는 귀신을 내세워서 민심을 조종하고 있으므로 서둘러 그 대비책을 마련해야 한다는 것이다.

그렇다면 일본은 어떻게 대처해야 하는가? 그 방법을 서술한 것이

〈수어〉와 〈장계〉이다. 〈수어〉에서는 먼저 군사적 대비책을 제시하였다. 이에 따르면 일본은 반드시 4가지를 개혁해야 한다. 첫 번째는 내정內政을 정비하는 것이다. 이는 다시 사풍士風을 일으킬 것, 사치를 금할 것, 만민을 편안히 할 것, 현재賢材를 등용할 것의 4가지 조목으로 나뉜다. 두 번째는 군령을 정돈하는 것이다. 여기엔 3가지 조목이 있으니, 교만한 병사를 도태시키고, 군대를 늘리고, 훈련을 정예롭게 시행하는 것이다. 세 번째는 방국邦國, 즉 번藩을 부유하게 만드는 것이다. 이를 위해서는 다이묘들에게 각각 한 방면의 수비를 맡겨서 마치 전쟁에 임한 것처럼 경각심을 갖게 해야 하며, 천하의 사치하는 풍습을 없애서 부유한 장사꾼들이 곡물을 마음대로 매매할 수 없게 해야 한다. 네 번째는 수비를 분담시키는 것이다. 이 4가지는 개혁의 대강大綱으로서 이것들이 모두 거행되면 세부적인 보완책을 새로 시행해야 한다. 그것은 둔병屯兵을 설치하고, 척후를 분명히 하고, 수병水兵을 정비하고, 화기火器를 훈련시키고, 자량資糧을 비축하는 것이다. 이미 막부는 양이령攘夷令을 선포해서 일본이 지향할 바를 분명히 제시했다. 그렇다면 이제 남은 일은 과감하게 그것을 실천하는 것이다. 왜냐하면 병사와 백성들로 하여금 나태함을 떨치고 두려움을 잊게 만드는 유일한 방법은 그들을 반드시 죽을 땅[必死之地]에 몰아넣어서 달아날 데가 없게 하는 것뿐이기 때문이다.

마지막 편인 〈장계〉에서는 국가제사의 의의와 개혁안을 제시했다. 영웅이 거사할 때는 반드시 천하를 대관大觀하고 만세萬世를 통시通視해서 일정하여 변하지 않는 장책長策을 세운다. 일본은 고대로부터 항상 일정한 방략으로 오랑캐를 제어하고 변치 않는 기업基業을 세워서 황화皇化를 펼칠 수 있었다. 이는 바로 천황이 중심이 되어 거행하는 국가제사의 효과였다.

본디 성인聖人은 제사 의례를 정비하고 유명幽明, 즉 삶과 죽음의 원리를 제시함으로써 국가를 통치했다. 왜냐하면 백성이 하늘의 위엄을 두려워하고 공경하면 사설邪說에 미혹되지 않고, 유명幽明에 대해 불안감이 없으면 사후의 화복禍福에 현혹되지 않을 것이기 때문이다. 이와 함께 백성들이 각각 그 선조와 토착신에게 지내는 제사들을 국가에서 통할한다면 그들은 하늘과 선조를 공경하듯이 군주를 섬길 것이다. 또한 백성은 따르게 만들어야 할 뿐 그 이유를 알게 해선 안 되는데, 백성에게 예禮를 익히게 하고 경敬을 가르치는 데는 제사만 한 것이 없다.

국가 제사 중에서도 특히 중요한 것은 다이조사이大嘗祭이다. 다이조사이는 천황이 즉위한 후 최초로 거행하는 수확제收穫祭로서, 그 해의 햇곡식을 천신天神(하늘의 신)과 지기地祇(땅의 신)에게 바치고 자신도 직접 그것을 맛보는 의례를 뜻한다. 고대에는 다이조사이가 전국적 의례로 행해져 백성의 교화에 크게 기여했다. 즉, 햇곡식과 술 등을 헌상하는 유키悠紀와 스키主基를 점을 쳐서 결정함에 만민은 모두 국가 대사에 참여할 수 있으리라 기대했고, 고쿠시國司를 보내서 대대적으로 그것을 호송함에 연도의 백성들이 모두 부역했고, 오하라에노쓰카이大祓使를 여러 곳에 파견함에 모든 백성이 몸을 청결히 해서 신을 모셔야 함을 알았고, 국가에서 폐백을 여러 신사神社에 나눠 줌에 모든 토착신들이 아마테라스오미카미에게 통솔됨을 깨달았다는 것이다. 하지만 후대에 이르러 의례가 간소해져 교토 주변으로 행사가 국한되자 다이조사이의 의의 또한 모두 소멸돼 버렸다.

아이자와는 신위神威를 내세워 백성의 일을 다스려야 이용후생利用厚生

의 참뜻을 실현할 수 있고 불우의 전쟁에도 대비할 수 있다고 보았다. 즉, 제사와 정치가 일치하고[祭政一致], 정치와 교화가 같은 곳으로 귀결돼야[治敎同歸] 백성이 이탈하지 않고 국가에 소속된다는 것이었다. 이러한 아이자와의 제정일치론이 일본 근대국가의 형성에 미친 영향은, 오늘날에도 다이조사이가 천황 일대—代에 단 한 번 거행되는 제사로서 성대하게 치러지는 것이나, 일본의 유력한 정치인들이 주변국의 항의와 우려를 불고하고 야스쿠니신사靖國神社 참배를 포기하지 않는 사실을 통해서도 알 수 있다.

4. 《신론》의 정치사상사적 의의

《신론》의 가장 중요한 정치사상사적 의의는 일본 근현대정치사에서 국민 통제와 동원의 마력魔力을 발휘한 국체[國體, 고쿠타이]라는 개념을 창조한 데서 찾을 수 있다. 원래 동아시아의 전적典籍에서 '국체'란 단어는 국가의 체면이나 형태, 법률 등을 뜻했는데, 막부 말기에 이르러 일본 국가만이 가지는 고유한 성격[國柄]이라는 의미로 변용됐다. 이러한 국가 아이덴티티에 대한 집착은 서양세력의 침입과 중세적 질서의 와해라는 미증유의 내우외환 속에서 일본이라는 국가가 자칫 소멸될 수도 있다는 위기의식에서 비롯된 것이었다.

하지만 국체의 의미는 너무나 다의적多義的이고 가변적可變的이기 때문에 정의내리기가 쉽지 않다. 1929년에 치안유지법의 적용과 관련해서 일본 대심원大審院에서는 국체를 "만세일계萬世—係의 천황께서 군림하여 통치권을 총람總攬하시는 국가체계"라고 법적 해석을 내린 바 있지만, 이 것만으로는 충분하지 않다. 국체 개념의 다의성, 가변성에 관해선 일본 정치학자 마루야마 마사오丸山眞男가 예리하게 지적한 바 있다.

국체를 특정한 '학설'이나 '정의定義'로 논리화하는 것은, 곧바로 그것을 이 데올로기적으로 한정시키고 상대화하는 의미를 갖기 때문에 신중하게 회피 되어 왔다. 그것은 부정적 측면에서는 —즉, 일단 반反국체로 단정된 안팎의 적에 대해서는— 아주 명확하고도 준열한 권력체權力體로 작용하지만, 적극 적인 측면은 막연하고 두터운 구름층에 몇 겹으로 싸여 쉽게 그 핵심을 드러 내지 않는다.[02]

즉, 일본의 국체 개념은 신성불가침의 속성을 지키기 위해 특정한 학 설이나 정의로 격하되는 것을 거부한다. 따라서 국체의 적敵에겐 마치 몇 겹이나 되는 두터운 구름층에 싸인 것처럼 그 실체를 드러내지 않지 만, 그러면서도 압도적이고 실질적인 권력으로 존재한다는 것이다. 근 현대 일본에서 국체 개념이 그토록 강력한 힘을 발휘하며 일본 국민들 의 내면을 송두리째 장악하고 끊임없이 두렵게 만들 수 있었던 비결은 바로 여기에 있었는지 모른다. 그러한 의미에서 국체의 의미는 오직 계 보학적 방법으로genealogically 추적할 수밖에 없다.

정의되는 것을 거부하는 국체 개념의 특징은 이미 《신론》에서부터 나 타난다. 따라서 우리가 할 수 있는 유일한 일은 그것에 관한 파편화된

02 마루야마 마사오, 김석근 역, 《일본의 사상》, 한길사, 1998. p.89.

언설들을 수집해서 하나의 전체상을 —물론 이러한 시도는 부품이 몇 개 빠진 레고lego 블록을 억지로 조립하는 것 같아서 결코 만족스러운 결과를 얻을 수는 없다— 나름대로 그려보는 것이다. 여기서는 우선 기본적인 요소만 짚어 보기로 한다.

《신론》에 따르면, 무엇보다 일본의 국체는 기본적으로 태양신의 자손으로서 만세일계의 천황이 영속적으로 군림하며 통치권을 총람總攬하는 정치체제로서 정의된다.

> 공손히 생각건대 신주神州는 태양이 뜨고 원기元氣가 시작되는 곳으로, 태양의 자손이 대대로 신극宸極을 다스리시어 예로부터 바뀌지 않았습니다. 본래 대지大地의 원수元首요 만국의 강기綱紀이시니, 우내宇內에 밝게 임하시어 먼 데나 가까운 데나 황화皇化가 고루 미치는 것이 참으로 마땅합니다. 그런데 지금 서양 오랑캐는 발이나 정강이처럼 천한 존재로서 사해四海를 분주히 돌아다니면서 여러 나라를 유린하며, 제 분수를 알지 못하고 감히 상국上國을 능멸하니 어찌 그리도 교만한 것입니까?(본문 7쪽)

여러 차례 이민족의 지배와 역성혁명을 경험했던 중국이나 조선과는 달리, 일본 천황은 단 한 차례도 지위를 찬탈당하거나 가계가 단절된 일이 없다. 약 2,500년 동안이나 연면히 이어진 천황 가문의 순수한 혈통과 변치 않는 권위야말로 아이자와에게는 중국·조선과 구별되는 일본의 고유한 신성성의 현전現前하는 증거였던 것이다.[03]

---

03 물론 만세일계의 천황이라는 믿음 자체가 하나의 '신화'에 불과했다. 예를 들면 역대 천

일본에선 어떻게 이러한 일이 가능했는가? 아이자와는 그 비결을 천지의 대의大義인 군신지의君臣之義와 천하의 지은至恩인 부자지친父子之親의 결합으로 설명했다.

천지가 나뉘어져 처음 인민이 생긴 뒤로 천윤天胤이 사해에 군림하고 일성一姓이 역력歷歷해서 일찍이 단 1명도 감히 천위天位를 넘보지 않고 오늘날까지 이른 것이 어찌 우연이겠습니까? 무릇 군신지의君臣之義는 천지의 대의大義요, 부자지친父子之親은 천하의 지은至恩입니다. 의義 중에 위대한 것과 은恩 중에 지극한 것을 천지간에 나란히 세워서, 점차 스며들게 하고 조금씩 쌓아서 인심에 널리 퍼져 오래도록 변치 않도록 하는 것, 이것이 제왕이 천지에 질서를 부여하고 억조를 관리하는 큰 자본입니다. (본문 15쪽)

일본 국체의 본질은 충효일본忠孝一本과 제정일치祭政一致의 원리에 있다. 고대 일본의 천황들은 태양신의 신칙神勅을 받아 백성을 통치했으며, 여러 신하들 또한 태양신과 함께 강림한 신들의 자손으로서 그 직분을 물려받아 천황을 섬겼다. 그리고 이들은 함께 제사를 치르고 정전征戰을 수행함으로써 보본반시報本反始, 즉 조상의 은혜에 보답하고 그 근본을 돌이켜 잊지 않았다는 것이다. 선조의 유업遺業을 실천하는 것은 가장

황 가운데는 자살 2명, 암살 2명, 변사 2명이 있었으며, 폐위된 자가 6명, 강제 양위된 자가 10명에 이르렀다. 또한 12세기 말에 가마쿠라鎌倉 막부가 수립된 이후로 천황은 정치적 실권을 완전히 상실하고 종교적 권위만을 갖고 있었다. 특히 에도막부는 200여 년간 천황의 정치적 행위를 철저히 단속하고 문학과 예능 이외에는 모든 활동을 금지했다.

큰 효孝 중에 하나이다. 따라서 옛날에 그 조상신과 선조들이 했던 것과 똑같은 방식으로 지금의 천황을 섬기는 것은 충忠일 뿐만 아니라 지극한 효孝가 되는 것이다. 따라서 일본의 국체에서 충忠과 효孝는 두 개의 인륜이 아니며, 천황은 곧 일본 신민의 유일무이한 군주이자 어버이가 된다. 이러한 개념조작을 통해 아이자와는 유례없이 강력한 국민 동원 이데올로기를 창출했던 것이다.

이와 같은 아이자와의 국체 담론이 얼마나 큰 사상적 영향을 미쳤는지는 이후 전개된 일본의 근현대사가 웅변한다. 메이지유신明治維新(1868)과 함께 국체론은 일본 국가의 사상적 근간이 되었다. 1888년 6월 천황이 임석한 가운데 추밀원에서 열린 메이지 흠정헌법의 초안심의 석상에서 의장 이토 히로부미는 헌법제정의 근본정신에 관해 다음과 같이 발언했다.

그러므로 지금 헌법을 제정하면서 우선 우리나라의 기축을 구해서, 우리나라의 기축은 무엇인지를 확정하지 않을 수 없다. 기축이 없이 정치를 인민의 제멋대로 하는 논의[妄義]에 맡길 경우에는, 정치가 기강을 잃고 국가 또한 그에 따라 폐망할 것이다. … 우리나라에서 기축이 될 것은 오직 황실이 있을 뿐이다. 그러므로 이 헌법초안에서는 오직 이 점에 주의해서 군권을 존중하여 가능한 한 그것을 속박하지 않는 데 힘써야 한다. … 즉 이 초안에서는 군권을 기축으로 하여, 오직 이를 훼손하지 않을 것을 기약하여, 군이 저 구주歐州의 주권분할의 정신에 근거하지 않는다. 물론 구주 여러 나라들의 제도에서 군권과 민권을 공동으로 하는 것과는 그 방식을 달리한다. 이를 헌법초안 기초의 대강大綱으로 한다.[04]

이어서 1889년 2월 11일에 선포된 대일본제국헌법과 이듬해인 1890년 10월 30일에 반포된 〈교육에 관한 칙어教育=関スル勅語〉를 통해 황실을 모든 일본 국민의 종가宗家로 간주하는 가족국가론家族國家論이 메이지국가의 구성 원리로서 공식 천명됐다.[05] 국체 담론이 일본의 초민족주의의 사상적 지주가 되어 식민지 통치와 태평양전쟁을 야기한 것, 1945년 패망 직전까지도 일본 정부가 '국체의 호지護持'를 항복 선언의 조건으로 고수했던 탓에 나가사키와 히로시마의 시민들이 겪어야 했던 참화는 이미 잘 알려진 사실이므로 부언하지 않는다.

이 밖에도 국체에 입각한 제정일치론이나 정교일치론, 대외팽창론 등은 요시다 쇼인을 거쳐 메이지정부의 주역인 기도 다카요시木戸孝允, 야마가타 아리토모山縣有朋, 이토 히로부미伊藤博文 등에 의해 충실히 계승되어 국가정책으로 실현됐다. 하지만 중요한 것은, 《신론》에서 일본의 국체를 정의하는 방식은 실로 다양다기해서 쉽게 정의되지 않는다는 사실이다. 그것이 아이자와의 의도에 따른 것이든 그렇지 않든 간에, 신성해서 감히 정의될 수 없는 국체라는 관념은 만세일계의 천황이나 신도神道, 또는 상무국가나 농본국가와 같은 구체적 언설들보다 근대 일본의 국체 담론의 양태에 깊은 영향을 미쳤던 것이다.

19세기 서양제국주의의 침입에 맞서기 위해선 동아시아의 국가들도

---

04 淸水伸, 《帝國憲法制定會議》, 東京: 岩波書店, 1940. p.88.
05 〈교육에 관한 칙어〉는 다음과 같은 말로 시작된다.
     "짐은 생각건대, 우리 황실의 조종(祖宗)께서 나라를 열어 그 덕을 굉원(宏遠)하게 수립한 것이 심후(深厚)하다. 우리 신민이 잘 충효(忠孝)해서 억조(億兆)가 마음을 하나로 하여 대대로 그 아름다움을 이루는 것이 우리 국체(國體)의 정화(精華)이니 교육의 연원(淵源) 또한 실로 여기에 있다."

국민국가nation state로 변신해야만 했다. 그것은 지금까지 단순히 수동적인 피치자로서만 존재하던 백성subject을 애국심으로 충만한 국민nation으로 재형성해야 하는 과제를 함축했다. 하지만 근대 서양에서처럼 개인의 자유와 권리를 보장해서 자발적 애국심을 이끌어 내는 방법은 아직까지는 상상할 수조차 없었다. 아이자와만 하더라도 서양 근대국가가 가진 힘의 비결은 '사교邪教', 즉 기독교에서 나온다고 믿고 있었던 것이다. 아이자와의 해법은 일본을 충효일본忠孝一本, 제정일치祭政一致의 원리에 입각한 유사 근대국가로 만드는 것이었다. 그 사상적 유산은 메이지국가의 수립뿐 아니라 오늘날의 일본정치에까지 깊이 각인되어 있다. 그러한 의미에서 《신론》은 일본형 근대국가의 설계도가 되었던 것이다.

역자가 처음 《신론》을 접하게 된 계기는 서울대 외교학과 대학원에서 박사논문을 준비하던 시절 하영선 교수의 세미나에서 Bob Tadashi Wakabayashi가 《신론》을 영역한 *Anti-Foreignism and Western Learning in Early-Modern Japan: The New Theses of 1825*(Cambridge, Mass.: Havard Univ. Press, 1986)를 강독한 것이었다. 원래 미토학의 성격 자체가 그렇기도 하지만, 《신론》 또한 일본 국체의 존재와 특징을 논증하기 위해 중국 고대의 유교 경전과 병법서를 비롯해서 일본의 신화·역사·종교를 무차별적으로 광범위하게 인용했기 때문에 크게 고생했던 기억이 난다.

일본 근현대 정치사와 정치사상사 분야에서 《신론》이 가지는 중요성에도 불구하고 아직까지 번역작업이 이뤄지지 않은 데는 이러한 이유도 없지 않았던 것 같다. 일본사를 전공한 것도 아니고 일본에 장기 체류한 경험도 없는 역자로서는, 반드시 이 작업의 적임자라고 자부하기 어렵다. 다만 근대 한국외교사를 연구하는 과정에서 일본 국가의 성격이나 대외 팽창정책의 사상적 기원에까지 관심이 미치게 되었고, 특히 19세기 서양세력의 침입에 맞서 민족국가를 급조해야 하는 시대사적 과제에 일본이 어떻게 대응했는지 다시 살펴볼 필요를 느꼈다. 그래서 《신론》을 책장 한 구석에서 다시 꺼내 들게 되었고, 마침 한국연구재단의 명저번역지원사업의 후원을 얻어 본격적인 번역작업에까지 착수할 수 있었다.

처음에는 오히려 일본이 아닌 다른 장소topos에 있기 때문에, 그리고 역자의 전공분야가 일본 제국주의로 인해 가장 크게 피해를 입은 근대 조선의 외교사이기 때문에 《신론》이라는 텍스트를 조금은 다른 시각에서 읽을 수 있지 않을까 하는 기대가 있었다. 하지만 모든 작업을 마무리해야 하는 지금, 처음의 포부가 미처 알아차리지 못한 무모한 만용은 아니었는지 큰 두려움이 앞선다. 《신론》을 수십 번 뒤적이면서 그때마다 발견했던 구절들 하나하나의 새로운 의미, 그리고 일이관지一以貫之 하듯이 그것들이 하나로 이어짐을 깨달았을 때의 희열과 늦은 자책이 조금이나마 독자들에게 전해진다면 지난 몇 년간 이 책을 붙잡고 씨름했던 불면의 밤은 충분히 보상받고도 남음이 있을 것이다.

앞에서 밝힌 것처럼 이 번역작업은 2014년 한국연구재단 명저번역지원사업의 일환으로 진행되었다. 세창출판사의 임길남 상무와 김명희 기획편집실장은 그 혜안으로 《신론》의 가치를 알아보고 흔쾌히 출판에 동의했을 뿐 아니라, 세심한 교정으로 역자의 실수를 적지 않게 바로잡아 주었다. 아울러 이 번역의 저본은 교쿠산도玉山堂에서 1857년에 출간된 초판(일본 와세다 대학 소장)을 이용하였으며, 영문제목 *The New Theses of*

*1825*는 Wakabayashi의 저서에서 인용한 것임을 밝혀 둔다.

결국 《신론》은 일본이라는 국가의 정체성에 관한 책이었다. 사람이나 국가나 정체성을 세우는 가장 편안한 방법은 주변에 있는 사람 또는 국가와의 관계 속에서 그것을 정의하는 것이라는 생각이 든다. 근대 일본은 이를 거부했기 때문에 자국의 태곳적 신화와 역사를 신성시하고 절대화하는 방향으로 치달았던 것이다. 그런 의미에서 언제나 나라는 사람의 흔들리지 않는 정체성의 근원이 되어 주는 아내 이수진, 그리고 두 아들 서하와 서원에게 항상 사랑하고 고맙다는 말을 전하고 싶다.

2016년 11월 동북아역사재단에서
역자 김종학

저자 소개

아이자와 야스시會澤安(1782-1863)

후기 미토학水戸學을 대표하는 학자이자 사상가로서 자는 하쿠민
伯民, 호는 세이시사이正志齋 외에 긴쇼사이欣賞齋, 게사이憩齋 등
을 썼다. 저명한 미토학자인 후지타 유코쿠藤田幽谷의 문하에서
수학하고, 《대일본사大日本史》의 편수기관인 쇼코칸彰考館의 총재
및 번교藩校 고도칸弘道館의 초대 교장 등을 역임했다. 1825년에
미토번주 도쿠가와 나리노부德川齊脩에게 진상한 시무책《新論》
이 널리 유포되어 전국적인 명성을 얻었다. 이 책은 존황양이운동
尊皇攘夷運動의 성전聖典이 되었지만, 정작 아이자와는 만년에 존
황양이운동의 과격성을 우려해서 막부에 개국開國을 건의했다가
변절한 늙은이로 매도당하는 고초를 겪었다. 저서로《新論》을 비
롯해서 《暗夷問答》(1824), 《迪彝篇》(1833), 《退食間話》(1842), 《下
学邇言》(1847), 《及門遺範》(1850), 《時務策》(1862)이 있다.

역자 소개

김종학金鍾學

서울대학교 외교학과를 졸업하고 같은 대학원에서 《개화당의 기원과 비밀외교, 1879-1884》로 박사학위를 받았다. 민족문화추진위원회(현 한국고전번역원)에서 한학을 수학했다. 전공은 근대 한국의 외교사와 정치사상사이며, 서강대·이화여대·서울시립대·한국방송통신대 등에서 강의했다. 현재 동북아역사재단 연구위원으로 근무하고 있다.

주요 논저로 〈조일수호조규는 포함외교의 산물이었는가?〉, 〈이동인李東仁의 비밀외교〉, 〈이노우에 가쿠고로井上角五郎와 갑신정변〉, 《근대한국외교문서》(11책, 공편), 《근대한국국제정치관 자료집 제1권: 개항·대한제국기》(공편), 역서로 《심행일기沈行日記: 조선이 기록한 강화도조약》, 《근대일선관계의 연구近代日鮮關係の研究》(2책)가 있다.

新
論